上海市交通工程学会现代交通科普丛书

慢行交通出行

上海浦东建筑设计研究院有限公司
陈龙　编著

同济大学出版社 · 上海

内容提要

本书通过对慢行交通在国内外发展的回顾，从慢行交通出行的分类、构成与作用，慢行交通出行工具等角度入手，以“面、线、点”三个层次阐述慢行交通出行的空间载体、慢行交通出行的构成和必要组成部分，为慢行交通出行环境的改善和营造提供思路、方法借鉴与案例参考，从而倡导低碳、绿色、美好的出行与生活方式。

本书适合城市规划、交通工程、土建工程、道路工程专业的学生以及城市规划、交通设计、道路工程、道路安全与交通管理方面的从业人员阅读和参考。

图书在版编目（CIP）数据

慢行交通出行 / 上海浦东建筑设计研究院有限公司，陈龙编著. — 上海 : 同济大学出版社, 2022.7
（上海市交通工程学会现代交通科普丛书）
ISBN 978-7-5765-0261-9

Ⅰ. ①慢… Ⅱ. ①上… ②陈… Ⅲ. ①城市交通系统—交通规划 Ⅳ. ①U491.2

中国版本图书馆CIP数据核字（2022）第109149号

慢行交通出行

上海浦东建筑设计研究院有限公司　陈　龙　编著

责任编辑 姚烨铭　**策划编辑** 虞同文　张大伟　**责任校对** 徐春莲　**封面设计** 张　微

出版发行 同济大学出版社 www.tongjipress.com.cn
（地址：上海市四平路1239号　邮编：200092　电话：021-65985622）
经　销 全国各地新华书店
排　版 南京文脉图文设计制作有限公司
印　刷 上海市崇明县裕安印刷厂
开　本 787mm × 1092 mm　1 /16
印　张 18.75
字　数 468 000
版　次 2022年7月第1版
印　次 2022年7月第1次印刷
书　号 ISBN 978-7-5765-0261-9

定　价 98.00元

序

慢行交通出行是城市综合交通体系的子系统，是建设交通强国的重要内容。随着我国社会主要矛盾发生变化，以及落实“碳达峰”“碳中和”目标的确立，交通体系由追求速度、规模向更加注重质量、效益转变。建设舒适友好、品质便捷的慢行交通出行设施和服务，可以有效提升人民群众的获得感、幸福感、安全感和满足感。

慢行交通出行的多样化、个性化以及其兼具社交属性、健康属性，使其具备独特的优势。在交通工具和信息化水平不断演化下，城市交通出行由不同交通方式各行其道满足不同交通出行需求，向更加注重多种交通方式组合出行模式转变：首先，在我国公交优先战略政策导向下，慢行接驳与公共交通组合成有竞争力的出行链。其次，在出行智能化水平和移动互联技术赋能辅助下，共享出行、跑腿服务等新业态不断推陈出新。最后，慢行交通出行在更多的生产生活场景中不断与时俱进，呈现出多元的融合度，焕发出蓬勃的生命力。

本书系统解析了慢行交通发展历史进程、工具属性、载体特征、环境影响乃至当下及未来的演变，凝聚了对于慢行交通的思考、探索与实践。深入浅出地阐明了慢行交通出行的发展、分类、构成，详尽地介绍了工具、载体与环境三个慢行交通出行的要素体系、组成及其特征。特别是对于以快递、送餐等跑腿类生产慢行类型的快速崛起，对于在智能物联技术下共享出行的横空出世，对于健身锻炼、疫情防范下慢行交通的作用担当等方面的见解都有独到之处。本书作为“上海市交通工程学会现代交通科普丛书”之一，是上海市交通工程学会科普现代交通出行体系的必要组成部分，同时也是上海浦东建筑设计研究院有限公司组建研发中心以来，践行“全过程”“全产业链”的产学研用成果之一。相信这些成果在推进浦东新区高水平改革开放、打造社会主义现代化建设引领区中，会不断得到推广与完善。

慢行交通出行在满足人民日益增长的美好生活需要的发展过程中，在当下由依靠传统要素驱动向更加注重创新驱动转变的时代背景下，迎来了复兴和新机，其生命力、竞争力和可持续性将不断提升。让我们共同为慢行构筑美好生活的过程添砖加瓦，以推动高质量发展为主线，坚持以人为本，着力落实慢行优先、公交优先、绿色优先，构建绿色、安全、智能、舒适的现代化交通出行体系。

是为序。

2022 年 5 月 20 日

前言

人类生活离不开“衣食住行”，慢行交通出行是伴随人类“一路走来”最基本的出行过程。“行”分快、慢，是随着各种交通工具的不断演进，交通工具在服务个体方面，也从速度、舒适、效率、负重等不断提升演变而来。但出于维护秩序、安全、效率的需要，快行和慢行有了相对分隔，并按照各行其道的逻辑组织交通。“直立行走”以来，步行作为人类与生俱来的出行方式，在伴随人类各项生产、生活活动的同时，始终受限于体力、耐力、承受力等因素。因此借助畜力、独轮车、自行车乃至机动车工具辅助甚至“代步”完成出行，成为发展的必然。时至今日，作为综合交通出行方式的重要组成，慢行交通出行始终存在并延续。

工具在演进，城市在扩张，生活在改变，效率在提升，慢行交通出行始终默默地坚守和陪伴在人们生产、生活的每一个过程。蓦然回首，慢行交通出行始终是那个承载着美、舒适、健康、低碳、可持续的出行选择模式。品味当下，慢行交通出行顺应时代价值观取向与美好生活追求，迎来了复兴发展。在各地慢行交通出行改善与品质提升的过程中，改善的努力获得认可，产生了价值，这是推动各类尝试与改善持续投入和进行的原动力。期待慢行交通出行的未来是崭新而美好、智能而精细、便捷而完整的。

本书共分为 5 章。第 1 章综述慢行交通出行，解读并梳理慢行交通出行的三要素和不同发展阶段的特征。第 2 章阐述慢行交通出行的工具及其出行特性。第 3 章从“面、线、点”三个层次剖析慢行交通出行的载体。第 4 章从不同侧面认知慢行交通环境及其作用。第 5 章畅想慢行交通出行中共享出行、优先发展、治理智慧、健身之路、新经济、新业态这些未来的发展趋势和出行图景。

本书由陈龙编著，并经张大伟校审。周晋冬、李丽斌、潘越洋、陈锦涛、冯琳、陈雷进、温馨、陈绵、张浩、张临辉、韦权伦、肖博华、曹丽艳参与了本书不同部分内容的整理。朱惠君、虞同文在本书编写过程中提供了全程的指导和帮助。在此对所有为本书撰写提供素材、建议以及在慢行交通出行相关研究、规划、设计、建设、管理等方面给予交流和指导的各位前辈、同仁一并表示感谢。本书有幸汇编于“上海市交通工程学会现代交通科普丛书”；同时，在上海浦东建筑设计研究院有限公司智慧城市与新交通研发中心的研发支持下，将对于慢行交通出行所学、所思、所为、所悟、所闻、所见系统地呈现出来，献给为改善慢行交通出行努力过、坚持着和即将为之奋斗的人们！

本书难免有不妥之处，敬请读者批评指正。

编著者

2021 年 9 月于上海

目录

第1章 慢行交通出行

MANXING JIAOTONG CHUXING

『衣食住行』思慢行

“行”是维持人类生产的基本构成，并作为生活的重要载体而存在。在不同的时代，随着出行工具的不断演变，其内涵与外延亦日益丰富。

城市是人类聚集交流、交换的场所和产物，而慢行交通出行是最初实现人类聚集、活动的支撑条件。“行”贯穿于城市公共空间每个角落，不仅是居民工作、休闲、购物、锻炼的重要方式，也是居民中、短距离出行的主要方式，是不可或缺、无可替代的出行选择。

慢行交通出行强调可达性、交互性、安全性、舒适性、转换衔接有效性。慢行交通出行的根本目的是以服务人民群众的出行为目标，满足人类出行的安全、舒适、便捷、美观等各方面需求。

1.1　初识慢行：取向为慢、各行其道

慢行交通出行是始终伴随人类的出行方式。慢行交通出行克服空间距离的能力有限，所以其有效出行的空间范围以局部为主，不能用机动交通的模式来建设慢行交通体系，也不应因为这种亲密无间的伴生关系而受到漠视。

1.1.1.　拆字解慢行

“慢行”的一个侧面是“慢”。对于“慢”的狭义解读是速度特征，即相对于快速和高速而言。目前还没有严格的论证来确定具体的速度分界值。比较被认同的是以 15 km/h 或 20 km/h 作为界分慢行交通的出行速度。《中华人民共和国道路交通安全法》（2011 年修正版）中第五十八条规定：“残疾人机动轮椅车、电动自行车在非机动车道内行驶时，最高时速不得超过 15 km。”对于慢的广义解读是价值取向，即“慢”对应着所有以慢为价值取向的出行实现过程，在慢行交通出行过程中，出行活动的舒适性、低碳性、生态友好与城市环境融合、与其他交通方式的衔接等益处取代了出行速度成为新的衡量标准，每种遵守并实现这类价值取向的交通方式都是慢行交通出行过程。

“慢行”的另一个侧面是“行”。“行”随着交通工具的演变而逐步区分成快和慢，最终各行其道。而安全需要，是在现代社会中把慢行交通出行区别出来的主要原因。各行其道可以充分发挥各种不同交通工具的效率性和便利性，以及保障慢行交通出行主体的安全性发挥了重要作用。随之而来的是慢行交通出行和机动化工具辅助下的快行交通出行越来越明显地区别开来。其中，步行和非机动车出行是慢行交通出行的主

要方式。

慢行交通出行不仅是一种交通出行方式，也是城市人们活动的重要组成部分和表现形式。慢行交通出行是实现人与人、面对面身心交流，释放紧张的城市生活压力，感受城市精彩生活的最基本且不可或缺的活动载体。通过营造环境优美、尺度宜人、以人为本的慢行交通出行环境，可以增进人们之间的情感交流、保护人们的出行安全，支持城市休闲购物、旅游观光、文化创意产业的发展提升，增强城市的整体魅力，实现小康社会的美好生活。

1.1.2 取向识慢行

慢行交通出行系统除担负一定的通勤交通出行功能外，还提供市民休闲、锻炼、购物、娱乐等多种功能，甚至在某种情况下是赖以谋生的工作或谋生过程。深层次地理解，慢行是生活方式选择或者价值判断的追求。

用一句话概括："慢"是价值观，"行"是方法论。

1）"慢"是价值观

慢行交通出行系统是从选择取向角度诠释城市系统、交通系统之间的组织关系。因此，慢行交通系统是城市交通系统的子系统，同时也是城市系统的有机组成部分，打造安全、通畅、舒适、宜人的出行系统，形成快慢相宜、刚柔并济的宜居城市交通体系是我们共同追求的发展方向。从优化城市内部空间结构、交通结构来看，慢行交通系统不是城市交通体系中无足轻重的附属，而是主要的担当，尤其应在城市微观运行过程中加以重视与保障。

2）"行"是方法论

慢行交通出行是低速、节能、绿色的中短距离出行方式。慢行交通出行和非机动车的概念定义都是参照概念，本质上反映了快行交通行为和慢行交通行为在对于通行环境和潜在造成的交通伤害方面的巨大差别。然而慢与快的边界并非泾渭分明，一般意义上来讲，15 km/h 到 20 km/h 的区间可以作为慢行交通的分界速度区间，20 km/h 也是我国住宅小区内部机动车通行的限速要求。但慢行并非只在速度，以慢速来等同于慢行交通出行的认知并不妥当。慢行交通出行从个体角度是在出行过程中的方式选择和体验感受。慢行交通出行也不是完全独立存在，例如人们的出行往往也会使用多种交通工具的组合，不同交通工具之间的换乘都需要依靠步行。以步行和自行车为主体的慢行交通出行不仅仅是单一的出行方式，也能够以之为核心来组织交通出行链，最大限度地鼓励居民增加步行和自行车出行，如选择“步行＋公交”“自行车＋公交”的组合方式出行。

1.2 领略慢行：不可或缺、感受美好

随着人们生活水平的不断提高，各种现代交通工具和通信技术的不断发展，我国各大中型城市正不同程度地经历着机动化发展进程。在这个过程中，我国基于自身土地空间资源、能源结构体系等方面的综合考量，交通出行选择走集约化、绿色化的发展道路，而不论是以公共交通为主的公交优先出行模式，还是倡导绿色低碳的交通出行选择，慢行交通出行都扮演着不可或缺的角色。

慢行交通出行的复兴发展和对于慢行交通出行的重视，是我国交通强国发展战略的重要组成部分，慢行交通出行是公交优先的“最后一公里”的重要组成部分，是绿色出行的方式选择，更是人们感受美好生活、激发城市活力的方法和过程。从慢行交通出行去认知当下和未来的城市交通发展方向和战略选择，符合国家交通强国战略发展定位和顺应人民美好生活的追求方向。

1.2.1 不可或缺的组成部分

自蒸汽机发明以来，自蒸汽时代到电力时代，乃至互联网、移动互联网时代，各种机动化的出行工具和与之相对应的出行方式层出不穷，交通出行进入以机动化为主的“快时代”，但慢行交通出行始终不可或缺而且无法替代，尽管速度和效率不是慢行交通出行的优势，步行和非机动车出行在城市交通组织中仍具有不可替代性，而它也可能成为制约整个交通出行链效率提升的最薄弱环节。公共交通的发展离不开步行和非机动车对“最后一公里”的衔接，而步行和非机动车交通的发展也将为公交培育更多的客流。

从交通的内涵讲，经济文化的发展，逐步丰富着城市交通的内涵构成。在上班、上学等通勤出行增加的同时，购物、娱乐等非通勤出行增长更为明显，同时以慢行为生产过程的“跑腿经济”也如雨后春笋般蓬勃发展。出行目的的多样化决定了出行方式的多样化，非机动车交通的功能不断外延。步行交通环境的改善，降低汽车对步行的干扰，使人们更加充分地享受步行乐趣，同时也能够促使休闲、商务活动的发展，

促使人们在步行的过程中能以轻松的散步接触商品及购物，从而促进消费，促进城市经济活动的繁荣。

自行车交通工具在新的时代背景下得到了新生，如助力自行车、共享单车改良了自行车存放安全性、自行车在出行链中的可持续性、自行车出行距离的体力限制性等不利因素。自行车交通在使用过程中的舒适性、可获得性等方面都得到了提升。2019 年底，上海市非机动车注册量达到 2 176.6 万辆。其中，电动自行车 1 082.3 万辆，同比增加 131.4 万辆，增长 13.8%（表 1–1）。

表 1–1　上海 2015—2019 年非机动车注册量（单位：万辆）

年份	自行车		人力车	残疾人专用车	合计
	脚踏	电动			
2015 年	1 089.6	518.7	2.1	1.9	1 612.3
2016 年	1 089.6	616.7	2.1	2.0	1 710.4
2017 年	1 089.7	800.8	2.1	2.2	1 894.8
2018 年	1 089.7	950.9	2.1	2.3	2 045.0
2019 年	1 089.7	1 082.3	2.1	2.6	2 176.6

注：根据 2014 年 3 月开始实施的《上海市非机动车管理办法》，脚踏自行车实行自愿登记，人力三轮车仅限于市政、环卫等单位因作业需要申请登记上牌。

资料来源：上海市公安局交通警察总队

认识到步行和自行车在整个出行组织模式中的基础地位，可以帮助厘清它们与小汽车交通在不同城市空间环境下的竞合关系。慢行交通出行要尽量避免长距离的跨区域出行。同时要重视慢行交通出行体系的整体性，将内部与外部交通有效衔接，科学地组织与安排步行与自行车出行，积极引导与公共交通的有效衔接、和谐发展。慢行交通出行体系要注重与居民的日常出行保持主流方向的一致性，与不同区域之间的交通保持一致性，并且尽量让慢行交通合理控制在一个交通小区范围之内，最大限度地发挥路网功能。

1.2.2　根本属性是以人为本

随着社会的不断发展，以人为本是现代人文思想的主要潮流，其基本含义主要是尊重、爱护、关心、理解、成就与维护。要进一步了解人的需要。简单来说就是要在慢行交通出行的设计与实现上充分体现以人为本的价值观念，慢行交通出行与其他城市交通出行的区分最多地表现在其具备生活性的多向特征。局部区域道路空间是居民慢行交通出行的主要物质载体，也是各种活动的载体，包括人际交往、健身步行等。环境良好的慢行氛围不仅可以满足居民的人际交往，还可以提升居民整体的生活品质。在这个过程中，慢行交通出行的自身优势能够更好地顺应和满足居民交通的功能，不仅实现畅通方便的交通功能，还要充分考虑居民的主观感受，让居民使用并且享受其中。社会老龄化的到来要求慢行的规划与道路空间的设计上要更多地考虑弱势群体的需要，不仅要注意空间整体的设计，还要重视老人在户外的需求，所以在慢行道的设计上就要更重视细节的处理。在道路的形式与周边环境的处理上就要更注重与周围路面的材料、色彩等方面的搭配，充分体现出对老年人心理上的关心与照顾。

鼓励人们采用低碳慢行交通出行和城市公共交通两种方式的接驳，步行或者使用自行车到达指定地点后，再采用公共交通的方式。随着当下共享出行方式的蓬勃发展，这种出行链组合方式越来越丰富也越来越方便。慢行交通出行通过与公共交通的融合能够更好地适应不同场景下的居民出行需求。

1.2.3 差异化成就精彩纷呈

不同片区具有不同的土地利用性质和城市功能，相应的慢行交通需求特征也存在差异，因此需要慢行分区，然后基于不同的分区制定规划方案。根据慢行分区，针对慢行交通体系不同组成部分，提出规划设计设想，依据效能评估，决定改善次序，分批推进，循序渐进。提出近期重点改善片区规划方案，并对片区中远期慢行设施设计提出指引。

在鼓励和倡导慢行交通出行复兴发展的过程中，不仅要对我国不同城市现状情况做进一步的考虑，还要根据慢行交通方式的特征以及城市功能的不同定位，制定出分阶段的发展计划，使慢行交通可以持续地适合城市发展的不同阶段并且发挥出其应有的作用。

1.2.4 感受“慢”是发现美、体验好的过程

慢行交通出行和其他交通系统共同构成了支撑城市交通出行的方式组成和实现人和物的移动过程。相对于其他交通系统来讲，慢行交通出行系统是人类与生俱来的、最基础的出行系统，其在现代社会的发展中包括了公平、和谐、以人为本和可持续发

展理念，在满足城市居民通勤、观光、休闲等交通需求的同时，也可使人们有暇去欣赏和体会城市空间的魅力。

扬·盖尔在《交往与空间》中提出："慢速交通意味着生动的城市。"当交通工具都放慢速度后，城市生活就会由于有更多人的参与而变得生动和富有活力。

随着后汽车时代的到来，交通出行的过程除了工作目的外，人们对生活品质及出行环境要求也日益提高，慢行交通出行不仅仅是人的移动过程，还伴随着周边景观感受和体验互动的过程，慢行交通出行量的增加对城市交通向绿色交通方式转型、改善公交优先发展战略中的慢行接驳环境、增强街道等公共空间的活力与氛围、控制人类活动过程碳排放都具有重要意义和价值。

"慢"是发现美的过程。城市道路具有"通"和"达"两方面的功能，这两种功能存在着此消彼长的矛盾关系。如为了提高一条道路的通畅程度，最有效的方式是减少路段上的交叉口数量，但是交叉口数量的减少势必造成道路对两侧沿街地块服务的方便程度降低，即影响"达"的效果。为此，城市道路系统中需要分为交通性道路和生活性道路两大类别。在交通性道路上，快速度和高效率显然是首要的目标；而在生活性道路上，速度就要让位于安全、空间舒适度、空间共享、社会友好等其他目标，并为此有意地降低交通速度，以求更加适宜的慢行交通出行。

在慢行交通出行的过程中，人移动的随意性和视野的范围显著扩大，交通出行不再是个乏味的移动过程。才能够有机会在周边休憩设施的短暂停留、周边店铺物品的购买、发现花开花落、春去秋来，这些生活中一直存在的"美"。图 1–1 是上海建国西路上的"骑遇魔都"自行车品牌店，里面不仅售卖各种款式的自行车，还会讲一些自行车骑行的安全注意事项。更巧的是，笔者进去逛的那天，被比利时的店主认出了我背的比利时根特大学的包，还一起聊到了关于比利时的很多故事，偶遇和结缘都是美好的事儿。

"慢"是体验好的过程。发展慢行交通出行是对城市交通出行多样化需求增长的应对，同时也是对构建和打造城市美好生活的响应。居民一方面需要快速、高效的交通系统来适应和满足在大尺度城市空间内的交往和移动。另一方面也需要更加安全、舒适、经济、健康、人性化的交通服务，以便适应和满足在生产、生活局部区域空间以及长距离公交出行过程的串接。小汽车交通在西方发达国家成为城市的绝对主导交通方式，破坏了原本多模式城市交通的平衡关系，造成社会、经济和环境的问题。其症结也在于忽略了城市中人们对交通出行方式的多样化需求。因此有必要扶持慢行交通出行的发展，保持交通出行方式的多样性，维护处于弱势的交通方式与强势交通方式之间平等的路权关系，满足城市社会日益多样化的出行需求。不同的城市环境需要

图 1–1　上海建国西路上的自行车专营店

图 1–2　上海近衡山路的路侧装饰围墙

与之相适应的交通速度，而不同速度的交通反过来也会对城市环境品质形成重要影响。为了保证快速的交通流，规划上要尽可能减少道路其他功能对交通的干扰，基于安全的考虑人们也避免在快速交通干道上活动，因此快速交通走廊往往成为城市中功能单一、环境品质较差的空间之一。而慢行交通和人的活动有较好的兼容性，由于行驶速度接近，不同交通方式也可以在同一空间中和平共处，从而形成类似传统城市街道的人性化的城市空间。高品质、高活动强度、富有吸引力的城市空间（图 1–2）可以缓解城市空间的扩散和蔓延，最终可以发挥平抑长距离交通出行需求的作用。

案例 1　感受德国慕尼黑的步行区之美

慕尼黑的步行区被称作欧洲步行区的范例。《德国城市中心步行区的兴起与发展》(资料来源：刘涟涟等发表于《国际城市规划》2009 年第 6 期）一文记录了慕尼黑步行区发展的历程，自 1972 年由卡尔广场至玛利亚广场之间的步行区以及地铁和快轨交通系统在第 20 届慕尼黑奥运会开幕之际开放。原来穿越历史老城中心的机动车道被中止，卡尔广场成为慕尼黑的步行区入口广场。步行区的步行者数量呈现明显的增长：1966 年从 7 时至 19 时约有 7.2 万人在卡尔广场和玛利亚广场之间的步行街活动，到 1972 年在高峰期人数增加到 12 万人。据估计在 1972—1980 年，步行者数量增加了大约 80%（不包括节日月份）。在第一次步行化成功后，慕尼黑市中心最大的露天广场在 1975 年实现步行化，将老城北部和玛利亚广场连接起来。1980—1981 年，靠近玛利亚广场另外两条街实现步行化，尽管其中一条 Sendlinger 街没有完全限制机动车封闭：人行道从 2.5 m 被拓宽到 5.5 m，供小汽车使用的道路从 10 m 变窄到 7 m，在街道两边允许小汽车短时间停靠。另一条 Schutzen 街是从慕尼黑主货车站到卡尔广场，并继续到玛利亚广场。因此，乘火车到达的旅行者现在能够通过完全的无汽车道路网络直接到达市中心。20 世纪 80 年代之后，临近市中心区域各个公园的道路逐步实现步行化，步行区域得以逐步向市中心外围扩展。

战后幸存的拱廊和廊道被保留下来，它们是慕尼黑城市建筑的典型样式。新建的商业廊道，则为复古的形式，将中世纪已有的和第一次世界大战前已经建造的廊道联系起来，由此，这里的商店、咖啡厅，以及遮阳和喷泉形成了变化丰富的场景，填补了具有传统风格的慕尼黑城市细节。慕尼黑的步行区不只是一个购物中心，它为人们提供了更多有趣的场所。从卡尔广场开始，历史建筑、喷泉、餐馆、咖啡厅、灯光剧场、剧院和博物院，吸引着各地的来访者。同时人们还能够发现丰富而多彩的街道生活，给这个历史老城增加无尽的活力（图 1–3）。亲身经历其中，才会更多地体会慢行带来的愉悦和舒适，这种感觉不是仅仅来自某一个街道、某一个路口，更多的是整体环境对出行者的影响。

图 1–3　慕尼黑中心区慢行优先区域

在有轨电车的支撑下，“步行 + 公交”“自行车 + 公交”都进一步弥补了慢行交通自身的距离劣势，在最方便的位置提供最方便的出行选择，这本身就是一种优先的态度，当你还要为去停车的位置多走出几百米的时候，这种优先的感觉会更加明显（图 1-4）。

机动化交通出行和慢行交通出行并非完全对立，只是在不同区域，有限的道路交通资源该如何分配以及对于资源的使用政策如何制定的区别（图 1-5）。

图 1-4　慕尼黑中心区有轨电车和慢行形成出行组合

图 1-5　慕尼黑中心区慢行体验

1.2.5 让城市更有温度、生活更有味道

当前，我国社会主要矛盾转变为“人民日益增长的美好生活需要和不平衡不充分的发展之间的矛盾”。在追求美好生活的过程中，慢行交通系统在出行链衔接，出行选择多样化，充当健身、游憩、交流介质等方面又体现出独特的价值和作用。随着慢行交通出行的不断丰富多彩，久违了的城市的温度、生活中的“烟火气”慢慢回归，如图 1–6、图 1–7 所示。

图 1–6　上海衡山路沿路街角花园与人行道的组合空间

图 1–7　上海永康里慢行特色道路路侧引人驻足的玩偶

慢行交通出行可释放紧张的城市生活压力，与旅游、休闲、商业等紧密结合，通过营造环境优美、体验舒适的慢行环境，可以提高居民生活品质、增进市民之间的情感交流和增强城市魅力。随着城市公共自行车租赁业务、共享单车和快慢交通换乘系统的发展，中心商业区和拥堵路段的交通量被间接减少。慢行交通的绿色环保、出行成本低、占用资源少等优点，将慢行交通定位为短距离内的最佳出行方式。慢行交通系统与城市生活、活力的打造越来越紧密，围绕慢行交通系统的发展演变也日新月异。

一些近在眼前的例子正在发生。比如共享单车带来交通工具所有权和使用权的分离（图 1–8、图 1–9），慢行交通系统突破了以往个人专属的限制，以运营为主的模式参与城市活动，释放了更多出行组合。从这个角度来看，自行车出行虽然工具本身没有发生显著改变，但是工具的运用发生了根本性的变化，随着这个过程也不断地出现各种各样的问题，但不可否认的是由此带来的慢行交通出行生活自由度更高、选择更多样，体验更美好。

又如在马拉松、健康跑等活动的带动下，全民健身热潮此起彼伏，原本是慢行交通出行负面因素的体力制约、距离制约成了人们追求突破的目标，与此同时环境构

图 1–8 上海常规公交站点旁接驳的共享单车

图 1–9 上海地铁站点旁接驳的共享单车

成、辅助设施的配套这些以往慢行交通出行相对忽略的内容反倒成了“必需品”。

再如外卖配送、快递专送、代办闪送等业务的兴起（图 1–10），慢行交通系统成了一部分新兴行业的价值实现载体。个人可以通过自身的慢行交通实现价值的创造并且获得相应的收入回报。

图 1–10 上海高安路沿线的快递聚集点

慢行交通出行正在经历着它自身快速发展和演变的历程。更丰富的工具、改变中的目的、创新中的模式，这些都在从不同的角度影响着城市慢行交通出行的方方面面、点点滴滴。值得欣慰的是，这些改变更多地从出行者体验角度去着手，更紧密地和人民群众日常生活相结合，也更有温度、更有生活的味道。

案例 2　美国纽约时代广场的成功改造

美国纽约时代广场改造是城市更新与慢行回归有机结合的典范，时任纽约市市长的布隆伯格提出了一系列空间整治和升级措施（包括大量的重新区划、公共住房、城市开放空间等）。也是在此契机下，布隆伯格与时代广场联盟共同推动了一系列空间改造和治理项目。2009 年 2 月，布隆伯格宣布在百老汇大道时代广场段（42–47 街）和先驱广场（33–35 街）试行增加步行空间。当年 5 月，市交通部门对这一路段的公共交通进行线路调整。通过改变道路铺装、增添临时座、自行车专用道等方式，将时代广场和先驱广场转变为慢行交通更友好的公共空间（图 1–11）。

图 1–11　百老汇 / 时代广场空间试验前后对比

资料来源：纽约市交通局

实施后评估结果显示，时代广场的行人流量提高了 11%，74% 的纽约居民认为时代广场的空间在一年中得到了很大改善（表 1–2）。2010 年 2 月，时代广场试验中增加的步行空间改造为永久性人行广场，增设公共活动需要的电源等基础设施。

表 1–2　纽约时代广场各阶段改造过程一览表

时间	主要改造内容	实施评估及效果
第一阶段：2006—2008 年	规划设计机构对百老汇大街的多个路段提出初步改造方案	通过一系列的社区参与活动，广泛征集市民意见，为街道转型实验奠定基础
第二阶段：2008 年 8 月	封锁了百老汇大街自 35 街至 42 街路段，将原来的两条车行道转变为行人活动广场。同时，自百老汇大街与 42 街交界处设置自行车道并一路延伸至联合广场，形成骑行者服务的慢行交通空间	部分路段开始临时性改造，设计机动车限行、路面铺地涂饰以及临时座椅增置等

续表

时间	主要改造内容	实施评估及效果
第三阶段：2009 年 2 月	布隆伯格市长提议将时代广场全部回归给行人。2009 年 5 月，市交通部门尝试封锁 42 街与 47 街之间的机动交通，同时对公共交通线路进行调整，时代广场陡然变成了一个供市民和游人休闲、娱乐、购物和参观的步行天堂	改造后的该区域变得异常受欢迎，不同形式的地面涂饰和咖啡座椅成为纽约形象的新代言，曾经被迫挤在狭窄人行道上的人们有了新去处，他们也很乐意用丰富的公共生活来充实这个空间，成为午餐聚会、休憩闲聊以及享受生活的上佳场所
第四阶段：2010 年 2 月	对改造效果进行评估，肯定了临时性改造的成功，虽然交通量的获益并没有完全达到预期设想，但事故率大幅度下降，步行流量在设计范围内得到提升	改造实验也赢得了原来对改造项目持怀疑态度的周边商家和居民的赞同
第五阶段：2010—2013 年	启动百老汇大街的正式改造项目，先后完成了 42 街至 47 街之间的达菲广场和时代广场、33 街至 35 街之间的赫勒尔德广场的步行化改造。另外，麦迪逊广场和联合广场段的机动车道也进行了大面积瘦身，为行人提供舒适安全的步行环境	无论是机动车道的步行化改造，还是快慢交通的隔离或道路交叉口的简化，都有效降低了行人、骑行者与机动车相互碰撞的可能。
第六阶段：2013 年 5 月	对 35 街至 42 街之间的改造路段进行优化，进一步提升街角广场之间的步行连通性，消解行人与自行车之间的冲突，并降低机动车流量。同时，在 2014 年的第一季度完成了 42 街至 44 街之间时代广场的环境改造项目。在麦迪逊广场附近，百老汇大街在 23 街处跨越第五大道。在赫勒尔德广场和格里利广场附近，百老汇大街于 33 街处跨越第六大道，机动车道至此改为全步行街段。自 35 街起，百老汇大街恢复南向单行，直到 42 街至 47 街为全步行街段，即时代广场。自 47 街以北，百老汇大街恢复南向单行并在中央公园西南角与哥伦布环岛广场相交	据美国联邦运输安全管理局的调查显示，改造前有 68% 的受访雇员由于交通拥堵而不愿意在这里步行。改建后，步行空间得到大幅度扩展，为多样化的城市活动提供了充足而丰富的场所，包括一些为特殊活动预留的弹性场地，足以容纳各种大规模的街道活动。舒适的环境品质吸引人们在这里阅读、休闲和进餐，并激发多样化的社会交往

资料来源：澎湃新闻《空间营造：纽约时代广场 20 年》

纽约时代广场案例的经验在于慢行的改造不是单纯的市政或者交通改善行为，而是与空间提升、人流回归、商业环境的改善紧密结合，其背后的商业价值的提升带来税收的增长进而投入设施的改造，形成了内在的价值闭环。这种良性的价值链是能够持续推动其不断改造深入的源动力。

1.3 解构慢行：三要素（工具、载体与环境）

慢行交通出行由三要素构成：工具、载体、环境。三要素囊括了慢行交通出行主客体、出行活动的空间场所和周边要素。

和传统的道路交通活动四要素“人，车，道路，交通环境”对比来看，在认知慢行交通出行中，用工具来涵盖主体和客体的组合，是因为慢行交通出行过程人和工具的融合度更高，工具对出行的影响程度和机动化相比较弱。而慢行交通出行过程的灵活性、交互性显著提升，因此对于出行载体和出行环境的关注要进一步强化。此外，慢行交通出行与其他出行方式的灵活组合是其显著特征之一，因此不能孤立地去审视慢行交通出行。

慢行交通出行，包括慢行交通出行工具（含无工具）、慢行交通出行慢行交通出行载体、慢行交通出行环境三个主要构成要素，如图 1–12 所示。

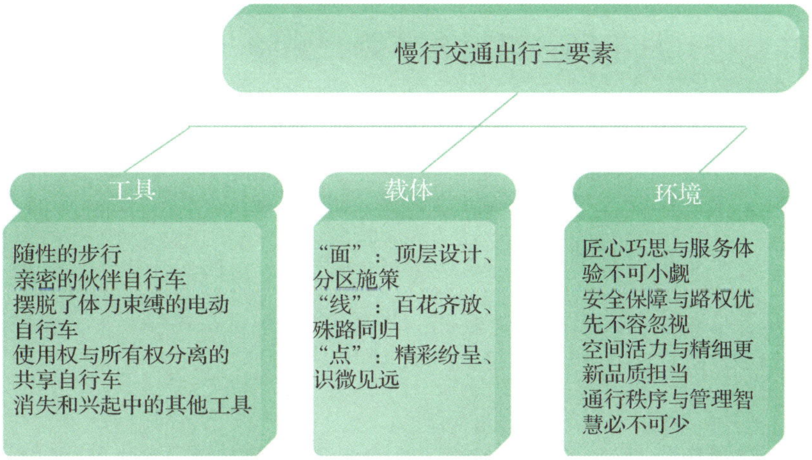

图 1–12 慢行交通出行三要素

强调慢行交通出行是以人的活动需求为导向，联系不同空间体系和生产生活的纽带。慢行工具是系统的实施要素，慢行载体是系统的形态要素；慢行环境是系统的影响要素。

慢行交通出行工具是包括了使用工具的主体、工具本身以及工具群体使用形成的交通流。慢行交通出行主体由于处在相对慢速的交通行为过程中，因此作为出行主体的人的听觉、嗅觉、视觉都可以同步更大范围、更大程度地感知周边。另外，由于慢行主体的差异性很大，在很大程度上造成了其对于慢行交通载体需求的不同和差异。慢行主体的出行除了依赖于自身体力以外，也可以依托于不同的工具，随着工具的不断演进，工具对于出行的影响也越来越多，因此慢行交通出行工具包括了工具的客观特性，也涵盖了主体的选择与操控。

慢行交通出行载体是指人们慢行出行体验过程的空间载体，既是城市交通空间与土地利用的结合，也是城市形象与品质的重要体现。慢行空间载体的范围包括交通性的慢行空间和非交通性的慢行空间，前者一般用于行人或自行车使用的设施，包括人行道、人行横道、人行地道、人行天桥、非机动车道等；后者要延伸到听、嗅、视的立体空间中去。

慢行交通出行环境是指影响慢行交通出行过程的各种外在因素。从整体来看是慢行出行过程中感受的整体氛围或者体验。具体来看包括舒适的体验、安全的保障、空间的活力、通行的秩序、管理的约束等。既有对于增加慢行交通出行体验的锦上添花，也有限制慢行交通出行的管理约束，这些也都是维护全体慢行交通出行者品质、安全、秩序的必要组成部分。

1.4 品味慢行：从不同分类品味不同“侧脸”

慢行交通出行的多样性和包容性，决定了其从不同的专业视角可以形成不同的体系分类，而基于不同体系分类出发就形成了不同的建设、管理、养护主体和规划、设计侧重。因此，品味慢行交通出行不妨从分类开始。

1.4.1 工具视角（无工具出行与非机动车出行）

根据慢行交通出行是否使用工具，一般将慢行交通出行分为无工具出行和非机动车出行。

无工具出行主要对应步行的方式。步行常被人戏称为“11 路”，指的是依靠自己的双腿完成移动的过程（图 1–13）。将步行表达为无工具出行，其实更多是相对于其他交通方式的工具依赖性而言。同时，把步行作为无工具分类强调的侧重点在于步行的实现不依赖于工具，不依赖于工具决定了步行的普适性和门到门的最终可达性。

从是否使用工具角度分类，无工具和非机动车工具有着本质差别，工具的出现和演进是出行体系发展的核心驱动因素和影响条件。无工具出行对于设施环境、通行秩序等方面的要求，以及对于环境的适应能力和融合程度与有工具出行有很大不同。但是站在慢行交通出行的角度，一直以来，人们并没有刻意地把牛车、轿子、独轮车这

图 1-13　无工具出行

图 1-14　非机动车出行

类有工具的出行和步行之间进行显著区分。各行其道的要求是随着工具搭载了动力功能后，速度、冲击性、破坏性方面超出安全边界后的理性选择。

非机动车交通工具多种多样，如牛车、独轮车、自行车、电动自行车、公共自行车等（图 1-14）。《中华人民共和国道路交通安全法》对非机动车工具概念进行了定义，非机动车工具是指以人力或者畜力驱动，上道路行驶的交通工具，以及虽有动力装置驱动但设计最高时速、空车质量、外形尺寸符合有关国家标准的残疾人机动轮椅车、电动自行车等交通工具。

出于安全和城市整体交通秩序以及交通管理要求的角度，对于允许上路的非机动车国家和各省市都有相应的规定。

（1）《中华人民共和国道路交通安全法》：第十八条，依法应当登记的非机动车，经公安机关交通管理部门登记后，方可上道路行驶。依法应当登记的非机动车的种类，由省、自治区、直辖市人民政府根据当地实际情况规定。第五十八条，残疾人机动轮椅车、电动自行车在非机动车道内行驶时，最高时速不得超过 15 km。

（2）《交通法实施细则》：第七十四条，行人不得在道路上使用滑板、旱冰鞋等滑行工具。

（3）《上海市非机动车登记规定》：下列非机动车上路通行的，应当经本市公安机关交通管理部门登记，取得非机动车号牌、行车执照：（一）电动自行车；（二）残疾人机动轮椅车；（三）人力三轮车；（四）市人民政府规定应当登记上牌的其他非机动车。自行车、残疾人手摇轮椅车实行自愿登记。

（4）浙江省《电动自行车、残疾人机动轮椅车目录公告服务指南》：规定产品需是经法定检验机构检测，符合《电动自行车安全技术规范》（GB 17761—2018）且取得产品 3C 认证证书、《机动轮椅车》(GB 12995—2006)。

(5)《甘肃省电动自行车残疾人机动轮椅车管理办法》：规定和省工业和信息化委员会、省公安厅、省质量技术监督、省工商行政管理局《关于开展甘肃省电动自行车、残疾人机动轮椅车注册登记目录申报工作的公告》(2017 年第 1 号) 要求，经甘肃省电动自行车、残疾人机动轮椅车目录管理评审委员会评审，包括各企业的 221 个型号的电动自行车列入第一批《甘肃省电动自行车残疾人机动轮椅车产品目录》。

(6)《电动自行车安全技术规范》(GB 17761—2018) 规定：①电动自行车最高车速不得超过 25 km/h；②电动自行车前、后轮中心距不大于 1.25 m；③车体宽度不大于 0.45 m；④整车重量（含电池）不大于 55 kg；⑤电机功率不大于 400 W；⑥新标准中规定电动自行车必须具有脚踏骑行功能。

本书以下内容的非机动车主要针对符合现行法律法规规定允许上路通行的两轮自行车（含助力自行车、电动自行车等）。

1.4.2 目的视角（通勤慢行、生活慢行、生产慢行）

从出行活动目的分，慢行交通出行可以分为通勤慢行（即工作、上学等刚性出行相关）、生活慢行（即休闲、购物等弹性出行相关）、生产慢行（即快递运送、送餐、取件等）三类。

通勤慢行是占比最大的慢行交通出行目的。改革开放初期，慢行交通出行在城市居民交通通勤出行中甚至占据了主体地位，如 1986 年，上海的慢行出行比例达到约 72%；北京的慢行出行比例达到约 64%；南京的慢行出行比例达到约 77%。

随着交通工具的不断发展进步、城市空间尺度的不断外扩，城市居民平均出行距离在持续增长，城市居民通勤距离超过了慢行交通方式的可达性范围，以机动化为特征的快速交通出行方式越来越多地成为通勤出行的主要方式。但即使在这样的背景下，慢行交通仍然维持着在通勤交通出行中等体量的出行比例。

上海市 2019 年中心城人员工作日出行总量 3 274 万人次 / 日，同比增长 0.2%。其中，公共交通方式占 33.1%，出租车方式占 6.4%，小客车方式占 20.5%，非机动车方式占 16.0%，步行方式占 24.0%（图 1–15）。从近些年来看，步行和非机动车始终占据 40% 左右的出行分担率。

从图 1–16 可见，在中心城区内部以及中心城区以外地区的区域内部出行，步行和非机动车均承担了很大比例。

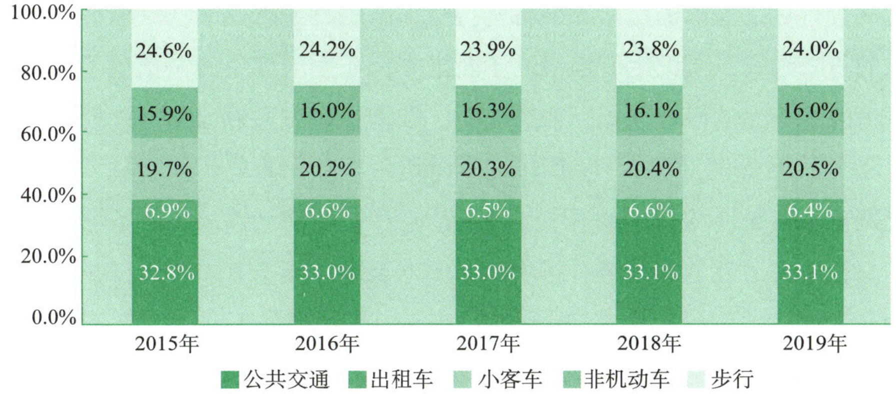

图 1–15　中心城工作日日均出行方式结构

注：出行方式结构是指不同交通方式在出行中所承担的份额。公共交通指地面公交、轨道交通、轮渡、班车及大客车方式。小客车含摩托车方式。2015 年起，出租车方式包含巡游出租车和网约出租车。2016 年起，非机动车方式包含共享单车。根据 2019 年居民出行家访调查（第六次综合交通大调查），对历年数据适当微调。

资料来源：上海市城乡建设和交通发展研究院

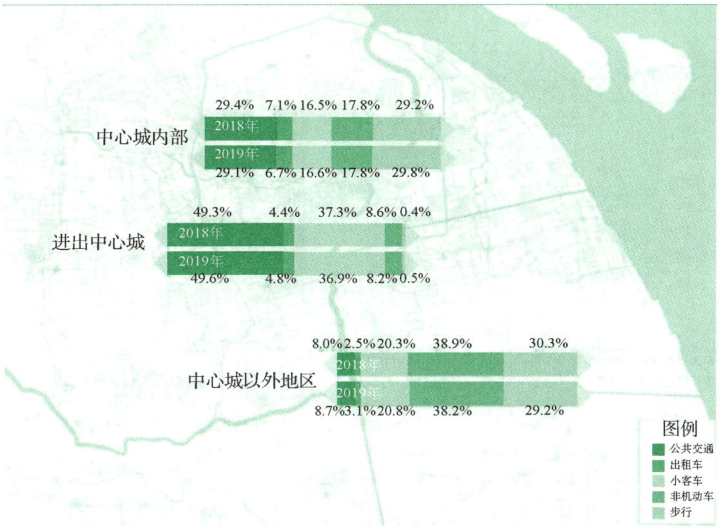

图 1–16　工作日日均分区域出行方式结构

注：出行方式结构是指不同交通方式在出行量中所承担的份额。公共交通指地面公交、轨道交通、轮渡、班车及大客车方式。小客车含摩托车方式。根据 2019 年居民出行家访调查（第六次综合交通大调查），对历年数据适当微调。

资料来源：上海市城乡建设和交通发展研究院

尤其是近些年，在以轨道交通为主的公共交通出行优先的战略指引下，随着各大城市轨道交通的逐步成网覆盖，“最后一公里”出行成为影响和制约以轨道交通为骨干的公共交通服务水平的显著影响因素，慢行交通出行在作为“最后一公里”接驳主要方式融入出行链体系中，焕发出新的活力。

生活慢行在之前人民生活水平有待持续提高的背景下并非特别显著。随着我国经济体量的不断增长、人民生活水平的不断提高，在全国奔小康并实现了脱贫攻坚战全面胜利情况下，生活慢行除了以往的旅游、购物交通方式外，健身慢行越来越受到人们的青睐，如图 1–17、图 1–18 所示。同时第三产业比重的不断增长，非生产出行的时间比例也在不断地增长，生活中的休闲活动和交往活动需求也日益增长，人们对于休闲、交往中舒适性、品质感有了更加多元的要求（图 1–19），慢行交通出行也随之发生着变化。

生产慢行，其实并不陌生，就是把慢行交通出行的过程本身作为劳动生产过程并以此为谋生手段，如已经消失的黄包车，对于乘车人来说是其本身出行过程，而对于拉车人来说是其生产过程。随着黄包车以及其他载客工具逐步被管理和禁止进入道路交通体系运营后，这种作为慢行运输工具的生产慢行逐渐减少乃至消失。随着移动互联网时代的到来，“跑腿经济”走上了历史舞台（图 1–20），它是以实现“物的移动或者事情代办”作为生产价值，并通过慢行交通出行作为实现生产的过程

图 1–17　通勤慢行的场景

图 1–18　生活慢行的场景

图 1–19　休闲骑行的场景

图 1–20　生产骑行的场景

而存在。对于这类新形式的生产慢行，有关的邮政通信、道路交通管理机构应给予重视和加强管理。

1.4.3 行为视角（规律性出行、自发性出行、接驳性出行）

从慢行活动的行为往复规律性角度，还可以将之分为规律性出行、自发性出行及接驳性出行三种类型。行为往复规律角度的分类有助于在研究慢行交通出行过程中的集计关系。

规律性出行：出行活动本身有明确的时间计划，不太容易受到主观因素影响而改变，如上班、上学、观影、参展、会议、递送邮件等，一般来说日常工作与生活事务属于这一类型。这种类型的活动由于受目的地的限制，在时间、空间、方向性上存在统计意义上的规律，是城市交通服务的主要对象，也是当下已有慢行交通设施的主要服务对象。但同时这类慢行活动呈现出较强的通过性，交互性较弱。

自发性出行：一类全然不同的活动类型，只有在人们有参与的意愿，并且在时间、地点可能的情况下才会产生，受到人的主观影响较大。如散步、闲逛、餐饮、娱乐、购物、观望等，大部分的娱乐消遣购物健身活动属于这一类型。这类型的频率高的聚集活动往往形成了城市的活力区，但这类慢行出行活动受到外界、慢行环境的因素影响也会比较多。其偶发性，不确定性若在局部超负荷聚集，则可能产生风险。

接驳性出行：指在前往目的地的途中短暂采用步行或非机动车等慢行交通方式来更换交通方式或路线。如没有直达目的地的公共交通路线时，在不同公交车车站及轨道交通站之间步行换乘，或者距离轨道交通站点较远，采取共享单车骑行到轨道交通站点后换乘。随着城市公共交通工具的不断发展和完善，这类接驳性活动成为组成出行链的关键和纽带，日常中经常提到的“最后一公里”就是这类活动的代表，这类活动在转换过程中凸显出转换量匹配和转换后静态空间停放的新需求也成为当下城市治理的新挑战。

1.4.4 活动视角（平行、穿越、竖向、混合）

根据活动的相互关系可以分为平行出行活动、穿越出行活动、竖向出行活动、混合出行活动四种类型。

平行出行活动：往往是指沿道路特定方向持续的慢行移动，是基于各行其道理念下的针对慢行交通出行的主要活动类型，如图 1-21 所示。此外，平行出行活动在不同国家或地区遵循不同的通行习惯，如我国大陆一般遵循靠右通行的通行习惯，即使在同一路段的不同方向的平行出行移动也能最大限度地避免相互的干扰和冲撞。但在我国香港地区由于以往其遵循靠左通行的通行习惯，往往会和靠右通行的人群产生对向交织。因此入乡随俗，能够及时了解和适应当地的慢行出行习惯和准则，既是对自身出行安全的守护，更是对当地整体慢行出行秩序的尊重和维护。

穿越出行活动：往往是出现在慢行交叉口或者路段的方向转换过程，包括交叉口过街和路段过街，这些穿越往往伴随着不同交通方式之间的交织，需要通过信号灯或让行交通通行规则来确保穿越过程的安全和有序，如图 1–22 所示。穿越出行活动是时间、空间、人的停行组合三维的活动过程，同时也是不同出行方式、出行流向之间以安全、有序、高效通过交织点的过程，非常注重因时、因地、因人流车流特征的精准施策。

图 1–21　平行出行活动过程

图 1–22　交叉口穿越出行过程

竖向出行活动：往往是慢行交通在克服平面高差过程或者立体隔离方式通过交织点的出行活动，如图 1–23、图 1–24 所示。随着城市立体交通的不断发展和丰富，竖向出行活动越来越多。竖向慢行中的安全、舒适以及无障碍设施的配套也日益得到重视。在现代慢行交通出行中，竖向出行活动要更加追求均衡性、持续性和一致性，避免慢行出行群体被迫多次上下，同时要考虑无障碍设施以及有条件地设置上下扶梯和电梯辅助。

混合出行活动：往往是在特定空间或者特定交通活动，如枢纽中的换乘区域，上述平行、穿越、竖向活动的组合（图 1–25）。需要特别注意的是，往往在有多种慢行活动，竖向慢行活动的混合活动区域容易出现慢行通行安全事件的风险区域，应加以

图 1–23　二层步行连廊：“明珠环”

图 1–24　二层步行连廊的上下垂直电梯和管理措施

重点防范。同时在这类混合出行活动的过程中也最容易在局部变窄处出现人流堆积、聚集，值得注意的是，慢行尤其是步行中的这类突然变窄局部瓶颈问题并没有得到广泛的重视和有效的控制，却在日常生活中显著降低了慢行的品质和效率，尤其是在交通枢纽内部和内外衔接处，由于长期往复大客流的存在而更加显著。此外，在新冠肺炎疫情暴发后，出于疫情管控的需要，越来越多的空间对于出入口数量进行了控制和减少，直接造成的是原有慢行动线体系朝着更加集聚的方向改变，这在很大程度上增加了慢行的绕行以及慢行交通出行与其他出行之间的混合。

图 1–25　交通枢纽内外联系的混合慢行交通出行

1.5　蓦回首，峰回路转，霜叶红于二月花

回顾从近代慢行交通发展的历程来看，慢行交通出行的发展主要经历了三个阶段：传统慢行为主—机动快行与传统慢行竞争发展—现代慢行与机动快行融合并进。从最初的传统步行和非机动车时代到机动车盛行的竞争时代，再到现代慢行交通回归的融合时代，现代城市交通慢行化成为一种趋势和潮流。人本主义以及低碳环保意识

是城市慢行交通回归的驱动力。

1.5.1 体会由竞争到融合的发展历程

1）千里之行，始于足下

图 1-26 “行”字的字形发展过程

人类历史的发展始于直立行走，“行”一直伴随着我们。从图 1-26“行”字的字形发展可以了解这个过程。

清代陈昌治刻本《说文解字》原文：“行，人之步趋也。从彳从亍。凡行之属皆从行。”徐铉反切“戶庚切”（xíng），这是中华书局注音版《说文解字》标注的读音，就是许慎说的行走之义的读音。其实，这个意义也由道路引申而出。《释名·释姿容》：“两足进曰行。行，抗也，抗足而前也。”就是举足前行。比如白居易《长恨歌》：“峨眉山下少人行。”用的是行走的意思。

长期以来，步行作为人们主要的出行方式。因为畜力和工具尚未有效地大量普及，也更多地用于战争和农业生产过程。独轮车、人力车也往往以步行作为主要的行进方式。自行车的出现和普及以及日后各类交通工具的不断演进发展，才形成了当下综合交通出行体系。

2）步行和自行车担当出行主流

自行车首次问世之后，价格非常昂贵。更多的是作为贵族和精英阶层娱乐消遣的工具。1920 年以后，自行车的技术和造型逐步成熟和定型，伴随着工业化，自行车的价格大幅下降，逐渐为人们日常使用。到 1950 年，自行车更多地为大众化的实用出行方式。使用自行车出行比之前的步行效率和距离都有了大幅度的提升，人们对其青睐和使用的程度达到了高峰。随着自行车开始使用到逐渐成为主流的交通出行工具，步行与自行车共同构成的慢行交通出行体系也日益完善。

1928 年，克拉伦斯·斯坦与亨利·赖特开创了一种全新的城市布局模式“雷德伯恩体系”（人车分离理论），首次将城市道路等级按功能划分为若干个等级，提出了树状道路系统和尽端路结构，并设置了独立的机动交通网络以及步行（非机动车）交通网络，开创了一个平面的人车分离的道路系统。在当时，这一模式被认为是解决人车矛盾的理想方式。

1930 年，法国建筑大师勒·柯布西耶在《明日之城市》(*Urbanisme*) 中，提出了“光辉城市”城市方案的设想。他最早提出要组织人车分离的分层立体式城市道路交通系统，从而解决人车矛盾问题，这一构想也成为现代慢行系统规划思想的雏形。

3）慢行交通与机动化交通竞争发展

第二次世界大战之后，小汽车的拥有量和使用呈现爆炸式的增长。从 1950 年到 1970 年，小汽车保有量增长了几十倍，与此同时欧洲各国自行车的使用降低了近 2/3，自行车在和小汽车的竞争中，不论是速度、耐久性、载重能力，还是安全性、舒适度都处于下风。在这个阶段，社会经济高速发展，城市快速扩张，城市空间方面城市建成区成倍扩张，扩张程度显著超过了人口增长幅度，人口密度下降的同时，平均出行距离却在显著增长。20 世纪 60 年代中期，大量新的居住区在距城市 25～50 km 的地方，并需要远距离通勤。经济社会方面，居民收入增加，小汽车制造和使用的成本在工业化背景下逐步下降，同时小汽车更加适合三口之家的出行使用。这些都让步行与自行车在和小汽车的竞争中处于不利地位，导致在综合交通出行的分担率快速下降。

20 世纪 60 年代，德国慕尼黑举办关于步行区在城市中心发展的论坛。同期，哥本哈根建成局部的自行车路网。各国不断加大对“绿色交通”的宣传力度，以税收的形式提高汽车以及燃料的价格，以此来控制机动车的数量。

1962 年，哥本哈根在开始建设步行街的同时改造城市公共空间。同期，国际上兴起了城市公共空间的建设热潮，其中具有代表性的有德国伯根汉德公园和美国纽约中央公园。针对不同道路系统的交叉处设置天桥，以及未来纳入大都市行车系统和公园系统的可能性，规划了快速穿行道路和林间路。

1963 年，英国的布坎南报告《城市交通》(*Traffic in Towns*)，为了使居民免受机动车的影响，提出了道路分级和严格的交通控制制度。与此同时，步行化和功能街区的概念萌芽。《城市交通》首次指出城市的结构会因大规模的道路建设而受到影响，也是首次将城市的环境与机动车的可达性进行结合分析。

20 世纪 70 年代，德国出现了大量的行人步行区，道路被设计为尽端式、缩口状，以便能够有效地控制机动车的通过，而曲线形的道路设计能够使机动车减慢行进速度。将慢行交通与机动车交通有效地统一在相同的空间中是安宁交通的目的之一，折线形和蛇形的道路设计有效地限制了机动车的速度，避免了行人被机动车影响，提高了行人与车辆的安全，减少了交通事故。安宁交通作为慢行交通和快行交通相对融合的方式开始出现。

1973 年，哥本哈根以无车进入作为城市公共空间改造的首要目标，建设慢行优先街道，并以这种街道作为城市中心的主要道路。

4）慢行交通与其他交通方式融合发展

20 世纪 70 年代中期，金融危机和能源危机席卷欧洲，经济增长放缓，国家财政日趋紧张，能源的价格大幅上涨。与此同时，因大规模使用小汽车造成的环境问题和社会问题也逐步显现。多重压力之下，无论是政府的宏观政策选择，还是居民的微观使用方式及使用成本等原因，自行车的使用率从 1975 年至 20 世纪 80 年代呈上升态势，而后其使用率虽然上下有所浮动，但总体而言保持稳定。金融危机和能源危机触发了慢行交通的复兴与回归，各国根据自身的现实情况，寻找慢行交通出行和其他方式融合发展的措施，以期实现可持续交通发展。

能源危机带来的一系列问题，深刻地影响着交通出行策略和交通出行能源支撑体系的选择和决策，是推动交通出行结构体系反思和改变的重要外部因素，可持续发展的交通成为发展和追求的重点。机动化发展模式也出现了以小汽车为主的城市出行结构和以公共交通为主的城市出行结构的分化，慢行交通出行的可持续性、以人为本等方面更受重视，同时其与公共交通出行工具以及与各个城市节点片区空间的融合，都让其焕发了更强的生命力和竞争力。

20 世纪 70 年代开始，荷兰阿姆斯特丹调整出行方式，此后 20 多年里，政府始终持续地进行更新和运营，研究如何让慢行系统变得高效便捷。比如对汽车消费施以重税、每年削减 2%～3% 停车位、建设完善的专用车道和骑行路线。荷兰拥有世界一流的自行车交通“硬件”，1.5 万 km 的自行车道不仅遍布城乡，还连通了不少旅游景区。很多荷兰人喜欢全家骑车外出度假，甚至长途旅游。因此，荷兰政府非常重视保持自行车道的畅通无阻。在城市规划中，道路设施不能截断主要自行车道，城市建设应减少给自行车交通造成不便。自行车道地面上有大型白色自行车图案，车道旁还有白底红字方向标，如果是与机动车道完全分开的专用车道，路边则有一个蓝底上画白自行车的圆形标牌以便于识别。在乡间自行车道旁，经常可以看到荷兰独有的蘑菇形自行车道路指示碑，碑上标明当前地点、附近城镇的方向以及相距多远等。

1979 年，德国在 130 多个城市实施“适宜自行车的城镇”的发展战略，重新规划自行车路网并重新建设自行车交通设施。

20 世纪 80 年代中后期，德国政府将自行车作为联系公共交通和步行交通的工具，将步行、自行车和公共交通相结合，建立起更完善、更有利于环境保护和环境持续发展的交通系统，这一举措大大促进了自行车交通的发展，自行车和公共交通方式之间的结合成为发展的主要目标：引进能够搭载自行车的公共汽车，使自行车出行的方便程度大幅提高。

20 世纪 90 年代初，“新城市主义”主张按城镇规划的历史传统，并参考第二次世界大战前的美国小城镇，代替市郊肆意扩展、社区日渐消失的发展模式，建立城镇生活气氛浓厚的、密集的社区。德国进一步鼓励人们使用公共交通作为出行方式，提高步行出行效率，自行车开始走上轨道公共交通系统，城市快轨、地铁和轻轨等城市公共短途轨道交通列车上设置了自行车车厢，同时在火车总站及主要的轨道交通枢纽站周边建立自行车停车场。这种做法迅速在德国各城市盛行，如今，除了高速列车之外，德国包括城市之间短途火车在内的几乎所有公共交通工具都可以搭载自行车。

20 世纪 90 年代，荷兰开始推广“街道共享”理念。与“安宁交通”政策相比，街道共享理念通过道路设计将机动车放在次要位置，实现了与看起来似乎彼此冲突的事物分享道路空间。这样可以缓解安宁交通政策的负面影响，增加地区的可达性，促进商业，并且增加步行道路的活动多样性。1992 年，荷兰政府通过政策与资金两方面对慢行设施的建设给予大力支持，并提出 20 年内将自行车出行量提高 30% 的战略目标。政策上，荷兰制定了一系列促进慢行系统发展的规划和法规，并以如公共免费自行车和购车报销等多种减免费用的手段来鼓励市民采用自行车出行。资金上，在各级政府的领导下，荷兰建设了全国范围内统一的标准化的自行车道网、停车场和道路识别系统等基础设施，所有费用都由中央政府统一安排。

1996 年起，哥本哈根每两年出版一次《自行车交通说明书》(*Bicycle Account*)，统计自行车交通流、出行比例、事故数量与程度、自行车设施建设指标，调查骑车者意见并转化为量化评分，以此调整后两年自行车交通改善的重点。

1997 年，哥本哈根《交通与环境规划（1997）》(*Traffic and Environment Plan*（1997）)提出城市机动车水平不能再继续增长，增加交通量应当由自行车与公共交通共同承担。

1998 年，伯克利制定了《自行车交通规划》(*The Berkeley Bicycle Plan*)。哥本哈根《公共交通规划》将骑车者视为潜在的公交乘客，放松了公交车辆对推车人的限制，并推出了轨道站自行车停车计划。

2000 年，德国开始实施自行车租赁业务，慕尼黑成为德国最早使用公共自行车的城市。哥本哈根《城市交通改善规划（2000）》(*The Traffic Improvement Plan*（2000）)提出了 2012 年前增加自行车通勤比例、改善骑车安全及安全感、提高骑行速度和舒适性的目标。哥本哈根《自行车道优先规划》(*Cycle Track Priority Plan*) 要求 2015 年前投入 1 600 万欧元再建 50 km 自行车路。哥本哈根《绿色自行车道规划》(*A Proposal for Green Cycle Routes*) 计划耗资 5 亿克朗在全市建设 110 km 绿色自行车道。

2001 年，哥本哈根《交通安全计划》（*Traffic Safety Plan for Copenhagen*）提出在 2012 年前将自行车重伤害事故减少 40%。

2002 年，马里兰州《步行与自行车交通规划》（*Pedestrian and Bicycle Traffic Plan*）根据自行车骑行者的舒适度程度，将自行车道划分等级。圣地亚哥的《步行交通规划》（*Pedestrian Traffic Plan*）提出以步行为导向的慢行交通规划理念，将土地利用和交通方式选择联系起来，并提出城市街区发展的线性或节点发展模式。2002—2012 年，德国联邦政府通过了一项全国计划，主要目标是增加自行车在交通工具中的比例，加强自行车的道路安全，将推动民众使用自行车作为政府交通运输政策的重要内容，同时财政每年拨出 1 亿欧元用于自行车道的兴建和维修。

2005 年，伯克利结合城际轨道站点的换乘对 1998 年《自行车交通规划》进行了修编，形成了一个主次搭配的自行车交通网络。

2006 年，丹麦自行车出行的交通分担率已达到 36%，并且政府还将继续加大交通的发展力度，提出了到 2015 年使这一数值到达 50% 的目标。

2007 年，为应对人口增长和环境压力，纽约提出建设可持续城市，强化交通的安全性和公平性，发布了纽约自行车规划（*PlaNYC: A Greener, Greater New York*），由此开始进入快速发展期。

以上各阶段主要的相关理念如表 1–3 所示。

表 1–3　国外部分慢行交通出行相关理念

	年代	倡导主体	理念	特点
人车分流	20 世纪 20 年代	柯布西耶	光辉城市	高架路系统立体分离
	1928 年	美国，克拉伦斯・斯坦与亨利・赖特	雷德朋新城	平面分离系统
	20 世纪 40 年代	英国	新城建设	独立道路系统
步行者优先	20 世纪 60 年代早期	英国，布坎南	布坎南报告	步行者自由权体现
	20 世纪 70 年代	欧洲国家	“无交通区”概念、“无汽车日”活动	鼓励步行和非机动车通行
人车共享	1970 年	荷兰德尔福特（Delft）	生活的庭院	社区空间充满人性的魅力
	20 世纪 70 年代	德国	交通宁静化政策	宁静化措施，实现车辆减速
	1980 年	日本大阪	人车共存道路	行人和非机动车的空间
	20 世纪 80 年代	美国	新城市主义，步行口袋	社区内部基本以步行方式为主

案例 3 欧洲能源危机后的慢行交通回归与复兴

在荷兰、丹麦和德国，自行车的使用并非长盛不衰。在 1950—1975 年，这三个国家的自行车出行水平都呈下降趋势（Dutch Bicycling Council，2006）。在这 25 年间，荷兰、丹麦和德国的城市都在大幅扩充道路容量及停车位数量，满足不断增长的汽车使用需求，而行人和骑行者的需求基本被忽视。

虽然历史、文化、地形和气候都很重要，但这些并不能决定自行车使用的命运。同样，经济水平也不是唯一决定自行车发展的因素，像荷兰、丹麦、德国、美国、英国和澳大利亚，这几个国家都很富裕，但是它们的自行车出行现状却不尽相同。荷兰、丹麦和德国，并非无力担负成本更高的交通方式，实际上，它们的小汽车拥有率在全球都处于最高水平。而小汽车拥有率高，并不影响自行车出行比例，自行车的广泛使用是受贫穷、政治体制、缺乏机动交通等影响所做出的被动选择，如图 1-27、图 1-28 所示。

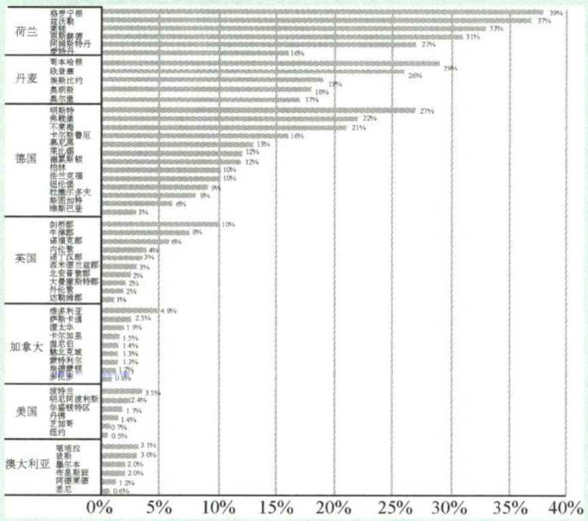

图 1-27 荷兰、丹麦、德国、英国、加拿大、美国和澳大利亚部分城市自行车出行分担率

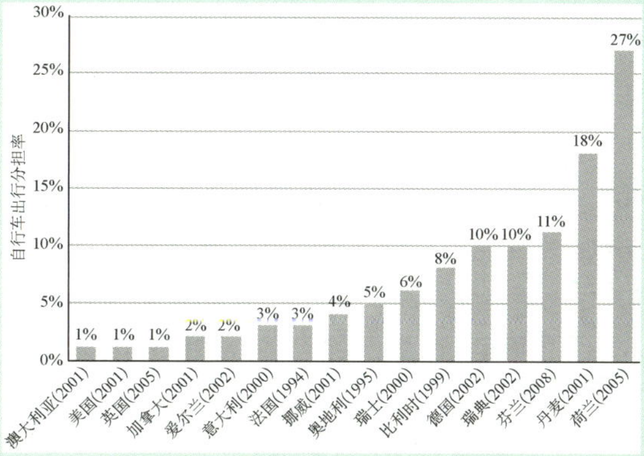

图 1-28 欧洲、北美以及澳大利亚的自行车出行分担率（自行车占总出行次数比例）

资料来源：约翰·普切尔、拉尔夫·比勒《难以抵挡的骑行诱惑：荷兰、丹麦和德国的自行车交通推广经验研究》

自行车适合短距离出行，欧洲城市市域范围较小，出行距离较短，一定程度上推动了自行车的发展。即使在相同的出行距离范围内，荷兰、丹麦和德国的自行车出行比例也高出很多。在 2.5 km 以下的出行中，自行车出行的比例在英国和美国仅为 2%，而在荷兰、丹麦和德国分别是 37%、27% 和 14%。随着出行距离的增加，这种差异依然存在。以距离在 2.5 km 至 4.4 km 的出行为例，在美国和

英国，自行车出行的占比仅为 1%，远低于荷兰的 37%、丹麦的 24% 以及德国的 11%。

骑行群体：荷兰、丹麦和德国不仅拥有较高且不断上升的自行车出行水平，而且骑行者实际上包含各类社会群体（图 1–29）。

骑行环境：自行车骑行的安全问题也是骑行者考虑的一个重要因素（图 1–30）。自行车出行分担率较高的荷兰、丹麦以及德国等国家的事故率明显低于美国和英国等自行车出行分担率较低的国家，自行车骑行的安全问题影响了自行车的发展。

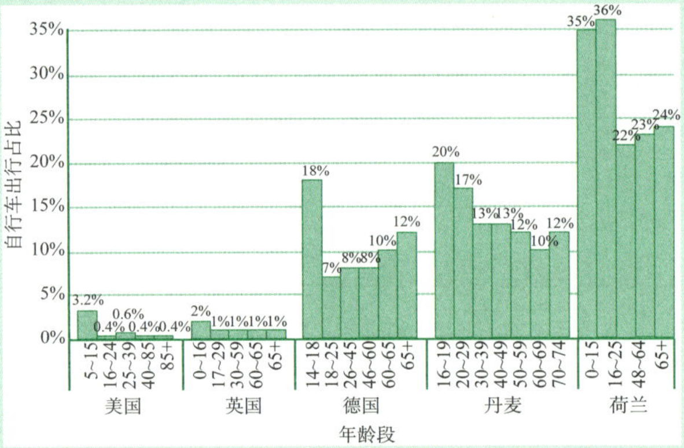

图 1–29　美国、英国、德国、丹麦和荷兰以年龄段划分的自行车出行分担率（2000—2002）

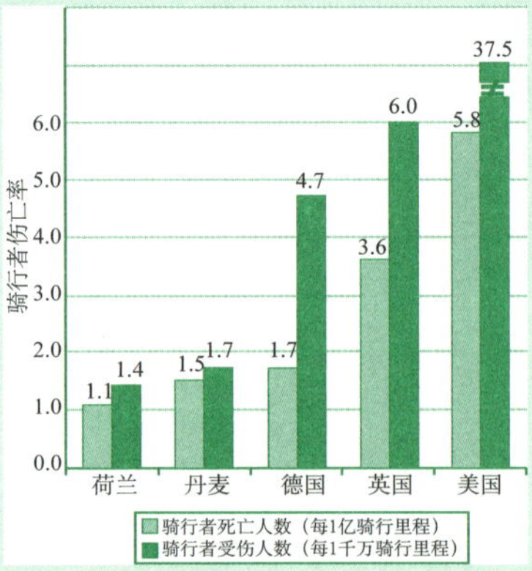

图 1–30　荷兰、丹麦、德国、英国和美国骑行者死亡率及非致命伤害率（2004—2005）

资料来源：约翰·普切尔、拉尔夫·比勒《难以抵挡的骑行诱惑：荷兰、丹麦和德国的自行车交通推广经验研究》

荷兰、丹麦和德国在过去的几十年间，对小汽车的一系列限制策略，带来了慢行交通出行方面的成功。这三个国家不是通过扩充道路和停车场来满足不断增长的机动车需求，而是致力于服务公众，以建立人性化管理的城市而非汽车友好型城市。荷兰、丹麦和德国一直处于使自行车出行变得安全、便捷、富有吸引力的政策前沿。

1.5.2　品味不同历史阶段的慢行交通发展历程

我国是世界上最早发明和使用车的国家之一，相传黄帝时已有车。但当时经历了漫长的发展完善过程，车也主要应用于战争。到汉代发展出现小车（马车）、大车

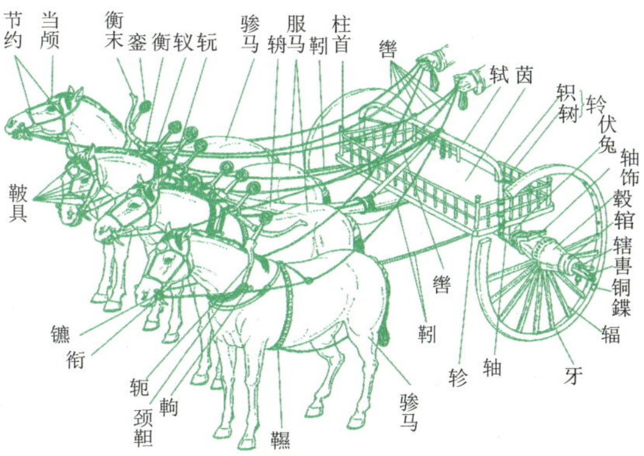

图 1–31　商至秦独辀马车结构示意图

（图片来源：胡伟峰．中国古代设计思想研究——以先秦独辀马车设计为例 [M]. 北京：中国轻工业出版社，2017：44–45）

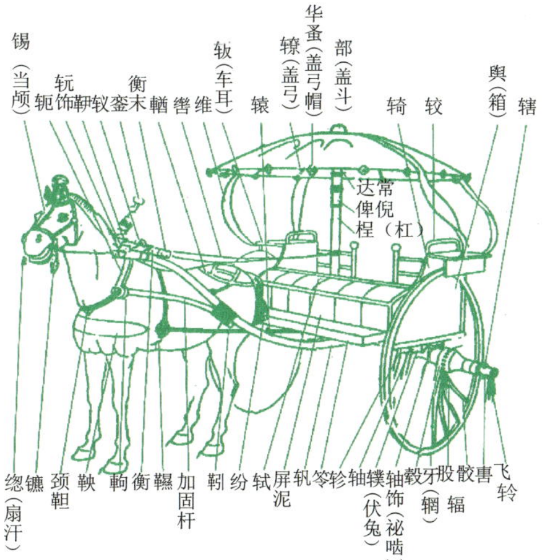

图 1–32　双辕车结构示意图

（图片来源：胡伟峰．中国古代设计思想研究——以先秦独辀马车设计为例 [M]. 北京：中国轻工业出版社，2017：44–45）

（牛车）和手推车（独轮车），如图 1–31、图 1–32 所示。两晋南北朝至唐朝，牛车逐渐兴盛，牛车虽慢，但平稳，且车厢宽敞高大。宋朝长期处在和辽、西夏等北方民族政权的战争状态，造成马匹资源紧张，因此两宋承袭隋唐之风，驾车以牛为主，间有骡、驴，同时乘轿之风渐兴，使我国古代制车技术自此长期处于停滞状态，直到近代也没有很大的改观。而原先远远落后于我国的西方制车技术却逐渐得到发展，并很快超过了我国。

轿子是中国古代一种重要的交通工具，它靠人或畜扛、抬而行，供人乘坐，距今已有 4 000 多年的历史。轿子的原始雏形最早出现在 4 000 多年前的夏朝初期。据《尚书》记载，大禹治水之时，奔走四方，就乘坐过轿子。但此后经过多年的发展，轿子在先秦时代还是很少见。至魏晋南北朝时期，轿子的形制不同，有“八扛舆”“版舆”“篮舆”“礼舆”等（图 1–33）。盛唐时期，轿子的种类比魏晋时期要丰富许多。比如皇帝所乘的步辇，王公大臣所乘的步舆，妇女所乘的檐子，民间通用的板舆，各种

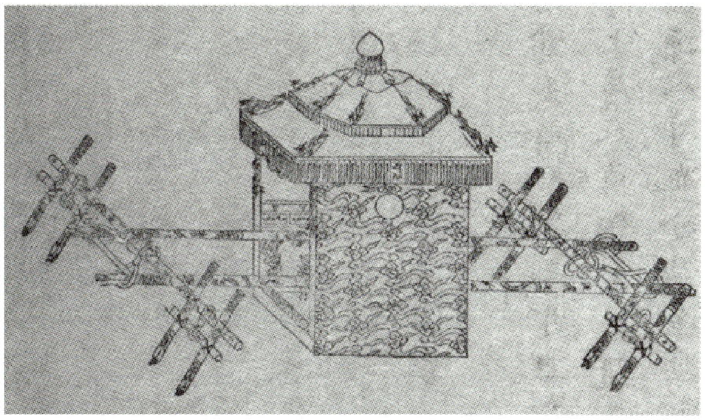

图 1–33　礼舆

（图片来源：清. 允禄. 牧东.《皇朝礼器图式. 十八卷》. 广陵书社，2004 年）

各样。自南宋起，无论是达官贵人还是平民百姓迎亲嫁娶，多乘轿子，因此轿子成了当时人们追求身份、地位的象征。

独轮车在我国最早出现在西晋末年，由中原转到福建的客家移民而来，传说独轮车是由诸葛亮发明，《三国志》中“木牛流马，皆出其意”。独轮车可以用在运物、载人，不依赖于牲畜，在我国历史中长期作为主要的慢行交通出行工具存在（图 1–34）。宋应星在《天工开物》中描绘并记述了南北方独轮车之驾法：“北方独轮车，人推其后，驴曳其前；南方独轮车，仅视一人之力而推之。”独轮车在欧洲出现的时间为1170—1250 年，车轮位于或接近车的前方是中世纪独轮车的普遍特色。

图 1–34　古代独轮车示意图
（图片来源：周亚辉.“独轮车”与“木牛流马”[J]. 装饰，2010(9)：3.）

陈毅元帅曾经说，淮海战役的胜利是山东人民用小车推出来的，指的即是手推独轮车，正是这种独轮车，体现了人民的力量。近年，配备电动动力的独轮车重新回归，便于携带且动力十足，但目前还没有获得允许上路，何时能够重新登上慢行交通出行的舞台，还需拭目以待。

黄包车又称人力车，也叫“东洋车”（图 1–35）。在清朝时十分流行，它源于日本。自清至民国以来被广泛使用，当时它是一种非常方便的交通工具，备受人们的欢迎与喜爱，更是老上海主要的交通出行工具。

18 世纪末，法国人西夫拉克发明了最早的自行车，采用木质结构，甚至无法在骑行中更换方向，但是在当时这种简单的骑行方式也十分令人惊讶和赞叹

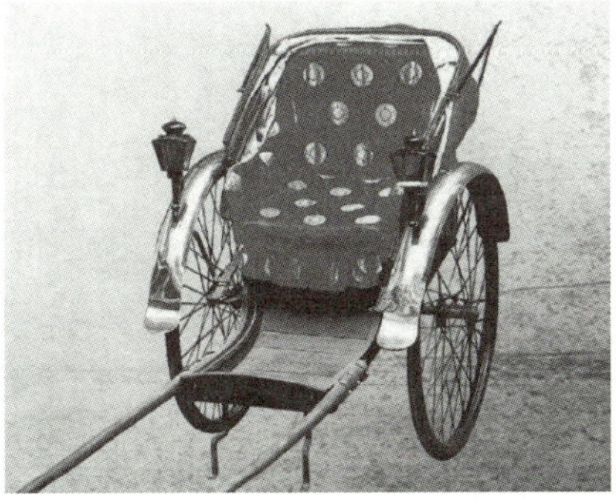

图 1–35　黄包车示意图

（图片来源：潘春华 . 黄包车述说历史 [J]. 神州民俗（通俗版），2017(4).）

图 1–36　西夫拉克发明最早的自行车

（图片来源：苏更林 . 自行车：人类的伟大发明（上）[J]. 农村青少年科学探究，2012(1):2.）

（图 1–36）。在最初，自行车只是少数人使用，曾经较长的一段时间，自行车出行是贵族的一种游戏工具。

1818 年，自行车经过改良后开始普及。德国人德莱斯在法国巴黎发明了带车把的木制两轮自行车，这种自行车允许使用者一边骑行一边改变方向，这在法国引起了极大的轰动，大量的自行车开始被制造并应用于城市交通出行。

1868 年，法国巴黎世界博览会的第二年，上海有了自行车行驶，据当时的《上海新报》报道，“靠蹬踏而行，转动如飞”，其被称为“脚踏车”。自行车最初是作为休闲娱乐的工具进入中国的。

1886 年，英国的塔利对自行车结构进行了改善，并且还改制了许多生产自行车部件用的机床，为自行车的大量生产和推广应用奠定了基础，因此他被后人称为“自行车之父”。

1887 年，英国人劳森完成了链条驱动自行车的设计。同年，英国人邓鲁普研制出了充气轮胎。从此，自行车技术也完成了向商业化的转化，批量生产并投入市场。自行车成为当时人们的主要交通出行工具。个体出行在不依赖于外力情况下，速度和耐力得到了显著提升。

抗日战争胜利后，上海昌和制造所被收归，更名“上海机器厂”，拥有员工 180 人，年产“扳手”牌自行车 3 600 辆。1949 年后，改名为“永久”。天津的昌和制造所生产的自行车后被更名为“飞鸽”，和“永久”牌南北呼应，连同上海凤凰，组成国产自行车三大品牌。

1956 年，在上海唐山路工厂，新中国第一辆自行设计、自行制造的全公制标定型自行车——“永久”28 英寸 PA 型男车投入生产，充满工业气质的“二八大杠”成了一个时代的图腾（图 1–37）。

图 1–37　曾经的老“永久”
（图片来源：陈中 . 唤醒沉睡的国货老品牌 [J]. 中国发明与专利，2010(12):3.）

改革开放前，步行是中国人主要的通勤方式，这与当时的生产力发展和生活水平直接相关。改革开放后，在城市建设和经济建设快速发展的过程中，虽然步行仍是基本的通勤出行方式，但机动车交通也逐渐发展壮大，20 世纪 80 年代，中国拥有世界上最多的自行车，是名副其实的“自行车王国”。曾几何时，拥有一辆自行车是青年追逐和渴求的梦想（图 1–38），在这个过程中，慢行交通出行肩负着主要的城市通勤交通出行。

图 1–38　20 世纪七八十年代骑自行车大军
（图片来源：王芳 . 基于云技术的公共自行车系统设计研究 [D]. 华东师范大学，2014.）

20 世纪 90 年代后期，随着汽车工业的发展，居民生活水平的提高，小汽车走入寻常百姓的家庭，自行车的辉煌也随之而去。小汽车、公交车、轨道交通等机动化的出行方式延长了城市的出行半径，成为人们通勤出行的主要组成部分。随着城市尺度的不断增长，慢行交通出行在城市通勤中的角色在竞争中相对弱化，更为重要的是慢行交通无论在规划的空间分配上，还是建设的投入乃至使用中的管理资源的投入上都长期处于弱势地位。

1995 年，《北京宣言：中国城市交通发展战略》中，明确提出中国交通的目的是实现人和物的移动，而不是车的移动。应当根据各种交通方式运送人和货的效率来分配道路空间的优先使用权。确切地说，就是为公共交通、非机动车和行人提供优先，这可以看作是“以人为本”的城市慢行交通系统发展理念的肯定和再出发。对于中国部分城市，尤其是大城市，用地短缺、人口密集、小汽车造成的交通拥挤和尾气污染消耗着社会成本。虽然机动化的快速发展支撑了城市经济发展以及城市规模的扩张，但是步行和自行车构成的慢行交通仍然在中国城市中起着相当重要的作用，同时人们也越来越意识到，低碳可持续交通出行方式在未来交通出行体系中的重要性（图 1–39）。

图 1–39　21 世纪 20 年代骑行（北京自行车专用道）

（图片来源：李亚茹 . 北京自行车专用路出行选择研究 [D]. 北京交通大学，2021.）

2002 年 6 月，《上海市城市交通白皮书》正式“面世”，其将步行系统作为一体化交通体系的一个重要部分加以完善，指出：“保障公交先行，充分重视慢行交通的道路运行系统，发挥慢行交通短距离出行和接驳公交的功能；提高低等级道路的系统性和可达性，保障慢行交通网络的完整、连续和安全，逐渐形成功能完善、覆盖面广的低等级道路系统，为市民生活提供最直接的服务，为慢行交通创造良好的通行条件，保障残疾人等弱势群体的出行需求；保障步行交通，引导非机动车合理运行，促使助动车向公交转移，提高中心区人行道标准，逐步扩大安装行人信号灯的范围和路口数量，改进交叉口设计，增设安全岛；在人流、车流繁忙的路口设置高质量的行人过街设施；在有条件的商业区，设置与机动车完全分离的步行街和步行区；在新建住宅，将建设良好的步行设施，提高居住质量；对非法占用人行道的行为要加大处罚力度，让步行者无障碍行走。”

2006 年，《深圳经济特区步行系统规划》制定了 11 条重点步行廊道和 14 个重点步行单元，并针对这些步行单元进行了步行环境和配套设施的规划设计和管理指引，在步行道的空间利用、沿路景观绿化、小品艺术、功能设施、建筑界面、夜间照明等方面都做了一定规划。

2007 年，我国《城市蓝皮书：中国城市发展报告（No.1）》指出，低碳发展是中国在城市化进程中控制温室气体排放的必然选择，要求城市进行科学的城市规划，高效利用土地和能源，实现工业布局低碳化、循环化，构建绿色交通体系，发展绿色建筑，倡导绿色消费。

2008 年，《上海市中心城慢行交通系统规划》提出，在空间上营造慢行核、慢行岛、慢行廊道，并细致地阐述了城市慢行交通规划理论和方法，营造 300 多处分布在上海中心城区的城市魅力区——慢行核，以及数十个城市慢行安全区——慢行岛。在慢行核内，慢行交通处于绝对优先地位，与城市风貌、景观创意、休闲、观光、旅游以及商业紧密结合，通过快速路、主次干道上的人行设施，以及少量与主要道路平行的非机动车专用道，为短距离出行提供相对独立与安全的慢行道路空间。《杭州市慢行交通系统规划》依托杭州市内长约 900 km 的河道，在重点区域构建了滨河慢行交通系统。其中包括运河慢行交通系统规划以及西湖风景区慢行交通系统规划，打造杭州市"东方威尼斯"的城市形象。杭州初步建成以观光旅游为主要服务对象的公共自行车网络，并在不断发展与完善中公共自行车逐步成为普通市民日常出行的交通工具。《天津中新生态城总体规划》规划了严格分离的快、慢行道路系统，目标是使"生态城内部"非机动方式达到 80%，使生态城内部非机动车出行优势得以充分发挥与展示。

2010 年，《海口绿色慢行休闲系统规划》主要发展健康旅游路线，将慢行交通网与旅游资源相结合。

2013 年，《加快推进绿色循环低碳交通运输发展指导意见》指出，我国现阶段城市交通系统规划建设必须优化城市交通组织，引导公众绿色出行，加快绿色低碳交通系统的规划建设。《城市步行和自行车交通系统规划设计导则》中提出"微笑街道"（Smile Street）设计理念，在价值取向上，强调步行和自行车交通系统设计中对于人的关注；在功能定位上，强调步行和自行车交通设施环境是城市街道环境的有机组成部分，而非独立运行的封闭系统；在设计方法上，"微笑街道"源于"微笑"的英文单词"Smile"，分别代表步行和自行车交通系统设计的主要原则：小尺度（Small）、维护运营（Maintained）、整合协调（Integrated）、街道活力（Lively）、愉悦舒适（Enjoyable）。

1.6 看当下，百舸争流，万类霜天竞自由

时代在发展，面向可持续发展、低碳出行、绿色交通，在慢行交通发展的理念和方向上，各国普遍有了清晰的认识。只是对处在不同发展阶段、不同城市化发展水平以及机动化普及水平的城市来说，慢行交通如何更好地融入人们的出行习惯以及城市的发展需要各显其能。

2014 年，英国政府发布了一份为期 10 年的长期战略规划——《自行车出行实施计划》（*Cycling Delivery Plan*），明确了政府发展自行车交通的愿景以及有关方面需

要发挥的作用。世界卫生组织和联合国欧洲经济委员会发起56个签署国的联合倡议THE PEP，通过了《巴黎宣言》，决定启动一项泛欧自行车促进总体计划，并在指导方针和工具的支持下，在国家层面协助制定自行车促进政策。这一政策宣告着慢行交通在欧洲各国的复兴。

2014年，《天津市中心城区步行和自行车交通规划研究》推动分类非机动车通道建设，拓宽部分非机动车道，减少路边机动车泊位、推广礼让行人等（图1–40）。

图1–40　天津市路口设置了礼让行人标语

2015年，《广州市慢行交通系统规划》成为广州市慢行交通的战略规划，对慢行交通功能定位、发展政策、目标及策略等方面提出了指导性意见。

2016年，《上海市街道设计导则》推动了上海街道的"人性化"转型。提炼了上海市地域特色的街道元素，围绕安全、绿色、活力、智慧街道四个目标形成设计导引，使街道的设计者、建设者、使用者能从更广阔的视角来认识街道、体验街道，实现保障交通秩序、促进绿色出行、增强街区活力、提升文化品质的目标，为实现精致街道生活提供形象化的设计指引。在理念上，推动从"主要重视机动车通行"向"全面关注人的交流和生活方式"转变；在方法上，推动从"道路红线管控"向"街道空间管控"转变；在技术上，推动从"工程性设计"向"整体空间环境设计"转变；在评价上，推动从"强调通行效能"向"促进街区发展"转变。强化了多方协同和公共参与，建立多方协调机制，加强规划、交通、交警、绿化市容等管理部门在规划、工程设计环节的协调沟通，加强城市设计与交通设计的融合；鼓励公众参与，在街道建设和更新项目中搭建政府、开发商、沿线业主的沟通平台，街道的规划、设计和实施应充分调动沿线业主、街道周边居民及社会公众的积极性。为推进实施和应用，《上海市街道设计导则》提出要坚持以规划引领，完善公共交通、步行、非机动车等系统规划内容，为街道设计提供交通模式选择的基本依据；要在控制性详细规划中重塑结构合理的公共活动网络，并对街道空间界面的连续性与尺度、底层功能业态、入口数量和界面透明率等要素加强研究和管控；要加强街道整体设计，对于风貌特色突出的街道，应在方案阶段加强对接到空间的整体考虑；要推动试点示范工程，近期选取推动一批街道试点示范工程，及时总结优秀经验；要建立弹性实施制度，充分尊重市民需求，鼓励街道的阶段性改造、分时段管理和分期建设。

2017 年，中华人民共和国交通运输部（以下简称交通运输部）《关于全面深入推进绿色交通发展的意见》提出全面开展绿色出行行动。加强自行车专用道和行人步道等城市慢行系统建设，改善自行车、步行出行条件，引导规范互联网租赁自行车等健康发展。

2019 年 5 月 20 日，为深入贯彻落实中国共产党第十九次全国代表大会关于开展绿色出行行动等决策部署，进一步提高绿色出行水平，交通运输部等 12 部门和单位联合制定了《绿色出行行动计划（2019—2022 年）》。

2019 年 12 月，《欧洲绿色协议》（*The European Green Deal*）旨在将欧盟转变为一个公平、繁荣的社会，以及富有竞争力的资源节约型现代化经济体。通过该协议，兼顾防止气候变暖与经济发展，最大限度地减少交通运输排放、提升建筑能效、增加可再生能源利用、保护生物多样性。协议提出到 2050 年欧洲在全球范围内率先实现“碳中和”的目标，为 2050 年实现净零排放努力。

2020 年，法国颁布实行《交通未来导向法》（LOM），针对近年来法国交通与环保领域存在的问题提出了一系列解决措施，并鼓励法国民众绿色出行，应对环保领域的挑战。为促进民众更多选择公共交通、非机动车等绿色出行方式，法国政府还将设立总额为 3.5 亿欧元的自行车基金，加强对共享自行车、电动滑板车的管理，为市民提供更加安全的出行环境。在 2015 第一版的《循环经济行动计划》基础上，欧盟委员会发布了《新循环经济行动计划》，即欧洲循环经济 2.0 版本的政策。

2020 年，《深圳市慢行系统骨干网络布局及试点实施方案》拟规划建设一批高品质慢行交通基础设施，补齐非机动车道短板，构建完善的慢行交通体系，为市民创造一个安全、连续、舒适、便捷的慢行环境，从而促进慢行交通高质量发展，更好地满足市民出行需求，促进城市交通可持续发展。规划建设 469 km 慢行系统骨干网络，其中包括 6 条自行车快速路和 12 条干线主廊道。同年《深圳市自行车交通发展规划（2021—2035）》，明确了自行车交通是综合交通体系的重要组成部分，与其他交通方式同等重要，并提出“网络重构、停放入位、安全提升、骑行促进、政策协同”5 大发展策略，共计 38 项行动举措，促进深圳市自行车交通健康发展。此外《深圳市道路设施品质提升设计指引》《合理分配路权设置自行车道工作指引（试行）》《道路设计标准》《深圳市步行和自行车交通系统规划设计导则（2020 年版）》等标准指引指导慢行空间规划设计和自行车道建设。

2020 年，《2020 年北京市交通综合治理行动计划》总体思路中强调了“慢行性优先、公交优先、绿色优先”的理念，对慢行交通进行了细致规划。未来计划完成 378 km 自行车道整治（市级 213 km、区级 165 km）；开工建设回龙观自行车专用路东拓、西延、南展工程，在通惠河沿线建设自行车专用路；在清河、凉水河沿线建设连续步道、自行车道；完成 11 条（朝阳区、海淀区、丰台区、通州区各 2 条，东城区、西城区、石景山区各 1 条）开放道路建设。同时加强慢行系统路权保障，通过加强规划设计、优化节点彩铺、加强局部改造、完善信号标识、强化路面执法等措施，扎实推进慢行优先。

北京陆续修订《北京市步行和自行车交通设施改善技术指南（修订）》，制定《北京市城市慢行交通品质提升工作方案》，下发《关于规范道路停车位规划施划工作流程的通知》《关于保障慢行优先规范道路停车位设置条件的通知》，将“回头开门法”纳入《北京市文明行为促进条例》和驾考范围……多项规章制度和技术标准，有效地保障了自行车道路权，不断提升城市的通透性和微循环。

案例 4 国外慢行交通出行改善采风

斯特拉斯堡位于法国东部，与德国的莱茵河隔河相望，是法国阿尔萨斯区和下莱茵省的首府。作为拥有全法自行车数量最多以及最长自行车道（560 km）的城市，斯特拉斯堡也一直是自行车城市的领导者，并在 2015 年世界最佳自行车友好城市中排名第四，仅次于哥本哈根、阿姆斯特丹以及乌特勒支。在这个城市中，最快捷的出行方式是自行车，然后是有轨电车、公交车、步行，最后才是小汽车。自行车出行能在这里取得如此成就，这要归功于在规划阶段，城市规划者给予了自行车更多的机会，对出行环境的安全性、舒适性都加以考虑，使得自行车出行在斯特拉斯堡成为一件愉快而便捷的事情，如图 1-41 所示。斯特拉斯堡在 1998—2008 年这十年中，自行车道长度从 260 km 迅速增加到 520 km，平均每年建设 26 km。到 2014 年年末，斯特拉斯堡以拥有全长超过 560 km 的自行车道系统成为法国之最，可见斯特拉斯堡政府对自行车发展的决心。除了提供专用的自行车以外，政府在规划时着重地考虑了骑行环境的舒适性，使其与自然环境进行了良好的结合，同时在部分节点与公交车站相连接，方便出行者换乘。鉴于其与德国边界紧密相连，斯特拉斯堡建设了许多快速自行车道与德国城镇相连，方便人们在法国和德国之间来往。每到周末，有许多法国人骑自行车到德国购物。

图 1-41 斯特拉斯堡街景

注：引自宽众体育在线《欧洲十大最适合骑自行车的城市 欧洲骑行攻略（下）》

在斯特拉斯堡，路权分配优先级为：自行车或人行＞有轨电车或公交＞机动车。

德国人在旅游休闲时，随车带着自行车的非常多。德国人喜欢骑自行车，在家也会踩健身脚踏车。骑车也成为他们最喜欢的休闲活动之一。

德国的自行车骑行环境是友好的，体现在一些细节之处，这也是大多数欧洲城市给人印象深刻之处（图 1-42、图 1-43）。可见慢行交通的提升是一个长久、持续、因地制宜的过程。

图 1-42 交叉口自行车彩色过街道同时区分人行道与机动车空间

图 1-43 路口人行和非机动车各行其道

德国的机动车高速公路不限速而且车可以开得很快，德国人骑自行车也一样骑得飞快。在德国的道路上遇到非机动车的车速普遍很快，身边友人也会提醒千万不要走在非机动车道上。而快速行驶是以严谨遵守交通规则的前提下实现的。在饱受汽车尾气污染与经历能源危机后，德国和其他欧洲国家一样，开始为改善步行和自行车的出行环境进行努力。建设更宽的步行道、更多的人行横道和过街天桥、自行车专用道、自行车停车场、自行车停车库，采用交通信号优先权，通过各种渠道实现步行区以及步行和自行车与公共交通的更好衔接、换乘，鼓励人们更多地使用步行和自行车出行，减少对小汽车的依赖（图 1-44、图 1-45）。鼓励非机动车交通方式、利于步行城市的具体政策为：将居民区的车速限制到 30 km/h 以下，并通过变窄街道，拓宽人行道、非机动车道等削减交通量，吸引交通分流到步行和自行车等出行方式上。所有的德国城市，甚至是一些小城镇和乡村，在主要购物区和传统的城镇中心都设有小汽车禁行的步行区。在大多数步行区，步行和骑自行车可以到达核心地带，但小汽车享有交通信号优先权。征收小汽车拥有和使用税，使国内部分低收入的小汽车使用者开始转向非机动交通方式。

图 1-44　德国处在路中的自行车道

图 1-45　非机动车道和机动车停车位之间空出距离

2021 年 3 月，深圳市交通运输局编制的《深圳市自行车交通发展规划（2021—2035）》提出：今后 5 年深圳每年将新建 300 km 以上自行车道，打造“自行车友好城市”。按照轻重缓急的原则，着重优先解决市民关注的自行车道建设需求痛点。并通过与外卖、快递行业代表企业进行座谈、网络问卷调查等方式，收集梳理了一批市民和骑手强烈反映需要建设非机动车道的路段和节点，共计路段 143 条，节点 33 个。市交通运输局将结合建设需求，研究制定 300 km 自行车道建设计划，未来将坚持路权平等基本原则，滚动推进全市自行车道建设，进一步完善慢行交通系统，为市民提供更优质的慢行出行环境。

2021 年 9 月,《上海市慢行交通规划设计导则》正式发布，从构建连续完整的慢行网络、构筑复合立体的慢行系统、打造便捷高效的接驳系统、慢行设计精细提升、慢行系统品质创新、塑造品质特色的慢行新地标六个方面，对上海慢行交通规划的范围、规划和内容上进行指导。针对人口老龄化，上海市道路运输管理局提出了设计指引：一是要精细化打造适老化的平顺步行系统，交叉口或地块出入口宜采用平坡或缓坡设计，方便步行及轮椅车通行。二是公交站台周边要特别关注坡道设计的人性化，公交站台高度宜与公交车踏板高度保持相对一致，方便轮椅车上下公交车。三是要人性化设置休憩缓冲设施，二次过街安全岛位置留出足够的等候缓冲空间并采取无高差设计，在住宅区、菜场、公园等老年人出行集中路段增设人行道休息座椅。四是要根据《道路人行天桥加装电梯技术导则》，立体过街设施配套设置电梯。

2021 年，北京发布《步行和自行车交通环境规划设计标准》，落实“以人为本”“绿色发展”的理念和步行、自行车优先政策，以建设安全、便捷、舒适的步行和自行车交通环境为目标，在遵守国家相关标准的基础上，以问题为导向，根据北京的实际情况和建设国际一流和谐宜居之都的要求增补缺失内容、提高相关标准，将一些原则性要求转化为可操作的具体条款。

案例 5 中国慢行品质提升在行动

中国各地在慢行交通规划的指导下，如火如荼地开展着慢行改造提升。其中，最令人欣慰的是在改造提升过程中，多了因地制宜，少了照搬照抄；多了人文关怀，少了大拆大建。

上海临港新片区的慢行品质提升：为明确非机动车道路权，提高临港地区非机动车骑行连续性、安全性、舒适性，临港主城区主要干道的非机动车道、人行道、沿线附属设施及交通组织进行了系统性提升。新增彩色透水非机动车道双向全长约 60 km，新建彩色透水混凝土健身步道约 4.2 km（图 1−46、图 1−47）。彩化后的路面路权清晰，小型摊铺机的使用保证了平整度和骑行舒适性。二次过街及慢行空间转角一体化设计，保障连续性和安全性，与公交站的一体化设计、见缝插针的路侧自行车停放空间设置，应用了隐形井盖、路口亮化等措施，实现精细化提升。

杭州结合水上观光系统的滨水慢行道体系：从西湖到西溪再到钱塘江、京杭大运河，杭州的城市发展一直与水息息相关。继西湖游船恢复、西溪水上观光路线开通后，杭州于 2008 年打造了钱塘江、余杭塘河、上塘河三条水上黄金旅游线，结合桥西历史街区保护、小河直街风貌整治和塘西水北街保护，形成商业

图 1-46　橄榄路彩色慢行道

图 1-47　铃兰路彩色慢行道

图 1-48　京杭大运河沿河慢行道

图 1-49　杭州京杭大运河水上巴士

图 1-50　沿河景点以及休闲商业设施

图 1-51　与人行道相接的台阶以及雕塑

步行街与游船相结合的慢行系统，游客与市民的出行又增加了新的选择。长达 47 km 的沿河慢行与 27 km 运河观光体系，使杭州成为一个“五水共导”的“东方威尼斯”（图 1-48～图 1-51）。同时构建形成了一个以公共交通为骨架、公共自行车为主导、步行、水上巴士等其他方式为辅助的“安全、绿色、环保”的慢行交通网络。

厦门彩虹桥的蜕变：白鹭洲公园的南北侧各有一座步行桥与步道相连，由于桥的曲面造型，加上彩色的塑胶铺装，被称为“彩虹桥”。其中，白鹭洲南步行桥于 2005 年 6 月建成。桥面铺装受温差、日照影响破损脱落，虽然及时对涂料破损处进行填补，但由于颜色存在差异，桥面上像打了补丁一样，影响美观。为解决白鹭洲步行桥桥面破损脱落问题，2019 年，对南步行桥进行桥面更换，换上新型的复合甲基丙烯酸甲酯彩色胶结料，其具有环保节能、无 VOC 排放、抗压、耐磨、附着力好、抗老化及抗低温性能优异、耐酸碱、耐油、固化速度快等特点，能够有效延长钢桥面铺装的寿命，并提高景观效果（图 1-52）。

图 1-52 步行桥（左图为改造前，右图为改造后）

1.7 思未来，低碳共享，敢教日月换新天

党的十九大明确提出，到建党一百年时要建成经济更加发展、民主更加健全、科教更加进步、文化更加繁荣、社会更加和谐、人民生活更加殷实的小康社会。无论是过去、现在还是未来，慢行交通出行都是绿色环保、便利而且不可完全替代的方式选择，随着绿色可持续发展理念的推行和“碳达峰”要求的不断深入，慢行交通出行势必会在城市交通的发展、人们生产、生活过程中愈发闪亮。

1.7.1 “后疫情时代”的出行改变

突如其来的新冠肺炎疫情史无前例地影响到国际关系、国家经济，乃至具体行业，甚至每一个人。人们也因此在出行选择、出行习惯和出行要求方面有了更多的思考与深刻的改变，以下一些转变可能仅仅只是开端。

1）出行交往环境的卫生考量

后疫情时代，安全的出行空间距离被重新定义。尤其是步行在行进和等待过程中人与人的安全距离不再仅仅局限在感受上，也需要从卫生角度预留更大的空间或者间隔。这对于现有慢行交通出行设施提出了更高的要求。在城市道路交通空间原本就非常紧张的背景下，一方面需要考虑适度地压缩原有的机动车通行空间以改善慢行交通空间的条件。另一方面，可以考虑以临时管制或者临时分隔的方式，创造更多的弹性空间。这类弹性空间能够更迅速、更多样化地随着卫生条件的要求变化，来适应相应的要求。

2）出行韧性增加的需要

后疫情时代，人们出行过程安全的需要又多了一些额外的考虑，超越了原有的交通安全范畴，交往活动受到不同程度的抑制和影响，并随着疫情的不断发展而有所反复，慢行交通出行在这个过程中发挥了出行韧性调整、保持和恢复的关键作用。灵活的组织模式、可控的交往距离、可拓展的接触方式等都体现了慢行交通出行无可比拟的时空优势和韧性。如在疫情隔离中，正是以慢行方式为主的外卖、外送维持着生活必需品的供应和送达。

3）医疗设施（医院、社区医疗服务中心）交通压力的持续

后疫情时代，医疗设施的进一步投入以及人们对于自身医疗卫生的更加重视，会进一步提升医院周边和内部的交通压力。医院周边需要更多交通稳静化措施的投入，而医院内部需要基于发热隔离要求的基础上进行慢行流线重构。慢行交通组织需要进一步细化，不同特征和需求的人群需要适度区分。这方面，当下做的显然还不够，医疗设施内部及周边交通体系的改造应当尽早提上日程。

4）引领更健康的生活方式

以步行、自行车为主的慢行交通出行作为“绿色交通”“健康出行”得到了城市

美好生活、交通可持续发展、社区活力再造等多方面的认可。慢行交通出行对人体自身在健康方面的正反馈效益受到了更多人的肯定和追求，慢行交通出行不再简单地是一种出行方式，更是一种对健康体魄、健身环境的追求和尝试的过程。“一举多得”的慢行交通出行越来越被人们所认可，甚至中长距离慢行被更多人接受和需要，从移动互联网设备的数据反馈来看，每天步行超过 10 000 步数的人越来越多。慢行交通出行网络体系的功能与定位有了更广阔、更多元的空间。

5）提供更多元的生活服务选择

新冠肺炎疫情严重期间，人们采购日常生活用品受到了一定程度的影响，送餐、代买菜等“跑腿”服务发挥了巨大作用，维系着疫情期间尤其是受到疫情管制区域的人们的生活需要。同时也成为一种服务业态在后疫情时代被保留和发展，这类服务业态往往采用慢行交通出行方式，与自身慢行出行采购不同的是，这类慢行交通出行更集约，不仅避免了菜场等区域的过度拥挤，还实现了货物的运输，不同的是这个慢行交通出行的过程是生产活动，这一点会在第 5 章进一步阐述。

案例 6 后疫情时代的改变与行动

为人们提供更多的空间，方便步行或者等候时达到保持身体距离的要求。尽量降低车流量和车速，方便人们安全地步行、骑行和跑步。如，比利时布鲁塞尔设置了时速 20 km 的区域，让行人更安全地在路基上行走（图 1–53）；新西兰达尼丁计划将车速降低到 10 km/h，并允许市中心的商户扩展到街道上，为多种模式创造共享空间（图 1–54）。

图 1–53 比利时布鲁塞尔某道路设置

图 1–54 新西兰某道路设置

根据车流量的增加和出行方式的变化，改善人行横道，帮助人们安全步行、骑行。为体育活动、娱乐、远距离社交等提供安全的空间。如巴西巴西利亚在周日将街道开放给行人和骑行者（图 1–55），阿尔巴尼亚地拉那使用柔性塑料柱式轮廓标和黄色油漆标记将停车道改造成了保护性自行车道（图 1–56）。

图 1–55　巴西巴西利亚某街道设置

图 1–56　阿尔巴尼亚地拉那某改造后的自行车道

提供或扩展仅供公交车专用或者优先使用的车道，同时服务于救护车、消防车等特种车辆，让街道公交成为最需要它的人的一种可靠而高效的交通方式。为公交车乘客提供宽敞的等候区，允许从后门 / 所有车门上车以减少排队和上车时间。为户外用餐提供空间，使餐厅能够在恢复运营的同时遵守保持身体距离的要求。如美国佛罗里达州迈阿密标记适当的间距，以便在公交车站保持足够的身体距离（图 1–57）；美国伊利诺伊州芝加哥的百老汇大街使用停车道作为餐厅的户外座位区，改造出行人的公共空间（图 1–58）。

图 1–57　美国佛罗里达州迈阿密某公交车站

图 1–58　美国伊利诺伊州芝加哥的百老汇大街

将市场范围扩展至邻近的街道，以缓解拥挤并有助于保持身体距离。提供户外教室和娱乐场地，以及安全接送点和健康检查区。如缅甸葛鲁的市场使用油漆标明和划分商贩摊位的位置，让顾客可以安全购物（图 1–59）；中国武汉的某中学门口，地面设置了排队标识，提醒学生排队等待进入学校，并在入校时测量体温（图 1-60）。

图 1-59　缅甸葛鲁的市场

图 1-60　中国武汉的某中学门口

1.7.2 “碳达峰”约束下的出行模式转变

2009 年，中国在哥本哈根举行的联合国气候变化峰会上向国际社会承诺，到 2020 年单位 GDP 二氧化碳排放比 2005 年下降 40%～45%，非化石能源占一次能源消费比重达到 15% 左右。2019 年中国就已经提前完成了这一承诺，二氧化碳排放强度比 2005 年下降了 48.1%，非化石能源消费比重达到 15.3%。

2020 年 9 月，中国又在联合国大会上提出“二氧化碳排放力争于 2030 年前达到峰值，努力争取 2060 年前实现碳中和”。“碳达峰”是指二氧化碳的排放达到峰值不再增长，意味着中国要在 2030 年前，使二氧化碳的排放总量达到峰值之后，不再增长，并逐渐下降。“碳中和”是指在 2060 年前，中国通过植树造林、节能减排、产业调整等形式，抵消自身产生的二氧化碳排放。

应对气候变化的《巴黎协定》代表了全球绿色低碳转型的大方向，是保护地球家园需要采取的最低限度行动。工业革命之后，各国在城市交通发展中更多关注机动化交通工具，公共交通工具也得到了发展，随着城市土地在机动化支撑下的不断外扩，人们出行活动距离超过了自行车的适合出行范围，在整体城市交通空间向着机动化交通工具不断倾斜的背景下，以步行、自行车为代表的慢行交通方式的出行量增长相对滞后。2019 年 9 月，中共中央、国务院印发了《交通强国建设纲要》，提出绿色发展节约集约、低碳环保。强化节能减排和污染防治，开展绿色出行行动计划，倡导绿色低碳出行理念。在未来交通发展方向的战略选择上已经有了明确的答案，在“碳达峰”、“碳中和”目标努力要求下，在有限的空间、能源等约束下，步行及自行车交通工具的低污染和机动车尾气排放相比，又在低碳发展、生态健康等方面得到了广泛认同。

步行交通对城市空间的消耗是最小的，人在比较舒适地站立时，人均所占道路的面积仅有 0.5～0.6 m^2，而小汽车大约为 1.8 m^2。通过建立步行系统，形成大范围的、整体、质量良好的连续步行环境，能够增加城市区域内的步行容量，促进更多人使用公共交通，从而实现公共交通、小汽车以及步行交通之间的平衡，降低道路以及相关设施的使用和维护费用。从交通资源利用角度分析，与小汽车、摩托车等私人交通工具相比，行驶中的自行车的人均交通面积较低，道路利用率更高。若一条机动车道按 3.5 m 计，折算成非机动车、摩托车和小汽车的通行能力分别为 5 250 辆 /h、4 000 辆 /h、1 000 辆 /h，行驶中的非机动车、摩托车、小汽车的人均交通面积分别为 6.5 m^2、16 m^2、20 m^2，道路利用率分别为 18.9%、14.6%、4.1%。自行车交通方式对空间的低占用，使其与步行一道成为带动城市传统的多样化、富含活力的居民活动空间的重要支撑。

慢行交通出行的构成主要是步行和非机动车，无论从节约土地、能源、减少环境污染等方面，还是从出行成本、受益人群分析，它都是一种适合于所有出行者的低成本、无污染、土地资源和空间节约的交通系统，是一种回归自然的绿色交通系统。因此在我国绿色低碳化发展过程中，与其通过各种技术手段去碳中和，不如在源头层面更多地鼓励和引导慢行交通出行这种低碳的出行方式在更多场景中优先发展。如完善慢行交通系统建设，开展人性化、精细化道路空间和交通设计，构建安全、连续和舒适的城市慢行交通体系。加大非机动车道和步行道的建设力度，保障非机动车和行人合理通行空间。加快实施机非分离，减少混合交通，降低行人、自行车和机动车相互干扰。按标准建设完善行人驻足区、安全岛等二次过街设施和人行天桥、地下通道等立体交通设施。在商业集中区、学校、医院、交通枢纽等规划建设步行连廊、过街天桥、地下通道，形成相对独立的步行系统。加强慢行系统环境治理，推进轨道交通站点周边步行道、非机动车道环境整治，加强站点及周边道路机动车违法停车治理。强化互联网租赁自行车停放管理，根据城市交通承载能力等因素，合理确定互联网租赁自行车投放规模和停放区域。落实企业主体责任，督促加强对“僵尸车”“废弃车”等的回收，强化用户资金监管。非机动车具有方便灵活的特点，与公交车相比，非机动车交通不受固定站点的限制，自主性大，可达性高，能够节约居民从居住地到公交站点的步行时间、候车时间和从车站至目的地的步行时间。非机动车交通对道路的适应性强，受道路条件限制小，可以自由选择路径，遇交通堵塞时可以利用空隙和支路灵活自行疏散，有效运用城市狭窄的道路，不会像机动车那样产生严重的交通阻塞。非机动车在一定短距离出行具有公交车和小汽车无法替代的优势，但是非机动车在长距离出行中占较重的比例又不利于城市范围的扩展，影响城市交通结构的合理发展，增加居民出行时耗。因此要鼓励非机动车短距离出行，并且要挖掘其潜力，合理引导其向公交出行转移，让非机动车出行成为公共交通的辅助和补充。

从另一个角度思考，慢行交通出行涉及生活的方方面面，目前还缺少对慢行交通出行在城市综合交通出行占比改变与城市碳排放的定量的转化模型。这就使不论是城市规划、建设、管理者还是慢行交通改善提升的参与者，在低碳方面只是宏观上得到认可，微观上还很难体现和参与正在构建的整个“碳交易”的大体系。这方面不妨向欧洲学习，尤其是在具体定量转化计算方面的经验，如果能够将慢行交通出行的一部分措施与“碳交易”相结合，将会为其形成可持续、自主推动提升改善注入另一股动力。

1.7.3 美好生活实践中的路径依赖

随着我国国内、国际双循环体系的建立，城市活力、社区活力的激发需要慢行交通的串接，而健身、休闲等活动也与慢行交通出行密不可分，可以说慢行交通出行正与美好生活的打造紧密联系在一起，而这也为慢行交通的发展揭开了更广阔的空间。

慢行交通出行尤其是步行作为一种最基本的人类活动，无论在机动化交通如何发展的情况下，都不应削弱它在城市生活中的作用和意义。随着城市文明水平的提高，慢行交通出行在城市的经济活动和社会活动中的促进作用越来越大，伴随着人民群众对于美好生活、健康生活的追求，慢行交通出行在这个过程中的地位和影响也越来越重要。可见，慢行交通出行的回归，并非单纯的政策导向使然，更多的是人民生活方式和价值观追求转变的需要。从更深层次去理解，在我们国家实现全面脱贫、小康社会之后奔着共同富裕发展的过程中，人们对美好生活的追求是激励慢行交通出行不断走向更好的源动力。

第2章 慢行交通出行

SLOW TRAFFIC TRAVEL

慢行交通出行工具

工具不是慢行交通出行的必备条件，但对于工具的认识是更好理解慢行交通出行必不可少的过程，也是对于慢行交通出行特性解读的一种方式，是深入理解慢行出行特性的关键因素。出行体系效率以及舒适度的提升是随着出行工具不断改善而进步的。交通工具的物理特性、使用特性、群体特性以及人在使用交通工具过程中的心理、生理特性共同构成了交通出行特性。因此，从工具角度的理解应该包括工具自身的属性、工具使用特性和安全特性、工具群体特性、工具使用者特性等方面。这几方面的逻辑关系是逐级递进的，同时对于这几方面的重视和理解不断深入过程也是我们对于慢行出行过程理解不断深入的过程。

我们之所以要重视交通工具，是因为人出行移动速度的提高离不开交通工具的辅助，不论是小汽车、公交车、铁路还是飞机，交通工具的出现和更新推动着交通出行体验和交通系统本身的不断演化。而谈到慢行交通出行时，往往对工具的起点会有些模糊。因为步行是人类与生俱来的，不依靠外力帮助，即无工具状态，以下不妨把这个状态理解为初始状态。

2.1 随性地步行

步行即无工具出行，也是慢行交通出行的“初始状态”。无工具是指不依赖于某种特定的交通工具而构成的出行。但无工具不代表双手无物。事实上直立行走正是解放了双手，在步行过程中往往会有手推车、婴儿车、买菜车这类辅助工具，老年人会使用拐杖。在交通枢纽周边的步行者往往会带有随身行李等物品。这些步行过程中的附加物不是以出行交通工具出现而是更多地发挥出行随行物品的功能，在微观的、精细的、品质的慢行交通出行体系打造过程中需要给予特别的关注。

在当下，步行仍然是使用成本最低、最环保和最现实可得的出行方式。同时，随着健身热潮的兴起，步行作为改善身体健康的运动方式越来越多地被人们看重，人们在互联网中晒出每天上万步记录的同时，也越来越接受长距离步行。

2.1.1 步行的个体差异

影响行人移动特性的因素有很多，如行人的年龄、性别、身体状况、有无行李、是否结伴、行走地点、周围机动车与非机动车出行状况、交通信号、出行目的、教养、心境等。

在这些影响因素的综合作用下，步行的差异性和随意性由此体现，有快有慢、可快可慢、时停时走，同时在低速步行移动的过程中，轻微的彼此接触并不会造成太大的伤害，如图 2–1、图 2–2 所示。

图 2–1　黄浦江滨江漫步道的出行者

图 2–2　不同年龄步行者出行特征的需要重视

在慢行交通出行中，需要重点关注的是步行速度的差异。《西安市行人步行速度调查与研究》一文指出行人的步行速度快慢主要受性别、年龄与行走环境的影响。以西安市为例，同一地点中，儿童与中老年人的平均步行速度相似，男性青年与女性青年的平均步行速度有显著差异。各年龄段行人的步行速度分布均服从正态分布，统计结果见表 2–1。可见随着年龄的增大，步行速度呈现先上升后降低的变化趋势，并且青年男性的步行速度明显快于女性。在道路两侧的步行道或人行道上，由于环境更加安全，行人的步行速度比通过马路时要快。

表 2–1　行人步行速度统计

地点	类别	样本量（人）	中位数（m/s）	均值（m/s）	标准差	0.95 置信区间
路侧	男性青年	50	1.38	1.38	1.37	（1.33，1.43）
	女性青年	50	1.25	1.28	0.18	（1.23，1.33）
	儿童–中老年	100	1.14	1.17	1.37	（1.10，1.25）
人行横道	男性青年	50	1.08	1.11	0.21	（1.05，1.17）
	女性青年	50	1.07	1.06	0.23	（1.00，1.13）
	儿童–中老年	100	1.11	1.16	0.25	（1.10，1.21）

续表

地点	类别	样本量（人）	中位数（m/s）	均值（m/s）	标准差	0.95 置信区间
人行天桥	男性青年	50	1.20	1.26	0.23	（1.19，1.32）
	女性青年	50	1.05	1.10	0.18	（1.05，1.15）
	儿童-中老年	84	1.02	1.03	0.21	（0.98，1.07）

通常情况下，步行（无工具）由于个体不同而存在差异性，在一般的环境中，被人本身的自适应能力而化解。近些年，随着某些局部区域人流聚集强度的加大、慢行空间的受限，在局部区域这种差异性导致的问题和矛盾越来越多。因此值得更加深入地研究步行出行的差异性。此外，对于步行群体构成的研究也应该作为步行道宽度考虑的因素，尤其是在未来城市中心城区开展的城市更新改造的实践过程中，要特别关注区域内的人口年龄结构，进而针对性地考虑步行道上适应不同速度群体的慢行交通空间设计。为更好地适应行李拖动的需要，在交通枢纽周边人行道铺装的改变，也是响应不同区域步行行为特征需要的有益尝试。

步行的距离受限于步行主体自身的体力状况、周边的环境情况，甚至与步行者的出行目的也有一定的相关性。一般而言步行的可接受出行距离在 1 km 以下，优势的步行距离为 400～600 m。但对于健身、休闲过程，可接受的步行距离正在不断拉长，中长距离的步行成为健身追求的目标，而在快递、送餐等生产慢行出行中，步行是生产活动的一部分。可见步行的个体差异不仅仅和个体身体状况息息相关，也和步行目的、功能紧密联系。

2.1.2 步行的可塑性与融合性

步行者出行目的不同，其出行过程中的体验和感受的范围、敏感度、受影响程度也会显著不同。因此环境对于步行来说，不仅仅是提供一个舒适、安全的通行环境，也应该注重在这个过程中，步行者是容易被影响的。环境品质对于周边群体的影响，会重塑步行者自身的体验，进而重塑其整个出行过程体验以及其对于下一次出行的方式选择。

尽管人们大部分的出行可以以车代步，但人们在走出私人小汽车或者走向私人小汽车时，也依然要依赖于步行。在人们非通勤的出行中，例如商场购物、休闲、工作午餐的出行，步行曾经是、现在是、将来也会继续是最主要的交通方式。不仅仅是小汽车、“步行＋公交”“步行＋共享单车”等，步行也融入所有出行工具的出行场景之中。

步行不仅仅是与其他交通工具出行的融合，还深度和生活、学习、生产相融合，“三人行必有我师”“千里之行始于足下”“读万卷书、行万里路”，可见行的过程更多的是在经历的过程。

2.1.3 步行交通流群体特性

1）自适应性

当多人朝同一个方向并排或前后步行移动时，就形成了步行人流群体，交通行为特征上体现为步行交通流。

步行交通流具有复杂运动特性，其不仅被外部环境所影响，同时交通流内步行者运动本身的复杂性也会影响步行交通流。环境会使行人在动力学和行为心理学层面产生反应，使其运动模式与行为模式更加多变而不确定。一般在空间允许的情况下，人与人之间会保持合理的间距。步行交通流呈现松散的状态，这种松散状态从流体角度并不稳定，但适应与协调能力也较强。在复杂环境下，步行交通流的动态交互作用使其产生复杂运动特性。构成复杂运动特性的属性有：流体运动维度、流体运动方向、流体运动单元、流体运动附加属性等。随着流体运动方向和速度的变化，行人之间的时空资源竞争程度增强，在初期步行交通流在拥挤状态下，每个人都可以做出适应和调整，因此步行交通流具备一定的自适应性，这种自适应性使得大多数情况下，即使是一些不合理的设施或者组织方式，步行交通流也能够通过其自适应能力来解决，但是这种自适应性往往隐藏了问题和矛盾，因此一旦出现极端事件往往会缺少预警，造成重大影响或危害。

2）大规模聚集步行交通流的冲击性

步行虽然是个体行为且具有较大的灵活性和随意性，但在大规模人群的集体持续步行状态下，会形成非个体能够影响的大规模步行交通流。大量行人在同一基础设施空间下聚集，行人的群集运动行为在很大程度上受制于基础设施等外部因素。例如：当基础设施空间在步行交通流运动方向上出现瓶颈时，瓶颈处的行人不得不减速慢行；当空间内出现障碍物时，为了避免冲突，行人被迫改变方向避让前方的障碍物或者其他行人等。大规模聚集的步行交通流具有多向流运动特性，如：相向流、汇聚流与交织流等，这也是诱发踩踏事故的主要原因。

当步行交通流超过一定规模后，即步行交通流的惯性力超过了该交通流的自身稳定力的时候，步行交通流会存在失稳风险，失稳会引起踩踏和混乱等极端事件。

2.2 亲密的伙伴自行车

传统自行车是一种零油耗、零排放、低成本，少占道路资源的方便、灵活、绿色环保的出行工具，长期以来一直是国人出行的主要交通工具之一。1962—1986 年，我国自行车供应紧张，自行车三大品牌“凤凰、飞鸽、永久”实行凭票供应。拥有一辆自行车成为许多年轻人的梦。20 世纪 90 年代以后，随着我国轻工业以及制造工业的逐步完善，自行车才成为居民的日常生活工具。

2.2.1 自行车基本特性

1）尺寸与类型

自行车车长一般在 1.6～1.9 m，车宽 0.6 m，两侧各加上 0.2 m 的摆动宽度，需要的最小骑行宽度为 1.0 m。

没有辅助动力的自行车出行范围一般在 5 km 以内，优势出行距离为 3 km，平均速度为 11～14 km/h。自行车交通主要满足中短距离通勤出行和休闲、健身需求，并适用于接驳公共交通，解决“最后一公里”出行问题，可有效提高公共交通的出行比例，但在接驳换乘后，存在自行车停放需求。

图 2-3 按不同特征区分的各类自行车

注：上述自行车上路行驶还需要满足有关规定。

2）准入要求

我国现行对非机动车上路的一般性准入要求指出，在道路上驾驶自行车、三轮车、电动自行车、残疾人机动轮椅车应当遵守下列规定：驾驶自行车、三轮车必须年满 12 周岁；驾驶电动自行车和残疾人机动轮椅车必须年满 16 周岁；非下肢残疾的人不得驾驶残疾人机动轮椅车。

3）局限性

自行车的局限性，首先是其操控需要骑行者的平衡能力以及体力、耐力方面的支撑。因此使用自行车的慢行交通出行会受限于长距离交通、恶劣气候和环境条件，存在地形坡度影响明显或在城市立交桥上通行不便、交通安全措施不足的区域等因素。如我国山东青岛等一些城市由于地形原因，自行车出行长期处在较低比例。因此，合理分配道路资源，保障自行车交通路权，避免与机动车之间的相互干扰，是保证自行车交通系统运行效率、提升自行车交通吸引力的重要前提。需建设系统、连续的自行车道网络，并在机动车与自行车之间干扰较大的道路增加隔离设施。在新城、大型居住社区和重点地区的建设过程中，规划设置相对独立的自行车出行网络。保证自行车道断面的空间和硬化要求，并在立交节点处充分考虑自行车通行的车道。

2.2.2 自行车骑行特性

1）摆动特性

自行车作为两轮交通工具，在维持骑行平衡过程中其交通流呈现摆动性特征。自行车在前进过程中经常偏离原有的前进方向呈现左右摆动的“蛇行”前进。如表 2–2，对于成年骑车人来说，速度越高蛇行轨迹宽度越窄，如平均速度为 14.2 km/h，平均蛇行宽度为 40 cm。

表 2–2　不同年龄骑车人在坡道上速度与蛇行宽度的比较

上、下坡	骑车人	平均车速（km/h）	平均蛇行宽度（cm）
上坡	成年人	8.3	36.0
	中学生	11.0	47.0
	小学生	10.0	36.0
	平均	9.8	39.7
下坡	成年人	14.2	40.0

2）转弯特性

非机动车速度几乎为零时，最小转弯半径通常为 2 m 左右。随着速度的增加，最小转弯半径相应增大（表 2–3）。

表 2–3　自行车在不同速度下的最小转弯半径

骑行速度（km/h）	10	12	15
最小转弯半径（m）	3.5	5.1	11.5

不同国家对于自行车的转弯半径有着不同的规定，美国《自行车道规划标准指导原则》和日本的相关规定如表 2–4、表 2–5 所示。

表 2–4　美国不同车速的半径值

速度（km/h）	5	10	15	20	25	30
推荐半径（m）	5	5	10	20	25	35
极限半径（m）	3	3	5	10	15	20

表 2–5　日本曲线半径与长度的规定

<table>
<tr><th colspan="2">指标</th><th>A 种</th><th>B 种</th><th colspan="2">指标</th><th>A 种</th><th>B 种</th></tr>
<tr><td rowspan="2">曲线半径（m）</td><td>一般</td><td>> 10</td><td>> 30</td><td rowspan="2">曲线长度（m）</td><td>一般</td><td>> 5</td><td>> 5</td></tr>
<tr><td>特殊</td><td>> 3</td><td>> 3</td><td>特殊</td><td>不限</td><td>不限</td></tr>
</table>

3）速度特性

自行车的骑行速度还和是否与机动车道分隔设置、分隔方式、行人干扰情况及交通管理条件有密切关系。日本《道路构造令》规定自行车道路设计车速如下：A 类道路（人与自行车同行）为 15 km/h，B 类道路（自行车专用道路）为 30 km/h。如表 2–6 所示，作为主流慢行交通出行工具的自行车也可以达到快速行驶的能力，但这往往是在一些特定环境、特定场合下实现，需要特殊的场地和环境，不在我们通俗意义的出行范畴内。

表 2-6　日本规定不同功能目的的自行车标准速度

车型	用车目的	标准速度（km/h）	车型	用车目的	标准速度（km/h）
加重车	运输购物	14	体育用车	快速骑行旅行	30
轻型车	上班、上学、商业	18	路上赛车	在路上比赛	40
轻型车	散步、购物	15	赛车	与载重汽车比赛	50
体育用车	骑车旅行	20			

4）起动、制动特性

西安交通大学针对自行车车流的微观特征进行了现场实验：自行车行驶速度具有较大的离散性，自行车一般在 12～18 km/h，电动自行车一般在 15～25 km/h；自行车加速度范围大体集中在 0～2 m/s^2；自行车减速度一般集中在 −1～0 m/s^2，如表 2-7 所示。

表 2-7　自行车制动距离理论计算值

序号	速度（km/h）	日本计算值（m）		苏联计算值（m）	我国计算值（m）
1	5			0.23	0.20
2	10	0.66	0.49	0.92	0.79
3	15	1.48	1.10	2.07	1.78
4	20	2.53	1.96	3.68	3.16
5	25	4.11	3.07	5.75	4.94
6	30	5.92	4.42	8.28	7.11

其中，实际制动距离 = 理论制动距离 + 反应时间（1 s）。

自行车绿灯初期的起动损失时间很小。自行车起动损失时间不会对其通行能力产生较大影响，故自行车信号可以适应短周期。

自行车与其他交通方式的交叉口运行特征比较如表 2-8 所示。

表 2–8　各交通方式在信号灯控制交叉口的运行特征

交通方式	运行特征		
	绿灯初期	绿灯中期	绿灯末期（非饱合交通流）
行人流	无起动反应时间损失，集团式进入交叉口	过街速度慢，双向过街行人互为影响	行人稀疏，闯信号者易中途受阻
自行车流	起动反应时间损失近乎为零，集团性进入交叉口，左转车与同向进口道机动车竞争通过冲突点	左转车过街困难，并影响其他直行车通行，行驶速度介于行人和机动车之间	流量小，绿灯利用率低，闯黄灯的车辆易构成对另一相位绿初驶入车辆的影响
机动车流	有起动反应时间损失（一般为 2 s，有时甚至超过 10 s），前四或五辆车不能按饱和状态驶入交叉口	按饱和流量通过，车速大于行人及自行车速度	一般按到达流量通过，存在绿末时间损失

5）爬坡特性

不同国家由于其所在地理条件不同，人们对于地理条件的适应程度和耐受力也各不相同。我国学者认为自行车道的最大坡度不宜超过 5%，在极限坡度内每增减 1% 坡度，其速度的修正值为 ±20%。纵坡≤ 2.5% 时对骑车人影响较小，＞ 2.5% 时则上坡困难，下坡危险，故有必要在坡长方面予以限制，如表 2–9 所示。

表 2–9　各国自行车道坡度、坡长标准（单位：m）

坡度	荷兰		丹麦	印度	日本	中国	坡度	荷兰		丹麦	印度	日本	中国
	正常坡长	最大坡长	最大坡长	最大坡长	最大坡长	最大坡长		正常坡长	最大坡长	最大坡长	最大坡长	最大坡长	最大坡长
10%	10	20					2.9%	122	244				
5%	40	80	50	20	100	20	2.5%	160	320				300
4.5%	51	102	100			40	2.0%	250	500				400
4%	62	125	200	50	200	60	1.7%	360					
3.5%	90	180	300			150	1.4%	490					
3.3%	90	180					1.3%	640					
3.0%						200							

6）视距特性

自行车道上所需的视距大小一般按骑车人的视线高出路面 1.37 m 计算，如表 2–10 所示。

表 2–10　自行车不同车速视距表

车速（km/h）	5	10	15	20	25	30
计算值（m）	1.87	3.17	6.97	10.7	15.22	20.1
采用值（m）	2	3.5	7	11.0	15.0	20

日本自行车道设计标准规定：设计车速 15 km/h 的 A 种道路为 7 m，设计速度为 30 km/h 的 B 种道路为 15 m。

澳大利亚认为自行车道最小视距是道路纵坡和设计速度的函数，如表 2–11 所示。

表 2–11　澳大利亚自行车不同车速与坡度的视距

速度（km/h）	0%	5%	10%	20%
16	15	16	18	21
24	26	27	30	40
32	40	43	49	61
40	53	61	70	92
48	70	79	94	122

2.2.3　自行车交通流群体特性

1）胀缩性

自行车群体交通流行进过程中受到交通信号控制的影响，会呈现初始自由流，在经历了若干交通信号控制影响受阻后聚集性堆积以及再启动后整体胀缩的特征。受交通信号控制影响后聚集的自行车群体交通流，在路段上并不严格保持有规则的纵向行列前进，而是成群前进。在成群前进过程中，在缺少硬隔离空间的地方，自行车群体交通流会出现外溢，占用机动车空间等其他相邻空间，容易形成交通事故。

胀缩性另外表现在停车启动后自行车群体交流的宽度膨胀，自行车在交叉口停车待行时，处于静止状态，不需要通过摆动保持平衡，往往占用很小的横向宽度。而起动后骑车者不论是从骑行蛇形运动需要还是相对安全需要，都会与侧向车辆保持

20 cm 以上的骑行距离，进而形成自行车群体交通流在绿灯放行后，交通流整体队形宽度膨胀，这会与同方向的直行机动车、右转机动车在空间上形成一定的重叠与冲突。造成通行能力损失和安全风险。

2）稳定性

由于骑行者体能、骑行习惯、骑行时效性要求等方面的差异以及自行车较容易的缝隙穿插，自行车群体交通流的稳定性变化较大。在有信号灯控制的路段，自行车群体交通流由于在交叉口周期性地经历着截流、集聚、释放的过程，使得路段上的自行车群体交通流流量呈现出波峰、波谷态，尤其是在早晚高峰期间最为明显。由于自行车机动灵活、易于转向、加速或减速，因此骑车速度与自行车车流向经常发生变化。速度与方向的变化与自行车群体交通流流量大小有关。

3）离散性

骑车者在骑行过程中，会受到前方交叉口信号灯的提示作用而自行调节骑行速度，虽然随着流量的增大，这种调节机制有所减弱，但仍然非常显著。自行车流的多变性和长尾性效应也比较明显。在遵守交通秩序方面的个体差异性较大。此外，有些骑行者为了不受自行车群中其他骑车人的约束与干扰或不愿在陌生人群中骑行，这一点在女性骑行者身上表现得尤为显著。随着近些年山地自行车、变速自行车等性能更好的自行车不断涌现，在自行车交通流中由于不同自行车性能而形成的群体交通流离散也是形成离散性的又一个原因。

4）延误性

交叉口处的自行车延误主要分为路口停车线前的延误与过停车线后在路口内滞留的延误。停车线前延误为红灯信号造成，路口滞留为各种车辆和行人相互干扰影响所造成。此外，我国在一些城市老城区高峰期，往往会存在自行车等待干扰延误。在大部分城市老城区交叉口自行车等待空间受限而且不同方向自行车交通流并未有效区分，往往会出现直行阻碍右转、左转阻碍直行的延误，尤其是右转自行车受阻于前方等待的直行自行车而产生通行延误最为普遍。

5）漫溢性

在道路断面设计中，存在自行车和机动车混行（机非共板断面）以及自行车和行人混行（人非共板断面）的情况，因此在不同方式交通流中混行状态时有出现。而在这个混行的过程中，自行车交通流在受到内部负荷增加或者内部竞争等影响下，容易出现占道行驶现象，从整个交通流角度体现为漫溢特性。当自行车交通拥挤需要更多的行驶空间，或机动车道出现可利用的行驶空间不受阻碍时，骑车者往往会进入机动车道行驶（图 2–4），形成混合流。当自行车道饱和度较大时，骑车人的自由行驶空间受到限制，这时自行车往往要借助机动车道来完成超越其他自行车的行为。当自行车道的负荷度较小时，骑车人有较大的自由性，进入机动车道的需求则较小。当机动车道饱和度较小时，车辆间常出现较大的行驶空间，自行车进入机动车道行驶的可能性则增加。当机动车道负荷度较大时，车辆间的空间不满足骑车人插入行驶的条件，自行车进入机动车道行驶的可能性则减小。

图 2–4　自行车骑行者外溢在机动车道骑行

图 2–5　公交站台影响造成自行车外溢

图 2–6　路边摆摊影响造成自行车外溢行驶

一些局部受影响或者自身空间被占用情况下的漫溢。公交站点的设置形式及路边停车公交站点的设置形式和路边停车是引起自行车进入机动车道的重要影响因素（图 2–5）。

路边的交通违章行为也是引起自行车进入机动车道不可忽视的影响因素（图 2–6）。路侧开口有机动车进出而占用自行车道时，自行车为不停车会进入机动车道绕过障碍物。人行道宽度不足，摆摊设点和停车占用人行道空间时，行人溢入自行车道，自行车进入机动车道。

案例 7 丹麦不仅有童话还有令人向往的慢行

丹麦的哥本哈根是全球最知名的慢行出行特色城市之一，哥本哈根市自行车交通政策的目标是提高自行车通勤比例、改善骑车者交通安全、提高骑行速度和骑车的舒适性。天气晴好的时候，市民们经常能看到王室成员骑自行车接送孩子上学。2016 年，这座城市自行车的数量首次超过汽车。良好的自行车骑行环境在于不断地努力改善，包括 1997 年《交通与环境规划》中提到的：不再提高城市机动化水平，今后的交通增长量由城市公共交通和自行车承担。

著名的 fisktorvet 自行车桥，使自行车和行人的通行得到了比机动车更高的可达性和便捷性（图 2–7）。随处可见的慢行专用桥，让人们意识到政府推广慢行的决心和倾向（图 2–8）。

图 2–7 哥本哈根 fisktorvet 的自行车桥

图 2–8 与 fisktorvet bygge 在一条路线上的海港桥（慢行专用桥）

2000 年《自行车绿色路线方案》和 2001 年《自行车道优先计划》是自行车交通政策和行动计划的重要组成，工作重点在以下九个方面：①增加自行车道和自行车线；②设置自行车绿色通道；③改善城市中心区自行车使用条件；④连接自行车与公共交通；⑤改善自行车停车设施；⑥改进信号交叉口；⑦自行车道的维护养护；⑧自行车道的清洁；⑨宣传和提供信息。

2001 年制定的《哥本哈根交通安全规划》提出，2012 年将自行车交通重大伤亡事故削减 40%。路口慢行的精细化设计，随处体现着对于慢行的尊重和优待。车站旁专用而宽敞的自行车停车场，上下楼梯简易而又实用的辅助设施，都为自行车出行提供了便利条件（图 2–9）。

（a）安全岛、彩色铺装，与公交站无缝衔接

（b）留出的自行车专用左转等待区

（c）枢纽车站附近的自行车停车场

（d）辅助自行车上楼梯装置

图 2–9　慢行精细化设计

2.3　摆脱体力束缚的电动自行车

随着城市的逐渐扩张以及人们日常出行范围的加大，自行车在出行覆盖距离上受到骑车人体力的制约。与此同时，电池储能技术的发展催生了一系列不需要人为驱动的代步工具，如电动自行车、电动摩托车、平衡车、电踏车等，其中最常见的就是电

动自行车。电动自行车以蓄电池（或其他储能技术，随着储能技术的发展进步续航能力和动力输出会持续改进）为辅助动力输出。根据国家统计局年鉴显示，电动自行车保有量从 1998 年的 5.8 万辆上升至 2018 年的 2.97 亿辆。电动自行车正在逐步融入慢行交通出行，成为城市居民出行的主要工具之一。把电动自行车单独作为一种工具形态来表述，更多在于其在一定程度上摆脱了体力束缚，即从慢行交通出行和对人的体力要求方面可以分为依赖自身体力（步行、自行车为主）和弱依赖于自身体力（电动自行车、助力自行车）两种新的分类。

在摆脱了体力束缚后，电动自行车一方面开启了慢行交通出行工具新的发展篇章，速度和人力消耗上有了极大的提升。由于骑行人造成的行驶差异性显著缩小，采用电动自行车的平均出行距离显著提升，骑行的舒适性和时效性随着工具技术发展而不断改善。另一方面也对慢行交通出行带来了较大的冲击和影响，电动自行车工具自身的安全性风险以及与电动自行车相关的交通事故显著上升成为需要重点关注的方面。

2.3.1 电动自行车动力特性及约束

20 世纪 90 年代中后期，电动自行车作为摩托车的替代逐步出现，早期的电动自行车，新电池充电一次只能行驶 20～30 km，电池寿命短，爬坡能力差，容易磨损，但由于大多数城市都陆续限制了摩托车的上牌和行驶，电动自行车成为城市中等距离出行的替代性选择。随着电动自行车在电机、储能等关键技术的不断突破，以及生产规模化、标准化的不断迭代，电动自行车越来越多地进入城市交通出行领域，但是也经历了一段对于其发展定位、管理约束、上路合理性等方面的争论，甚至有部分城市从城市交通安全角度考虑禁止其上路行驶。

1999 年 5 月，国家质量技术监督局发布《电动自行车通用技术条件》(GB 17761—1999)。2004 年 5 月 1 日颁布的《中华人民共和国道路交通安全法》调整了原道路交通安全法中自行车不准装有动力装置的规定，但强调“依法应当登记的自行车的种类，由省、自治区、直辖市人民政府根据当地实际情况规定”。此法还规定装有辅助动力的自行车在自行车道行驶，时速不得超过 15 km，见表 2-12。后续随着产业化的不断完善，电动自行车进入了井喷发展阶段。由国家市场监督管理总局、国家标准化管理委员会批准发布的、新修订的《电动自行车安全技术规范》出台，自 2019 年 4 月 15 日正式实施。根据新国标，电动自行车必须满足：①有脚踏骑行功能；②车速不能超过 25 km/h；③重量不能超过 55 kg；④电压不能超过 48 V，电机功率不能超过 400 W。并对具有脚踏骑行功能进行了强制性规定。

表 2-12　自行车与电动自行车主要技术参数对比一览

技术参数		自行车	电动自行车
法定最高车速（km/h）			20/15
常见整车质量（kg）		20	40
制动距离（m）	干态	7	4
	湿态	9	15

然而一部分生产电动自行车的厂家并没有按照非机动车的速度要求进行有效控制（或者在消费者购买后存在随意改装等现象），导致实际行驶的电动自行车的车速往往远高于传统自行车。据统计，电动自行车在行驶过程中的时速能够比自行车高出约 10 km/h，在限速 20 km/h 的非机动车道上，超过 1/4 的自行车超速行驶，其中绝大多数为电动自行车。超速行驶的电动自行车数量占电动自行车总数量的 1/3 以上，而传统自行车的超速比例为 3% 左右。

电动自行车的超速骑行状况使非机动车交通流的整体安全性风险加大，同时现在的非机动车道划分并没有将电动自行车与传统自行车隔离开（图 2-10），二者往往穿插行驶，形成混合交通流，使得整体自行车交通流更加复杂而不稳定（图 2-11）。

图 2-10　支小路上各类车辆交织混行

图 2-11　电动自行车与人流的交织混行

需要特别注意的是，随着快递、送餐等服务的兴起，自行车除了人的移动还兼具了物的移动。为提高运输效率，往往外挂或者附加比较大的行李，其实际占用尺寸远远超过上述要求（图 2–12）。电动自行车带给慢行交通出行的是出行速度和冲击力向慢行交通出行上限推进的改变，而现有的慢行交通出行硬件环境和软件环境如何适应这种变化，需要更多反思与应对（图 2–13）。

图 2–12　当下上路自行车的尺寸差异较为明显

图 2–13　快递和外卖骑行者电动自行车外轮廓尺寸超出较多

2.3.2　电动自行车的行驶特性

电动自行车在微观行为特性上和传统自行车也有一定区别，主要表现为摇摆性幅度更大、超越频繁、离散性减弱、速度管理更难、事故严重程度更强。

（1）摇摆性幅度更大。电动自行车由于自重加大，在行驶时稳定性差，易左右摇摆，呈现出更明显的蛇形运动轨迹，且由于其外围尺寸更大，速度更快，因此在现有非机动车道上的摇摆幅度影响更大，这在一些原本宽度就不富裕的非机动车道上显得更加危险。而遇到原本机非混行的道路，往往会侵占到机动车道行驶，造成更大的安全隐患。

（2）超越现象频繁。由于电动自行车超越过程中不再受到体力和爆发力的约束的特点，骑行者为了尽快到达目的地往往会频繁地超越其他自行车。并且电动自行车侧向净空较小，适合在相近的障碍物间穿行，使自行车道的利用率得到提高。当电动自行车在平面交叉口排队等红灯时，队列后方的电动自行车可利用前方电动自行车之间的空隙，向队列前方移动，直到前方没有可移动的空隙为止，使得其能够比队列后方的电动自行车更快速地通过平面交叉口。在当下“跑腿经济”等生产慢行活动中，由于其生产效率、服务结果以及收入和出行过程直接相关，这种超越需求和行为更加常见。

（3）离散性减弱。电动自行车常结群形成群体优势提高安全感；同时电动自行车基本上消除了不同人群体力上和自行车工具性能上的差异性，因此聚群能力更强、离散性减弱。此外，由于电动自行车骑行者具有超越心理，若前方障碍物较难超越时，骑行者在骑行过程中不愿选择滞后行为，从而结群行驶。这对于交叉口自行车的排队空间以及绿灯期内自行车的消散速度都有较大改变。电动自行车混合的自行车群体交通流，由于电动自行车的操控不受到体能等方面的限制，穿插更多，破坏了整体自行车交通流的不稳定性。

（4）速度管理更难。虽然国家各相关管理部门从生产、上路、行驶等方面都对于电动自行车的性能（尤其是额定速度和行驶速度）进行了明确的规定和要求。但是在电动自行车实际行驶的过程中，对其的速度管理缺少有效的监管手段，这在各行其道的总体道路交通体系构架里对慢行交通出行主体来说变得更为复杂，安全系数也显著降低。

（5）事故严重程度更强。在机非混行的路段上，当道路上电动自行车密度较小时，骑行者存在惧怕心理，倾向于在远离机动车的道路外侧骑行；当道路上电动自行车密度较大时，形成了较为明显的群体优势，骑行者为了较快地前行，可能会占用机动车道或者人行道，不仅影响其他交通的正常通行而且容易引发交通事故。同时电动自行车由于速度往往较快，在交叉路口遇到不避让电动自行车的机动车时容易发生交通事故，近些年电动自行车和其他交通方式之间的事故显著上升，同时事故的恶性程度也更加明显，同时各地针对电动自行车的管理措施、整治办法和安全保护措施也在逐步加强，新工具在加入当下已经相对比较复杂的综合交通出行体系的过程是一个需要不断探索、不断完善的过程。而安全是衡量该工具是否允许其加入现有综合交通出行体系的核心考量因素。

2.4 使用权与所有权分离的公共自行车（含共享单车）

自行车的共享之路可以说是自行车所有权属性和使用权属性逐步分开的过程。这个过程的演变，极大地释放了自行车交通工具的使用灵活性和场景的适应性，可谓自行车的“浴火新生”。摆脱了自行车的所有权属性，其才能充分、自由地加入出行链体系之中，从一个单一的交通出行模式变为其他交通出行模式的补充和接驳。自行车的共享不仅解决了自行车的被盗风险，更重要的是释放了出行者的自由度，可以自由搭配出行方式的组合以及路径的选择。自行车的属性从私人物品变为了公共物品，因此总体上称之为公共自行车更为准确。共享单车只是后来商业运营中为了突出其共享属性的习惯性称呼，实际上在使用权和所有权的区别上是一样的，只是技术路线上有桩和无桩以及通信模式不同的区别。要特别注意的是，称之为公共自行车只是为了区别于原有的个人购买和保有自行车所有权和使用权不分离的状况，是否能够按照公共产品或者公共设施来对待还需要政府层面的进一步探讨。

2.4.1 公共自行车（共享单车）的内在改变

从交通工具的行驶特性上，公共自行车与共享单车都和传统自行车相似。略有差异的是在所有权和使用权分离的情况下，公共自行车缺乏有效的保养，笨重的车胎、局部的破损、不合适的高度都是可能发生的情况。但这与无需个人顾及自行车的存放安全以及可自由的搭配行程等优点相比，其缺点是可以忍受的。

但是，从交通工具的停放特性、管理对象上，公共自行车与共享单车又有着根本性的差别。公共自行车往往采取有桩式管理，这对于维护公共自行车的停放秩序、管理保养的场所都是有好处的，而缺陷在于使供给的有效性和可靠性打了折扣。尤其是当骑着公共自行车到达目的地周围却没有位置还车的时候，出行到了目的地，却不能结束的尴尬由此产生。共享单车借助物联网技术有效解决了这个难题，却留下了如何管理散落在城市公共空间的共享单车的问题。可见同样的工具在移动互联网的赋能下，幻化成为另外的工具属性，尤其是过去往往通过地块或者建筑内部解决的自行车停放问题变成了城市公共管理问题，这样的内在改变带来的外溢影响需要重视。

2.4.2 公共自行车（共享单车）的运营特性

2017 年 8 月，交通运输部等 10 部门发布《关于鼓励和规范互联网租赁自行车发展的指导意见》，指出互联网租赁自行车（俗称“共享单车”）是移动互联网和租赁自行车融合发展的新型服务模式，是分享经济的典型业态。近年来，我国互联网租赁自行车快速发展，在更好地满足公众出行需求、有效解决城市交通出行“最后一公里”问题、缓解城市交通拥堵、构建绿色出行体系等方面发挥了积极作用，有力推动了分享经济发展。但同时也存在车辆乱停乱放、车辆运营维护不到位、企业主体责任不落实、用户资金和信息安全风险等问题。

（1）发展定位：互联网租赁自行车是分时租赁营运非机动车，是城市绿色交通系统的组成部分，是方便公众短距离出行和公共交通接驳换乘的交通服务方式。要坚持优先发展公共交通，统筹发展互联网租赁自行车，推进公共租赁自行车与互联网租赁自行车融合发展，建立完善多层次、多样化的城市出行服务系统。不鼓励发展互联网租赁电动自行车。

（2）发展态势：有序投放。可根据城市特点、公众出行需求和互联网租赁自行车发展定位，研究建立与城市空间承载能力、停放设施资源、公众出行需求等相适应的车辆投放机制，引导互联网租赁自行车运营企业合理有序投放车辆，保障行业健康有序发展和安全稳定运行。

（3）管理主体：属地管理。城市人民政府是互联网租赁自行车管理的责任主体，充分发挥自主权和创造性，因地制宜、因城施策，探索符合本地实际的发展模式。

（4）企业责任：互联网租赁自行车运营企业要加强线上线下服务能力建设。充分利用车辆卫星定位、大数据等信息技术加强对所属车辆的经营管理，创新经营服务方式，不断提升用户体验，提高服务水平。合理配备线下服务团队，加强车辆调度、停放和维护管理，确保车辆安全、方便使用、停放有序。互联网租赁自行车实行用户实名制注册和使用。运营企业应当与用户签订服务协议，明确双方权利义务，明确用户骑行、停放等方面的要求。禁止向未满 12 岁的儿童提供服务。明示计费方式和标准，公开服务质量承诺，建立投诉处理机制，接受社会监督。创新保险机制，为用户购买人身意外伤害险。加强信息报送与共享，及时将车辆投放数量、分布区域等运营信息报送当地主管部门并实现相关部门信息共享。

作为承接轨道交通、公共交通的“最后一公里”交通工具，公共自行车在突破了工具所有权的束缚后，其便捷性、中短距离的可达性优势便十分突出。“共享单车”的出现是互联网大潮下的产物，在智能锁技术的创新支持下，共享单车摆脱了“桩”的束缚，在资本的力量下，迅速地、成批量地出现在城市的大街小巷，尤其是城市轨道交通站点周边。以上的指导意见，为公共自行车（包括共享单车）的发展指明了道路方向，也为各方主体明确了责任和义务，更是该模式下自行车服务创新发展的有利推动，在该意见指导下，公共自行车（包括共享单车）作为慢行出行系统中一种崭新的模式适应和融入整个综合交通出行体系之中，也是慢行交通出行不断丰富和焕发新意的过程。

案例 8 公共自行车引领慢行交通出行新潮流

自行车的共享之路由来已久，最早可追溯到 1965 年荷兰的第一代公共自行车，并在欧洲得到了较好的发展和普及。法国首都巴黎市内已经投放了上万辆自行车，供居民和游客自助租用。2007 年 7 月 15 日，巴黎自助式自行车服务正式启动，名为 Vélib。1 万辆崭新的银灰色自行车和 750 个租车服务点已启用，第一天租借量就超过 50 000 次。后续增加到 2 万辆，1 500 个服务点，市民平均在 300 m 的范围内就可以找到至少一个服务点。自行车的租借费用十分低廉，但收费标准则鼓励自行车在有效时间内快速循环使用。租车的前半小时完全免费，第二个半小时就要付 1 欧元，第三个半小时要付 2 欧元，第四个半小时则要付 4 欧元。为了方便和鼓励市民骑自行车，手机运营商和自行车租赁行联合推出了一项便捷租车业务，只要用手机发条短信，用户就可以骑车上路了。当然这比当下的共享单车在方便程度上还是有差距，但是在管理有序性上更胜一筹。

英国、德国也相继推出了相应的公共自行车服务，公共自行车在接驳公共交通尤其是轨道交通、有轨电车等大中运量交通工具下发挥了非常明显的积极作用。如图 2-14 所示。

在我国，北京、杭州、上海是较早开始尝试公共自行车发展的城市，各自都取得了不错的推广效果。2008 年 5 月，杭州市率先在国内推出由公交公司主导的公共自行车租赁体系。杭州市首批 2 500 辆公共自行车投入使用，分布在 61 个服务点中。在杭州公共自行车发展的过程中，其规划引领、分步实施的步骤是最为令人印象深刻之处。杭州市在《杭州市公共自行车交通发展专项规划》和《杭州市公共自行车交通发展专项规划》(修编)两轮规划编制中，系统地研究了公共自行车在杭州市当时综合交通体系下的定位和发展关系，后续还制订了包括各个分区的《公共自行车布点规划》。在规划阶段对于公共自行车存取车点进行了控制和落地管理，一方面保证了公共自行车可持续发展的空间需要，另一方面也兼顾了既有道路设施条件对于其他服务功能的需要，降低公共自行车存取车点对于人行、休憩等其他功能的干扰和影响(图 2-15)。值得一提的是，在推进公共自行车点位的建设过程中，为了更好地促进公共自行车布点和新建地块之间的有机融合，市政府还推出了 1 个公共自行车折抵 3 个内部自行车配建的鼓励政策，吸引新建地块在靠近沿路区域留出适当的空间设置公共自行车存取点，既解决了公共自行车布点空间的难题，也方便了地块的自行车出行，还节约了空间，加快了自行车使用的周转。

伦敦公共自行车

法国公共自行车

德国的公共自行车和公交站点周边的自行车组织

图 2-14　公共自行车服务

图 2-15　固定式租赁点（左）与移动式租赁点（右）

2.5 消失与兴起中的其他工具

2.5.1 慢慢消失的畜力车、人力车、三轮车等

畜力车（马车、牛车）、人力车（轿子、黄包车、人力车）、三轮车、独轮车这些曾经长期占据我国慢行交通出行记忆的出行工具，正在逐步淡出城市通勤慢行交通出行视野。目前只能在一些特定场所如旅游景区，沿着特定线路作为旅游内容和旅游体验保留（图 2–16、图 2–17）。当然，这是科技和时代进步发展的必然过程，也是出行改变城市、城市影响出行的相互作用过程。

图 2–16　澳门景区的人力车

图 2–17　北京胡同现存的人力车（旅游用途）

纳入城市整治治理的“四小车”。所谓“四小车”，指无牌无证、非法载客的残疾人机动轮椅车、电动三轮车、电动自行车和摩托车等，多为擅自改装、车况较差，长年没有参加年检，缺乏保养维修。许多残疾车机动轮椅车驾驶员，甚至将靠背后的工具箱电焊后直接作为载客座位，既无扶手又无踏板，人坐在上面极易使车辆发生重心偏移。这类“四小车”随着城市的发展，从大城市到中小城市乃至县城，越来越多地被纳入整治的范畴，加以合规性管理。其中，人们印象最深的应该是人力三轮车，三轮车有前骑和后骑两种，三轮车的设计车辆外廓参考尺寸为总长 3.4 m，总宽 1.25 m，往往还兼具载货功能。人力三轮车，作为“四小车”在我国城市基础设施差、交通不发达、城市管理要求低等特定历史条件下，在安置群众就业、方便群众出行方面起到了一定作用。然而，随着经济社会的发展，人力三轮车已经越来越不符合现代交通和文明城市管理的要求，不仅影响交通秩序，还带来严重的安全隐患。目前，一些城市

采取“上牌”管理，往往只是允许在市政、环卫养护（图 2–18）等方面使用。

图 2–18　环卫工人骑行人力三轮车在城市中作业

2.5.2　逐渐兴起的平衡车、滑板车、滑轮等

滑轮、滑板车、平衡车是广受年轻人喜爱的传统运动形式，同时也被一部分年轻人用来作为出行代步工具。平衡车等是随着近些年技术发展产生的新兴代步工具。然而根据《中华人民共和国道路交通安全法》相关规定，“滑行工具”只能在封闭的小区道路和室内场馆等地方使用，违者将被处以 20 元的罚款。《道路交通安全法实施条例》第七十四条规定，行人不得在道路上使用滑板、旱冰鞋等滑行工具。目前，北京、上海、南京、广州、武汉、成都等多地已经明确禁止电动平衡车上路。

电动平衡车虽然在形式上和我国历史上长期存在的独轮车有一定的相似相关性，但是其功能上大有差别：现在的平衡车普遍配备了辅助动力装置，在速度上、冲击性上较以往的以人力为主的独轮车有了极大的提升，这些性能的提升反而对于稳定性提出了更高的要求。以往人力独轮车以载货为主，且存在于普遍的周边慢行环境之中，现有的城市交通是多种快行和慢行交通工具的综合出行场景，对安全性、可控性、稳定性的要求更高。

对于这类新兴交通工具（图 2–19）的禁止性管理，更多的是出于安全性的考虑。这些工具在出行移动过程中的稳定性、操控性等方面还不够成熟，上路会成为潜在的不稳定、不安全因素。但出行工具自身也在不断地发展演化，随着工具的进步，未来也许会成为某种出行链构成的组成部分。

图 2-19　深受年轻人喜爱的平衡车

慢行交通出行

SLOW TRAFFIC TRAVEL

第3章 慢行交通出行载体

3.1 载体的总体层次——“面、线、点”

“载体”泛指慢行交通出行所依赖的设施，之所以用载体是要突出慢行交通出行的空间体系。由于在慢行出行过程中不论视野的范围还是对环境的感受、人与人的交互能力都非常强，因此对于周边环境不仅局限在平面，也不仅局限在出行过程本身，看“载体”的视角也不仅是道路一个层次。

“融合”是慢行交通出行载体的突出特点。慢行不仅是短距离出行的交通方式、各种交通工具转换的衔接途径，更是为人们的交往和交流信息提供了空间的媒介。慢行交通载体对于城市来说更像是经络；并不显眼却用处极大，缺一不可。因此不妨从城市的角度去审视慢行交通载体，从“面”载体、“线”载体和“点”载体三个层次去解读。

“面”载体的内容包括慢行分区及其政策引导，是整个慢行交通出行体系的基础，指导“线”与“点”层次的组织与优化实施。

“线”载体的内容包括慢行道体系及相应的横向、竖向、空间体系的构成与融合。

“点”载体的内容主要包括交叉点（平面过街、立体过街设施）、转换点（换乘枢纽、公交站点、自行车租赁点）、驻足点（各类休憩点、沿街店面的外摆）等，承载着慢行交通出行过程和其他出行体系之间的交织通过、方式转换，也是人与环境、空间的交互。

3.1.1 “面”载体高屋建瓴

“面”载体着眼点是宏观视角。更多地强调慢行交通出行载体在城市总体空间体系中的定位与价值，包括城市慢行交通出行的引导政策、差异化的慢行交通出行分区等。在当下城市建设发展用地空间非常稀缺和紧张的情况下，“面”层面的高屋建瓴以及为慢行交通出行争取更具竞争力的政策、空间、民意、环境是非常重要的。

1）“面”载体为体系概念

关于慢行交通出行在城市空间体系、居民生活体系、城市综合交通体系、城市出行分担体系中的地位，以及与其地位相匹配的投资建设机制、土地空间条件、规划设计要求、建设管理养护权属与机制，体现在城市综合交通发展、建设的理念、规划、政策、法规之中。

2）“面”载体也是空间概念

慢行交通分区，体现为不同城市区域慢行交通出行的差异性和针对性，分区的主要目的是针对城市不同区域慢行交通特征的差异化，针对性地确定相应的发展策略和支持政策，力求做到有的放矢。同时也为不同区域的道路交通空间体系布局给出指导性的原则，在空间网络中明确相对关系和基本排序。

3.1.2 “线”载体精彩纷呈

“线”载体的着眼点是中观视角，关注的是慢行交通网络的组成和个体慢行交通出行的路径。在整个城市交通道路体系中，为了满足各种慢行交通出行需要形成了慢行道网络，这些慢行道网络大部分是随着城市道路建设而同步建设。考虑到慢行交通出行需求的日益丰富和多样化，特别需要注意的是这些慢行道和其他城市道路的相互关系，既不宜过分强调又不能随意忽视。力求做到相得益彰的平衡，以满足人民群众美好生活的需求为目的的精细化治理，是未来的发展方向。

在我国现行城市道路交通规划体系中，大部分慢行交通纳入道路红线管理体系之中，通过不同的道路断面设施来确定。道路慢行系统与地块慢行系统通过出入口衔接。因此“线”载体最终体现为各种各样的慢行道。如人行道、自行车道、绿道、健身道、漫步道等。现有的道路分级体系中，慢行道处在从属地位，快速路、主干道、次干道、支路对应道路红线宽度更多地体现在道路机动车通行能力的不同。在“线”载体层面，在现有的道路分级体系中，完善慢行道体系的功能和分级是非常有必要的。

3.1.3 “点”载体精细有度

“点”载体的着眼点是微观视角，可以分为动、静两个层次。动层次最主要的是道路交叉口、立体过街设施、地块开口等。静层次包括停靠点（如自行车租赁点、非机动车停车设施）、休息点（如驿站、休息处）、换乘点（如公交停靠站、出租车扬招点）等。

机动车、非机动车和行人在道路交叉口交汇时，特别是大的交叉口，行人过街距离较长、无二次过街等候区域，导致行人过街时间不足且存在安全隐患。而“点”载体不仅是守护慢行安全的至关重要所在，也是提升慢行环境品质的点睛之笔，更是衔接不同交通方式，实现交通链出行转换的关键一环。在某个点的高差问题、局部瓶颈、局部绕行都会显著降低整个出行链过程的体验和感受。因此精细化的局部画龙点睛随着城市管理水平、治理能力不断提高而愈发重要。

3.2 “面”：顶层设计、分区施策

3.2.1 脱胎换骨的慢行价值体系

慢行交通出行的复兴同时也带来了城市活力的兴盛，因此对于慢行交通出行的顶层设计不应当仅仅出自交通规划者或者交通管理部门之手，应该是城市未来发展模式、产业状态、空间取向、生活需要的共同发展选择。从近现代欧洲慢行交通出行的复兴和发展来看，各个国家根据自身的产业、经济发展需要，在人们生活方式以及历史沿革等方面有着不同程度、不同方式的慢行交通出行发展思路和发展理念，深入感受丹麦、荷兰这些国家各个城市的慢行交通出行，会发现慢行交通出行与城市各个角落深度融合、相辅相成。慢行交通出行的顶层设计应以融合为主基调，与以往的发展轨道交通不同，并非要沿着强导向模式发展。

1）与城市肌理相融合

在对慢行交通出行进行合理规划时，不仅要对所研究区域的对象现状情况做充分考虑，还要根据慢行交通方式的特征以及城市功能的需求进行精准定位，制定出分阶段发展计划，使慢行交通可持续性地适合所研究区域对象发展的不同阶段并且发挥出其应有的作用。打造一个既能体现城市空间肌理，又能满足现代生活和公共活动出行需求的慢行交通出行空间体系。

生活、旅游、购物等不同目的出行，以机动车、非机动车、步行等多种交通出行方式制定合理的空间分配方式和交通流线组织。解决日常 5 km 范围内的出行，一般以“自行车 + 步行”实现。接驳解决“最后一公里”的出行，一般以“步行 + 公交”“自行车 + 公交”的方式实现。休闲、健身、娱乐，主要以“步行、双人自行车”等休闲型慢行方式实现”。

适合的才是最好的。在不同的城市功能区域，不同的城市路网体系，不同的产业、人员构成空间下，慢行交通出行承担的功能角色、基础设施条件，以及与其他交通方式的组合逻辑关系都应该有所区别，这也是强调慢行分区的重要原因。

不同片区具有不同的土地利用性质和城市功能，相应的慢行交通需求特征也存在差异，因此需要先进行慢行分区，然后基于不同的分区制定规划方案。根据确定的慢行分区，针对慢行交通体系不同组成部分，提出规划设计要求；依据效能评估，决定改善次序，分批推进，循序渐进；提出近期重点改善片区规划方案，并对试点片区中远期慢行设施设计提出指引。需要注意的是，慢行分区的尺度应该是遵循慢行交通方式的合理空间范围。

2）与整体交通出行体系相融合

首先，要与居民的日常出行保持主流方向的一致性。与不同区域之间的交通保持协调和一致，并且尽量让慢行交通合理控制在一个路网交通范围之内，最大限度地发挥路网功能。

其次，构建可持续的慢行交通服务体系。进一步明确自行车与步行为主要出行方式的理念是根据低碳出行的优先顺序来决定的。自行车与步行除了作为单一出行方式外还可以作为与公共交通组合工具出行中的接驳方式发挥作用。在关于出行结构的研究中，这种组合出行近些年越来越受到重视。也要同时注意到，以往按照单一方式划分的出行结构比例中自行车和步行在分担量上是被低估了的。作为公共交通接驳方式应该基于轨道交通站点、常规公交站点乃至出租车上下客点为核心，在高效服务与实现接驳通达的目标下，重视和加强上述点位周边 500～800 m 服务半径范围内的慢行交通环境的提升与动静态设施条件的配备。

重视城市不同分区区域综合交通体系的整体性。合理地将内部与外部交通有效衔接，科学地组织与安排人行、非机动车出行的交通，积极引导个体交通与公共交通的和谐发展。从整个城市、区域的发展来看需要研究整体的综合交通框架体系和出行方式构成。从各个城市不同区域、不同用地特征、不同人群构成下，局部区域的慢行交通差异明显，需要精细化的慢行交通路网规划来根据城市的结构与功能上的分区以及地形特征因地制宜地布局策划。

3）与品质环境、活力营造相融合

提升慢行交通出行系统品质不单纯是增加设施、辅以景观设计，而是要将慢行交通放在城市生产、生活组成维度。综合考虑城市经济产业、交通便捷、生态修复、功能融合、景观设计等诸多要素。不仅是在整体城市设计阶段，进行大手笔、大尺度的轴带规划、生态绿廊、景观视廊等规划，而且要进行精细化设计，根据土地权属、居民生活特征及习惯，以建筑和绿化植物为景观元素，做详细的视线、动线分析，把握这些要素之间的交互、错落、平衡与对比、节奏与韵律、色彩搭配。

实现慢行交通设施的连续完整，融合交通、环境、艺术等多门学科，采用建筑设计手法，精细化营造空间，实现交通空间生活化，达到环境舒适、商业复兴、生机盎然的效果。

强调合理的慢行出行范围。城市居民的出行距离已经出现了超出正常范围的增长速度过快现象。出行距离的不合理已经导致交通运行出现排放量严重超标，居民出行时间过长，生活质量明显下降，与最初设想的生态发展理念严重背离等问题。在低碳慢行交通的发展过程中，对居民活动进行调研时，居民大多希望至少 80% 的活动可以在 3 km 的范围内完成。步行 300 m 就可以到达满足生活基本需要的社区中心或生活中心，或者是步行 500 m 就可以达到社区的片区中心或商业中心。由此可见，出行距离的合理性对城市的居民来说不但意味着生活上的便利性，出行时间的缩减也提高了居民生活的效率，使居民有更多时间投入休闲生活之中，有助于生活质量的提升和满足感的增强。

4）提升幸福感、获得感

随着社会的不断发展，以人为本已经成为现代人文思想的主要潮流。其基本含义主要是尊重、爱护、关心、理解、成就与维护。要了解人的需要，并且帮助人们实现需要，是以人为本原则的进一步体现。简单来说，就是要在交通规则的设计与实现上充分体现以人为本的价值观念，慢行交通与其他城市交通的区分性最多的是表现在其具备“烟火气”的各项特征。慢行交通出行的过程和人最为贴近，慢行道路空间是居民出行的主要空间载体，也是多种活动的实现载体，包括人际交往、健身步行等。环境良好的慢行出行环境不仅可以满足居民的人际交往需求，还可以提升居民整体的生活品质。倡导以人为本的原则同时还要强调：居民交通的功能不仅是要实现畅通方便的交通功能而且要充分考虑居民的主观感受等，让居民使用并且享受其中。

社会老龄化的到来，要求慢行道的规划与道路空间的设计上要更多地考虑老、幼等弱势群体的需要，不仅要注意空间整体的设计，还要重视老人在户外花费的时间更长。所以，在道路的设计上就更要重视细节的处理。在道路的形式与周边环境的处理上就更要与周围路面的材料，色彩等方面的搭配，充分体现出对老年人及弱势群体行动便利性、安全性以及心理上的关心与照顾。

3.2.2 政策中的“胡萝卜与大棒”

随着近些年慢行交通出行的复兴，绿色生活、绿色出行模式的倡导，鼓励慢行交通出行的相关政策推陈出新。鼓励发展的“胡萝卜”政策要有，抑制约束的“大棒”政策也应有。此外，除了颁布政策外，政策的执行以及反馈评估也非常重要。

1)“胡萝卜”政策

空间、财政、价值导向的慢行交通奖励政策体现了鼓励性、引导性。空间的融合需要打破现有的城市管理控制线（红线、蓝线、黄线、绿线）边界。

首先，各类空间需要的是彼此先退一步，如让慢行交通设施能够更好地渗透到绿化、河边、地块内，提升空间的可进入性。简单地看是缩小和占用了其他空间，但是融合后的空间才是可进入的空间，而不是以往的“灰空间或遗忘空间”，实现了提升空间活力和价值的目的，但这个过程如何能做到空间融合，融合和空间价值提升后能否更好地实现价值反馈，都是需要政策来解决的问题。

其次，需要各进一步，在政策制定中体现出融合后的绿化空间、河道空间价值的差异性和养护投入的偏重性，通过慢行交通设施的改善和增设，出行融合度以及出行品质提升了，人民的获得感更强了。但如果没有鼓励措施的配套，这些空间会更倾向于封闭化、独立化，毕竟在封闭或独立的状态下，管理权责更清晰、复杂度更低。未来在具体条件的情况下，逐步引入一些商业化、体验性行为，并建立与之匹配的权责体系及分配体系，是值得进一步探讨和尝试的方向。

案例 9　黄浦江边的“跑者之家”

上海市黄浦江滨江 45 km 岸线公共空间全线贯通后如图 3-1 所示，22 km 的浦东段，岸线最长、开发主体多、工程量最大，通过建设云桥打通全线所有断点堵点；3.4 km 的杨浦段，滨江公共空间和综合环境工程五期项目全面推进，杨树浦水厂、宁国路轮渡站经改造后从难点变成亮点；2.5 km 的虹口段，国际航运中心沿江贯通和置阳、国际客运码头景观提升同步实施，北外滩从此风光旖旎；8.3 km 的黄浦段，七座主题公园点缀世博滨江，十六铺二期、南外滩亲水岸线、南外滩远望号亮灯成为滨江新景观，沿线江南厂工业遗产保护利用开发实现启动；8.9 km 的徐汇段，最大跨径的淀浦河桥，以“波浪”为设计灵感、以“V”墩梁式桥为结构方案，功能性与观赏性兼得，另有七座市政桥、景观人行桥丰富游览视角。

45 km 黄浦江滨江贯通工程

浦东滨江

杨浦滨江

虹口滨江

黄浦滨江

徐汇滨江

图 3–1　上海黄浦江滨江

上海市政府构建了全面开放的步道、骑行道和亲水休闲平台，还修建了很多休息驿站。上海的发展轨迹在浦江两岸滨江留下了有意义的足迹，徒步旅行滨江能充分感受到上海这座国际大都市的浦江之美，让市民和游客有很好的获得感。在徐汇滨江的龙美术馆边上，提供关于跑步的专项课程，组织多种多样的跑步活动，介绍某知名品牌的最新跑步科技。这是一个跑者的集结点、存包点、休息点（图 3–2）。某知名品牌大中华区体育营销总监沈某介绍道：“四个集装箱盒子加上了品牌的服务功能。第一个盒子里是跑鞋陈列，有一个小密室，在里面跑一分钟，我们会告诉你最适合你的跑鞋是哪个系列。第二个盒子是集合点，所有人可以到这里存包、租鞋，了解当月活动月历是怎样的，并且了解周边跑步路线是怎样的，跑 5 km、50 km 都有不同的路线。第三个盒子是完完全全的训练场地，有很好的地胶，有完备的训练设备，这地方是供专业教练跟大家做室内训练的。第四个盒子是更加休闲的空间，完全是供大家来这儿坐着休息、喝茶，包括去做一些补给，也会做一些跑者的分享，在一些大赛前后，一些有经验的跑者可以把他的经验分享给即将参赛的跑者。”

这个“跑者之家”增加了公共空间的趣味性，同时也增设了一些与休闲健身相关的体验店，空间上的融合是第一步，经济体系的互利合作是持续发展的重要支撑和保障。

图 3–2　徐汇滨江 RUNBASE 是一个常年运营的跑步空间

商业环境下促进商业空间和慢行交通出行的进一步融合，不仅仅需要交通系统的衔接与改善设计，更重要的是运营价值体系的重构与良性互动。因此这类慢行交通系统在规划设计之初，需要避免“剃头挑子一头热”，政策的着力点在于如何更好地激发这种良性循环的建立和反馈机制。

2）“大棒”政策

出于安全和保护为目的的城市慢行交通出行政策要体现出约束性。

安宁交通政策是通过慢行系统的硬设施（如物理措施）及软设施（政策、立法、技术标准等）降低机动车对居民生活质量及环境的负效应。改鲁莽驾驶为人性化驾驶，改变行人及非机动车出行环境，以期提升交通安全性、可居住性及可行走性。安宁交通政策和措施的推进，一方面需要围绕慢行交通安全为核心建立一系列约束性指标，另一方面围绕安全约束性指标的实现鼓励多元化、不断创新的措施、方法、技术的应用。这样在交通安宁的政策推进上才能够不断推陈出新，同时也能够更具备实用性和适用性。

应鼓励以人为本，打造适合步行、骑行的城市空间。在局部区域以行人、非机动车为导向进行城市空间规划和设计，以往在步行街、30 km/h 限速区、连续立体慢行空间等都有不断的尝试和成功的案例。总结这些成功案例，会发现对慢行交通出行环境的提升和慢行交通出行者保护的措施，不仅需要慢行规划或慢行设施建设，也需要进一步在城市发展的建设过程有更多约束性要求来协同，体现在这个空间的价值取向。

在不同时空条件下，给予慢行交通出行者尤其是行人路权上的优先和保护，如右转弯车辆礼让行人，这些年已经蔚然成风。接下来需要在系统层面、制度层面进一步地推进和完善，在适当的情况下，在路权上、通行优先权上给予慢行交通出行者更多的优先和保护，鼓励更多面向慢行交通出行优先、保护等方面的投入和创新，将慢行交通出行量和体验上的增加与作为“减碳措施”和“为民做实事”的举措来衡量其价值，形成价值驱动、体验驱动的可持续发展模式。

公共自行车、共享单车能够提供高频使用率和高周转率，对其配置采取一些鼓励性的折抵政策也是有益的尝试，如在地块内划出一定空间作为共享单车停放空间可以折抵该空间面积 2～3 倍的非机动车配建要求，就是行之有效的鼓励措施，杭州市在推行公共自行车建设的过程中就有尝试，并取得了积极效果。同样，在建筑内设置满足快递、送餐等短时停放者的空间条件及交通组织，也是当下需要正视的方面。

强化禁非区域、禁非道路等措施实施的系统化。为了确保城市主干路功能的发挥及城市主要商业区的氛围及安全环境，或者由于通行安全等因素而采取的禁非区域、禁非道路的设置，需要经过专项论证研究，并通过严格的公开征询过程后确定实施。避免造成非机动车出行困难。尤其是在当下“跑腿经济”逐渐兴起的背景下，原有的非机动车禁行区需要重新评估，避免在禁行区域边界造成自行车、共享单车、电动自行车的堆积和乱停放。

3.2.3 与公共交通出行体系的完美搭配

随着城市空间尺度的不断扩大，慢行交通出行通过作为公共交通出行换乘体系的“最后一公里”接驳方式，能够实现居民低碳、绿色出行，顺应“公共交通为主导的城市发展”模式。

以公共交通工具为核心的出行链体系的架构，逐步成为城市交通出行的主体。为了适应城市面积的扩大和不可避免的长距离出行，在长距离出行过程中首要的是依托轨道交通、常规公交、共享交通工具，其次是在轨道交通站点、常规公交枢纽及中途站点，共享交通工具存取中心形成换乘枢纽节点。图 3–3 是丹麦一个车站枢纽旁专用而宽敞的自行车停车场，做了分区标识，在这里，自行车停车的需求得到了充分的重视和满足。

图 3–3　丹麦车站旁的自行车专用停车场

以这些换乘枢纽节点为中心，以适宜的步行、非机动车出行距离为半径，形成“最后一公里”慢行交通出行体系。诸如行人无障碍设施，非机动车停放、租赁设施，鼓励居民采用停车换乘的出行方式。增加人与人的交往，把多样性、社区感、人性尺度带回城市。慢行交通是公共交通向“门到门服务”伸出的触角，公共交通是慢行交通在适应现代城市发展过程中插上的翅膀。在欧洲，公交车和地铁是允许自行车搭乘的（图 3–4、图 3–5），这在共享单车普遍使用前是推动公共交通和自行车的组合出行的重要保障措施。

图 3–4　自行车搭载公共交通工具

城市交通的发展模式从以往的小汽车机动化这种“线（一条路）”+“线”成网的发展模式转变为

图 3-5　国外轨道交通设置专用的自行车车厢

"线（轨道或者公交）"+"点（换乘枢纽）"+"面（'最后一公里'慢行圈层）"的发展模式。同时，出行交通工具得由单一的小汽车工具使用转变为多种交通工具的衔接转换。这种以公共交通出行为主导的发展模式是我国土地资源、能源资源等约束下的必然选择。而慢行交通方式不论是步行还是非机动车出行都是一种低排放、无污染的绿色交通方式，更是一种方便社交，能够更有利于创建充满活力、多样性与社区感的空间体系的交通方式。而换乘节点不仅成为人流聚散中心，也成为活力源泉和潜在的商业价值点。

我国长期坚持的公交优先的发展方向，以及各大城市已经建成并不断完善的公共交通出行骨架体系，为这种模式的推进奠定了扎实的基础。信息及移动互联网技术的发展为此创造了更好的条件，如借助物联网技术的共享单车的出现，自行车摆脱了工具转换的束缚，也为自行车方式融入这种出行链体系创造了更便利的条件，使"最后一公里"交通接驳体系的多样性、可拓展性得到了极大的提升。更为重要的是极大地拓展了轨道交通站点的有效服务范围和人群。

但同时这种"线（轨道或者公交）"+"点（换乘枢纽）"+"面（'最后一公里'慢行圈层）"的发展模式还需要在发展与转变中不断加强和完善。需要关注的包括但不仅仅局限在以下方面。

一是建设、管理、权属体系的整合与综合化。以往一直以来以交通方式划分而形成的建设、管理体系，同时以用地红线、道路红线为特征的权属体系，需要有整合的过程。公共交通体系建设、枢纽建设、"最后一公里"圈层建设如何整合在一个体系之中，而不是分处在不同的建设体系最后再拼凑起来是有待正确审视的问题。这种拼凑建设的过程，往往是当下存在的一些系统性欠缺的问题的根源。设施本身分属不同单位、部门，但是出行过程是完整、连续的。

二是换乘枢纽的补短板。由于建设主体、规划权属、管理规定的不同，无缝换乘说起来容易、做起来难。大型换乘枢纽在当下成为人们讨论和研究的重点，对机场、高铁站、火车站、大型多线轨道交通站点等大型综合性枢纽，专题性地研究、规划以及针对性的协调越来越多，换乘的距离、便捷性在不断地优化和提升。但同时，建设与管理的脱节还是让组合出行体验“不断碰壁”。管理过程中出于安全或者成本需要，往往会封闭一些通道或进出口，这对于原有规划设计交通组织流线，甚至整个交通组织系统的影响，往往是巨大的。此外，一些小型、微型的换乘空间还处在被漠视、被挤压的状态下，单独轨道交通站点周边的非机动车、共享单车停放空间、无障碍设施欠缺，步行道的挤占，在建设条件受限时，慢行交通空间往往是最弱势、最容易被挤压的部分，但这些又成了慢行交通出行每天都会面临的短板和瓶颈。以行人、自行车为导向的围绕公共交通设施而构建的慢行衔接换乘发展模式，需要被重视和提升到更加重要的地位。通过清晰、舒适的慢行交通衔接，到达商业、住宅区和公交车站来实现整个出行链的提升和改善。

三是“最后一公里”圈层优先。打造“最后一公里”专用的慢行交通出行系统。注重慢行系统的通达性以及土地利用率的问题，在以轨道交通站点、常规公交站点等为核心的“最后一公里”接驳圈中打造适合非机动车与人行的慢行尺度空间，并加强促进慢行交通发展的各项配套政策与措施，在圈层内部社区的公共服务设施都有方便的慢行网络接通，慢行网络连接了社区慢行交通与公共交通系统。慢行网络更加注重街道的遮蔽性能、休息性能还有无障碍通行的细节设计功能，街道空间更加有利于行人的暂时停留、休息与交往。提供步行者安全的通道，设计安全路线，丰富慢行交通出行环境。为机动车和非机动车提供方便、安全的停车场。引导“最后一公里”圈层范围内低碳而健康的生活。鼓励采用低碳慢行出行和城市公共交通两种方式的接驳与组合，步行或者使用自行车到达指定地点后，再采用公共交通的方式，构建开放协调的圈层体系。

3.2.4 规划绸缪、与时俱进

慢行交通出行规划是随着慢行交通方式越来越被需要和重视而逐步开展起来的，是体现政府以人为本施政理念的重要实现途径，也是加大对步行和自行车设施投入的前提和纳入预算的依据及保障，更是引导绿色出行、提升空间品质、激发城市活力、彰显特色魅力的重要措施之一。

慢行交通出行规划向上承接城市慢行交通系统出行各类政策、发展方向的纲领性报告，向下推行各类政策、措施、设施落地的指导性报告。但是慢行交通出行规划并非是在一张白纸上重新开始和增加的体系，其一直以来都是城市交通规划、城市规划体系的组成部分。因此，“脱胎”于既有城市规划体系的慢行交通出行规划要能够融入现有规划体系之中。

首先，是慢行交通出行规划与城市规划体系之间的融合。慢行交通出行普遍存在于城市道路红线、用地红线、绿线等各类用地功能体之内，和我国城市规划体系现有以“线”为管理体系的功能划分有一定的冲突，体现在慢行交通系统存在于各种“红线、黄线、绿线”之内，一方面不同的空间意味着后续不同的开发主体和管理职能部门，也就客观存在着对于慢行交通系统整体性的影响，另一方面很难在现有城市规划体系中为慢行系统增加相应的规划控制体系，如何融入既有的城市规划体系，是至关重要的一步。如图 3-6 所示为《上海市浦东新区张江中区单元控制性详细规划 41 街坊局部调整》的公示资料。这是上海近些年通过在控规图则上，以虚线要求增加在出让地块内公共通道而进行的有益的尝试。

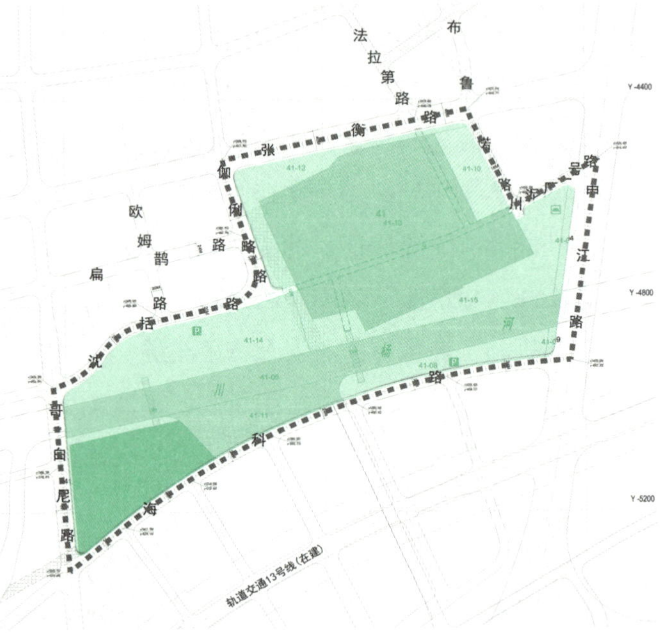

图 3-6 《上海市浦东新区张江中区单元控制性详细规划 41 街坊局部调整》中的公共通道

注：地块内公共通道宽度不小于 8 m，线形与端口均可变，可结合建筑方案统一设计。公共通道需 24 h 对外开放。

其次，是慢行交通出行规划与城市道路交通系统规划的融合。慢行交通系统一直以来都是纳入城市道路交通系统规划来实施建设的，但是在以往的城市道路交通系统规划中并未受到充分的重视，同时受到道路红线的制约。脱胎于城市道路交通系统规划的慢行交通出行规划，既要传承道路交通规划建设管理既有的体系，又要根据慢行自身的需要而有所区别。在这个过程中，需要智慧地解决在有限的交通空间下恰当地分配机动车交通、慢行交通、公共交通等空间的资源、衔接。

最后，慢行交通出行规划要找到自己的着力点，能够在有限的城市空间范围内，实现慢行交通系统网络的完整、连续和安全，逐步形成功能完善、覆盖面广的出行服务系统，为市民生活提供最直接的服务，为慢行交通创造良好的通行条件，保障老人、残疾人等弱势群体的出行需要。

慢行交通出行规划要在慢行交通出行现状的瓶颈处、断点处重点发力，做到雪中送炭，彰显慢行交通的优先权益，体现大力倡导低碳绿色出行的价值主张。要在城市慢行活力区做到锦上添花，打造更高品质的城市活力区和市民体验感。如上海当下在推行的立体过街设施适老化改造就是很好的示范。

随着我国对于慢行交通出行的重视以及提升慢行交通环境和居民慢行出行体验的迫切，慢行交通出行规划方兴未艾。与此同时，针对慢行交通的各类规划却并不像传统的道路交通规划、公共交通规划、静态交通规划那样相对统一，而是呈现出百花齐放的特点。如有编制《慢行系统规划》，也有单独编制《步行系统规划》《自行车系统规划》，还有针对性的《公共自行车布点规划》《人行立体过街设施规划》，再有《绿道系统规划》《城市公共空间规划》。不同的规划内容的侧重点有所不同，但是都应该在城市总的慢行交通分区指引下编制，且应该注重规划之间的设施建设内容的衔接与协调统一。

3.2.5 分区施策、科学发展

慢行分区和慢行单元的划分，是大多数慢行交通规划都会作为与土地利用规划相衔接的规划成果而提出的。

1）慢行分区划分

在城市基本单元基础上，按照功能、交通特征相对一致的原则，进行合并形成城市慢行分区。慢行分区以城市功能区划分为基础，以城市用地特征、安全要求、慢行出行需求特点为依据划分，各类型不同的慢行分区制定不同的慢行政策，对其所在区域内的道路、停车、慢行等各方面进行指引，以达到针对各区域的不同需求，合理配置交通资源，形成优质慢行系统的基础。

2）慢行单元划分

以城市各个地块功能、用地性质为基础研究，以机动车快速路、交通性主干路等为代表的人工环境与以河流、山体为代表的自然环境为慢行单元的分割线，划分成若干个慢行单元。

3）两种尺度的划分方法

由于步行和非机动车出行在距离上、可达性上、速度上、场景上的差异，如果笼统地谈慢行分区，一般是指包括了步行和非机动车的分区，这种情况一般是以非机动车特性为主的分区，局部强调步行的特色和要求。在城市级的慢行分区中往往属于这种情况。另外一种分区是把步行分区和非机动车分区分开，这样有利于体现两种交通方式的各自的特性以及不同的控制要求。

4）以非机动车为主的慢行分区

重点在于体现城市不同区域的非机动车（含步行）交通特征差异，明确不同分区的非机动车（含步行）交通发展对策，尤其是该区域对于慢行交通出行的政策导向，如是否需要鼓励、优化或者是否局部需要禁止，根据分区内非机动车（含步行）交通出行特征的不同，提出差异化的规划设计要求。

非机动车（含步行）分区方法应结合城市慢行交通系统总体的发展定位，重点考虑现状和规划的土地使用情况、城市空间布局、大型公共交通枢纽布局、大型公共设施布局、地形地貌、天气气候、现有人们出行特征等要素，各城市可根据具体情况确定分区类别与原则。一般可分为三类。

（1）慢行优先区。优先考虑非机动车（含步行）出行的区域，非机动车（含步行）道路网络密度高，非机动车（含步行）系统设施完善。应覆盖但不限于：城市中心区、重要公共设施周边、主要交通枢纽、城市核心商业区和政务区，以及滨海、滨水、公园、广场、医院、公共空间等人民群众聚集区等。围绕公共交通枢纽周边提供非机动车（含步行）通行适度的优先权和环境品质和接驳空间。非机动车（含步行）密度偏低或遇到铁路等重大交通设施阻隔的分区可考虑非机动车专用路建设。

（2）慢行均衡区。兼顾非机动车（含步行）和机动车出行的区域，局部结合道路交通条件突出非机动车（含步行）的特色，非机动车（含步行）道路网络密度较高，配置部分非机动车（含步行）专用设施。应覆盖但不限于：城市副中心、中等规模公共设施周边、城市一般性商业区和政务区，以及大型居住区。在城市大型居住区或居住密集区要结合路网条件，在非主要通行道路强调非机动车（含步行）的通行安全保障。

（3）慢行保障区。对非机动车（含步行）出行给予基本保障的区域，保持现有的慢行交通设施建设管理体系。主要覆盖上两类慢行交通分区以外的地区。

5）以步行为主的慢行分区

在历史街区、老城区、特色居住区、商业聚集区、接驳转换区等局部区域、步行尺度范围内的区域，可以进一步确定步行分区。步行分区方法应结合人行系统规划发展目标，重点考虑人口分布、人流聚集程度、人群出行习惯及特性分布、用地功能定位、公共交通设施分布、公共服务设施分布、交通设施条件等因素确定。步行分区一般可划分为三类。

（1）步行特色区。人流密集的城市中心区、大型公共设施周边（如大型医院、剧场、展馆）、主要交通枢纽（如对外交通设施、轨道车站、公共交通枢纽、多线路公交中途站）、城市核心功能区（如核心商业区、中心商务区和政务区）、市民活动聚集区（如滨水、绿地、公园、公共空间、广场）等。步行活动密集程度高、人流量大，强调步行交通方式的优先权，确立区域内步行空间的密度在 14 ～ 20 km/km^2，步行道平均间距在 150 m 以内，增加用地之间公共通道的规划布局，结合地块改造积极争取开放式街区布局。强调休憩设施、换乘设施的配套，适度增加步行设施建设和养护标准。鼓励新技术、新材料的使用，加强海绵理念的应用，增加步行道最小宽度要求以及步行道无障碍设施、面向弱势群体设施、适老化设施的布局，加强智能交通辅助设施的布局和服务交互。有条件的情况下应单独进行专项城市街道整体设计或步行交通设计、环境提升设计，建设高品质步行设施和环境，并通过有效的交通组织措施，合理地组织机动车交通和停车设施，尽可能与属地管理单位、地块权属单位和公共交通运营单位形成合力，共同推进区域整体环境的改善和各类步行设施的衔接，鼓励设置行人专用区，创造步行优先的街区。

（2）步行兼顾区。人流较为密集的社区中心、中等规模公共设施周边（如中小型医院、社区服务设施、为老中心、社区医院、中小学校、幼儿园）、城市一般功能区（如一般性商业区、街道、大型居住区、公交站点）等。步行活动密集程度较高，切实保障步行的安全和环境友好，在兼顾其他交通方式的同时，通过色彩、隔离、限速等方式保障步行的安全性和空间的友好状态，在重点地块周边局部加强步行设施成体系建设以及安全保障。区内大型商业、办公、公共服务设施集中的区域可根据实际需要，建立高效连通和多功能化的立体步行系统。将地面步行道、行人过街设施和公共交通、公共开放空间、建筑公共活动空间等设施有机连接，形成系统化的步行网络。协调步行与其他出行方式的关系，保障步行的基本路权，以及安全、连续、方便的基本要求，在人行道宽度、步行网络密度、过街设施间距与形式等方面体现不同分区的差异性。

（3）步行普及区。在其他区域，步行活动聚集程度较弱，要满足步行交通需求，给予步行交通基本保障。

3.2.6 图则管控、保障加强

法定图则是由城市规划主管部门每年根据城市总体规划、分区规划的要求编制，对分区内各片区的土地利用性质、开发强度、配套设施、道路交通和城市设计等方面作出的详细规定，是我国指导区域开发建设、城市更新的权威性文件。大部分法定图则的图标和规划文本中关于慢行交通系统的规定着重于立体过街通道、连廊等刚性措施上。最近几年，上海市增加了关于公共通道的要求，其中一部分对于实现连续的慢行交通系统起到了切实的推动作用，值得提倡和进一步推广。

未来法定图则中关于慢行交通出行空间、设施、相互关系方面的要求和内容，还需要进一步细化和增加。这样才能有效保障慢行交通规划各控制意图的实现，以及在空间竞争过程中慢行交通空间能够得到有效的维护。

此外，图则中对于公共交通设置的要求以及与公共交通相配套的“最后一公里”慢行空间的要求还需要进一步增加。在现有大多数图则中，对于常规公交的中途站站点位置、是否按照港湾式公交站点设置等普遍缺乏具体的要求。公交站尚不确定，更何谈与之配套的慢行空间、局部展宽、配套非机动车（尤其是共享单车）停放空间、周边地块慢行开口配套等等。可别小看了这些细小的问题，在我国大部分住宅还处在小区封闭化围墙管理的状态下，小区人行出入口和周边公交站点缺乏协调的问题层出不穷，出现了地图上看到公交站点近在咫尺，居民实际出行却要长距离绕行的问题。

3.3 “线”：百花齐放、殊路同归

慢行交通出行的“线”层所指的线性空间，是人们慢行交通出行线路所依赖的各类慢行道路载体，简称慢行道。慢行道主要是指服务于非机动车和行人通行的交通设施载体。为满足不同路径方向的通行需要，而沿不同方向交错形成慢行道交通网络。

一般意义上来讲，慢行道也是相对于快行道（通常意义的机动车道）而提出的。但近年来一些景观角度、健身角度、休闲角度的引入，使得慢行道的类型精彩纷呈。

在城市规划管理划分中，慢行道的界面并不独立，除了大部分非机动车道、人行道纳入城市道路红线系统外，在其他设施空间中也广泛分布着各类慢行道和慢行空间。但在过去若干年机动化快速发展的过程中，慢行道作为城市道路最外侧的配套设施虽然一直在建设，但仍或多或少地受到束缚，尤其是在空间受限的局部区域，往往最终也是以损失慢行空间作为临时应对方案。这是因为快速化的机动车交通对于通行条件的要求更为苛刻，而慢行交通往往具备较大的空间灵活性和弹性，但这样看似“通”的慢行道，“行”的过程的品质却在不知不觉中降低。

绿道、林荫道、健身道、品质追求、休闲要素、沿街外摆这些慢行道一点、一段、一条、一片地出现，慢行交通出行的复兴之路也越走越近。相信随着对于品质的关注、街道的归来、“最后一公里”的补短板，慢行道在城市中、在人们生活中会越来越精彩纷呈。可达性、可进入性、可停留性，我们身边的慢行道功能也会越来越丰富。

以下通过对慢行道分类、分级来梳理和初步建立慢行道系统结构体系，通过解读一些常见的慢行道，介绍不同视角、不同功能定位、不同使用需求的慢行道规划、建设、管理的差异。百花齐放的慢行道是慢行复兴的开始，更是慢行交通出行承载美好生活的起航。但不管是何种形式、何种类型的慢行道的改善与发展，最终都是为了更好地服务各类慢行交通出行者，这在根本出发点上是殊路同归的。

3.3.1 慢行道的分类

慢行道的分类，是理清慢行交通出行载体特征的重要方法，更是有效梳理并阐述当下慢行交通出行组成脉络的必要过程。

其一，按照使用对象，可分为步行道（含人行道、换乘衔接道、盲道等）、非机动车道、健身道（含休闲步道、跑步道）、比赛专用道等（图 3-7）。

这样分类不仅能够在规划、设计、建设过程中直接地针对使用对象的功能需求考虑，而且在实际的立项、建设和后续养护管理中也和现行管理体制较为吻合。

从这个脉络来看，慢行道的服务对象近些年呈现日益多元化的发展趋势，这对于丰富和推动慢行交通出行的发展来说是有益的，但同时也需考虑到当下有限的慢行空间在面临着不断增长和丰富的慢行对象涌现的情况下，势必会显得捉襟见肘。如何更好地挖掘和促进更多的公共空间的开放和使用？是需要同步配套考虑的内容。

图 3–7 按使用对象分的不同慢行道

其二，按照在城市交通体系中不同的出行目的，可分为通勤型慢行道、休闲型（或称之为生活型）慢行道。从城市交通需求来看，主要分为通勤出行和休闲（生活）出行，也称之为刚性出行和弹性出行。

通勤型慢行道主要结合城市道路体系建设成网，针对以步行和非机动车作为通勤出行方式或者换乘转换方式的慢行交通出行系统。通勤型慢行道应首先保证连续性、成网络、成体系，同时强调安全保障和适当的路权保障。必要的时候可以建设专用道以跨越某些障碍或者实现局部路权优先。随着城市出行距离的不断增加，慢行交通出行在通勤出行中的价值在维持以往中短距离的出行方式的基础上，还承担着作为公共交通出行“最后一公里”角色的组合出行的一部分。因此在通勤型慢行道规划、建设中，近期应重点关注轨道交通、地面公交、共享交通工具换乘衔接点的周边慢行道体系的提升和改善。

休闲（生活）型慢行道既可以依托于现有的城市道路系统，也可以拓展到道路沿线绿地、河道沿线、建筑后退后的公共开敞空间或规划的地块间公共通道，服务于以“生活、休闲、健身、社交”为目的地各类活动和承载活动的“城市公共空间体系”。包括线性的开放空间（如街道、滨水空间、生态廊道等），以及块状的开放空间（如公园、广场、体育场等），以打造安全、通畅、舒适、宜人的出行环境为首要。

通勤型慢行道和休闲（生活）型慢行道二者并非互相排斥或者需要完全相互独立。在当下有限的道路交通空间资源下，更新和挖潜是更加值得思考的努力方向。通勤型慢行道的未来发展脉络，在现有的通勤交通体系资源分配中要注重从可达性、连通性、通行能力角度去审视慢行通勤空间的价值，补短板是有效的近期提升做法。休闲（生活）型慢行道一方面在城市道路交通系统中，对于支路、街道、小巷、通道给出了更丰富的道路价值体系要求。另一方面对于尝试跨越道路红线的融合和拓展创造了更多的可能。

其三，按照建管主体，可分为市政道路慢行道、地块内慢行道和公共空间慢行道。

市政道路慢行道是指纳入城市道路红线的慢行道，主要以人行道、非机动车道、平面或立体过街道为主，已经纳入我国已有的规划、建设、管理、养护体系中，并且是慢行道网络体系的主要组成部分。但这类慢行道的建设往往还处在从属地位，表现为其整体网络规划还是从属于机动车道路网络，因此其整体网络对于慢行交通出行使用群体来讲，适用性和友好性还需要进一步提升。此外，亟须建立以公共交通为主体的“最后一公里”换乘交通体系为导向的市政道路慢行道的规划建设。在这个公交优先的出行体系中，强调的是局部市政慢行道的加强和承载品质、效率、安全性的进一步提升。

地块内慢行道指地块红线内具备一些公共服务属性或者开放式服务的慢行道，如近些年在规划上开始大力提倡的地块内公共通道的规划建设以及在历史街区、老城区还仍然保留着的狭窄的巷道，再如公共交通枢纽设施衔接的设施内慢行道。这些地块内慢行道丰富着城市慢行交通出行的毛细血管。但是这类慢行道的规划建设尤其是后续如何统一管理、如何确保安全以及养护主体等都尚待完善。对于这类问题的解决，思考的角度不应该是仅仅为了增加城市路网密度，而更多的应该是从完善和提升地块活力属性和商业价值，只有使地块获得良性发展的回报逻辑，才能更多、更自主地促进这类慢行道的出现。例如这几年为了促进国内循环，倡导的“夜间经济”（图 3–8），地块内部夜市的涌现（图 3–9），才是真正带动这种良性循环的发展思路。

图 3–8　沿路亮化为夜晚增添一抹亮色

图 3–9　良好的慢行环境是夜间经济的保障

公共空间慢行道是指处于绿线、蓝线范围内的慢行道体系，这类绿化空间、滨水空间以往大部分处在孤立状态，仅仅养护使用，缺乏可进入性，使其成为了一些灰色空间。其开发建设往往在原有用地性质不变的情况下，将其作为整体公共空间建设，其中慢行道起到了为公共空间与外部空间联系以及公共空间自身通行系统建立的关键作用。这类慢行道的建设需要因势利导，同时要注意安全监控、防护以及在一些特殊情况下（如特殊天气）管理、防护措施的配套，还要注意相关建设标准、养护标准的同步提升。

其四，按照断面形式，更多的是针对与其他方式（尤其是机动车方式）混合情况下的慢行道。除了独立的专用道外，可以分为机非隔离、机非混行、人非隔离、人非共板等断面形式。

一般来说，为了确保行人和非机动车通行安全，遵循各行其道原则，往往会采取隔离断面。在城市支路虽然是采取机非混行，但这是基于支路机动车流量不高、车速限制能够符合安全保障的前提下。一些大型商业综合体或综合类办公地块出入口衔接的支路，在机动车饱和度较高的情况下，如何切实有效保障非机动车的通行需要引起足够的重视，同时支路停车与非机动车通行安全之间的矛盾也需要足够的重视，为了满足机动车停车而侵占非机动车的通行路权，同时机动车停车开门给非机动车通行造成的隐患都是对于慢行交通出行长期忽视的具体体现。

一些条件受限的情况下，如在城市新城建设初期出于人非交通量不大的原因，或者城市老城区道路整治过程中，出于既有道路红线空间有限的原因，陆续出现许多人非共板的道路断面，这种断面尽管有利于人非空间的最大化利用，但同时也造成了两种不同速度交通方式混行的安全隐患。在电动自行车越来越多的当下，这种速度差造成的安全问题和安全风险越来越严重。同时人非共板断面若采用人行道板铺装会造成非机动车行驶舒适性的显著降低，往往又导致自行车尤其是电动自行车外溢到机动车道行驶，反而适得其反。此外，由于人非共板后相对较宽的空间，也使得机动车、非机动车违章停车现象更加严重。但这种断面如果能因地制宜地精细化设计与利用是能够扬长避短，发挥其应有的作用的。

在轨道交通、机动化交通支撑的城市综合体商业模式下，原有的城市商业街模式体系的活力被削弱，商业步行街需要与时俱进。除了步行街外，道路红线范围内专用的或者优先的慢行道断面体系尚不多见，在有限的城市道路交通空间内，如何重新分配慢行交通和快行交通的空间比例是值得持续深入探讨的话题。不妨换个视角，先从公交枢纽周边入手提升慢行空间配套的比例和品质。

其五，按照使用权限制情况，可分为非机动车禁止骑行（推行）路段、非机动车禁行道路、共享单车禁行（或禁停）区域等。

对于慢行交通方式，尤其是非机动车交通方式的限制，需要从区域范围系统地考虑。要重点审视采取禁行措施的目的所在，如果是为了提高机动车通行效率是值得斟酌的。尤其是在老城区或者城市中心区，这些区域机动车局部通行效率的提升无法显著改善整个出行过程效率，但如果是出于行人、非机动车安全的考虑则是十分必要的。

3.3.2 慢行道的分级

大部分慢行道是跟随城市道路建设体系同步建设，因此长期以来慢行道的分级并没有特别明确的界定，同时即使对不同等级的城市道路来说，其对应的慢行道建设差异更多地体现为由于机动车速度的不同而采取的安全隔离措施。后续随着对慢行交通出行的重视，支路、街道层次对于慢行交通出行的关注越来越多，但这个差别更多地在于内容上的差异而不是慢行级别。慢行道的分级应更多地强调因地制宜，摆脱城市道路已有的快速路、主干道、次干道、支路等级束缚，并非是原有道路等级越高慢行道等级越高。

慢行道的分级应注重和城市本身慢行出行特征的融合。如小城镇在围绕核心镇区的 5～10 km 出行半径内，能够建立多级慢行交通走廊进而形成慢行交通出行网络。但在大城市长距离的慢行交通走廊更多地适用于特定的出行场景，应该围绕已经建立起来的公共交通（尤其是轨道交通）体系展开，打造围绕轨道交通站点、常规公交枢纽、多线路常规公交中途站的 15 min 生活圈。在这种情况下慢行道的分级差异不应该还停留在其所在道路体系中的差异，而应该体现为这条慢行道与换乘枢纽的衔接紧密度、便捷度差异。

以慢行出行量差异为主导的慢行道分级。这是常规的分级体系标准，也和现有的城市道路分级体系逻辑一致，即根据出行量需求和在网络中的功能定位，考虑现状及预测的慢行交通特征、所在慢行分区、城市道路等级、周边建筑和环境、城市公共生活品质等要素综合确定分级进而形成干支体系。一般可以分为三级。

（1）一级慢行道，以满足城市（在一定尺度范围内）相邻功能组团间或组团内部较长距离的通勤联络功能为主。一级非机动车道对应非机动车流量很大，同时承担通勤联络、到发集散、服务周边等多种复合型功能，是非机动车网络的骨干通道。一级步行道，对应人流量很大，街道界面活跃度较高，是步行网络的重要构成部分。主要分布在城市相邻片区之间和片区内部通行条件较好，市民通勤联络的主要通道上，以生活性主干路、两侧开发强度较高的快速路辅路，以及自行车流量较大的次干路为主。一级慢行道主要分布在城市中心区、重要公共设施周边、主要交通枢纽、城市核心功能区、市民活动聚集区等地区的生活性主干路，人流量较大的次干路，断面条件较好、人流活动密集的支路。一般来说，一级步行道除了步行街也往往是一级非机动车道的一部分，但是由于出行尺度距离不同，一级非机动道并不一定与一级步行道重叠，尤其是在非机动车交通工具不断推陈出新的当下。因此，慢行道分级更应该注重当地慢行出行的自有特性。

围绕轨道交通站点、地面公交枢纽站和多线地面公交中途站周边直接衔接的慢行道也应列入一级慢行道范畴。但这类一级慢行道的分段起终点也和常规城市道路分级以交叉口为起终点有所不同，其要注重公共交通枢纽往往需要作为其分级的起终点才能体现出慢行与公共交通的无缝衔接。

（2）二级慢行道，以服务两侧用地建筑为主，非机动车流量或人流量较大，非机动车及人流交通行为以周边地块的到发集散为主，与两侧建筑联系紧密，但中长距离通过性非机动车交通比例较小，是慢行交通网络的重要组成部分，形态上大部分以既有道路配套慢行道为主落实规划管控。主要分布在城市主（副）中心区、各类公共设施周边、交通枢纽、大中型居住区、市民活动聚集区的次干路以及支路。

（3）三级慢行道，慢行交通流量较小，与两侧建筑联系不大，街道界面活跃度较低，慢行活动成分多为简单穿越，是慢行交通网络的延伸和补充。主要分布在两侧开发强度不高的快速路辅路、交通性主干路，以及城市外围地区、工业区等人流活动较少的地区的各类道路。

以下两点值得特别注意：第一，虽然以出行量差异为主导的慢行道分级逻辑以及方法上和传统的机动车道路分级体系相似，但不能简单地将城市干道都作为一级慢行道来划分，事实上一些城市快速路、准快速路、核心主干道由于本身道路红线宽度较大，沿路建筑规划后退较深（尤其是在近些年新开发区域）两侧慢行交通出行活动并不频繁，将其作为一级慢行道会在具体设计过程中遇到优先权到底给谁的困难。第二，慢行道分级划分的尺度要根据慢行交通出行距离尺度特征来确定。现有的道路是依据机动车特征来确定分级体系的，往往一条贯通性道路的全程都是一个等级，以便保证机动车出行的连续性。这种尺度并不适合慢行交通出行，因此慢行道分级过程出现一个路名不同路段作为不同分级是正常现象。

以慢行优先权角度的划分，具体包括：慢行专用道、路权优先慢行道、特色慢行道。

（1）慢行专用道。充分体现慢行交通出行的专属功能和路权优先。首先，其实在很多城市老城区的小巷都是慢行交通专用道（图 3–10），这类空间在城市更新中要加以保留和利用，盲目地拓宽改造，增加宽度后允许机动车通行，会得不偿失。不仅仅是破坏了原有的城市肌理，更多的是影响了街区生活氛围和出行习惯。其次是步行街，这些围绕商圈、商业街形成的步行街，是区域商业活力的重要支撑和保障，但在现代交通工具的支撑下，步行街需要不断完善这类专用道。不一定是直线型，围绕交通枢纽的环形步行街也未尝不可。再次是在衔接地铁站出入口与重要人流吸引点的通道上，力求结合交叉口过街需求建立立体慢行过街设施以及建设连续的风雨连廊，营造舒适的慢行交通环境，适当的立体慢行设施不仅能够确保优先权的实现，而且能够在高差上实现无论地上还是地下的无缝衔接。最后，一种常见的专用道是跨越铁路、河流、其他类型障碍设施的专用的慢行通道（图 3–11），或与市郊铁路、高架道路相平行或利用空间高差设置在高架下的慢行道路，这类慢行道的优先在局部区域显著增加了慢行交通出行的可达性和连通度，使其在局部区域的出行方便程度甚至可以超过机动化方式。

图 3–10　比利时公交和自行车专用路

图 3–11　北京自行车专用路

（2）路权优先慢行道。城市道路中的慢行道，路权角度往往表现为非独立路权，根据流量、功能的不同而细分为不同等级。这类慢行道建设面临最普遍的问题是断面空间的被动挤压和功能的无序叠加，这需要城市道路的功能定位重新梳理，建立快行分级和慢行分级两套分级体系，各自指导对应的道路空间建设。此外，在基地出入口、交叉口、换乘接驳口这块重要交织空间、转换空间对于慢行安全、慢行停放设施等的保障还有待加强，体现空间上、通行权上的适度优先。在居住区内部或商业密集

图 3-12　比利时居住区支路的慢行优先

图 3-13　维也纳单侧双向自行车道设置

区内部非主要道路上，适宜更多的建立以慢行出行体验和安全保障为优先的空间举措（图 3-12、图 3-13）。

（3）特色慢行道。绿道、健身道、公共空间漫步道、公共通道等，这类分属在不同规划用地类型上的，同时兼具了多种功能特色的慢行道，构成了慢行交通出行重要的补充和特色所在。但是近些年这类特色慢行道的规划建设在强调特色的同时，也需要重视作为慢行道的功能，加强对于自行车、人行定量的分析以及和长距离交通方式（公共交通、小汽车）整体衔接的考虑。

3.3.3　最为熟悉的人行道

人行道是步行的基础载体，一般是指城市道路中用路缘石或护栏，以及其他类似设施加以分隔的专供行人通行的部分，也包括在城市道路红线范围内的跨越阻隔的人行专用设施或与轨道交通接驳的人行连通道。人行道一般处在城市道路的最边缘，同时也是衔接街巷、地块内部步行空间的连接载体。由于人行道处在边界外缘，也往往是最容易被挤占和相互影响的空间，但同时也是最能够和周边融合在一起的空间，是挑战也是机遇。

图 3–14　人行道与建筑后退前区、绿化同标高衔接

图 3–15　上海市陆家嘴人行道及特色装饰井盖

人行道作为城市道路中重要的组成部分之一，随着城市的快速发展，其使用功能已不再单纯是行人通行的专用通道，它在城市发展中被赋予了新的内涵，对城市交通的疏导、城市景观的营造、人行道与建筑后退融合（图 3–14）、地下空间的利用、城市公用设施（图 3–15）的依托都发挥着重要的作用。

1）人行道最小宽度

人行道是专供行人通过的空间，其宽度是最主要的参数之一，在不同的道路等级条件及人行通行需求情况下，人行道的宽度往往是变化的，但一般会限定最小宽度（表 3–1）来满足最基本的通行需求。

人行道最小宽度的影响因素：

（1）该段人行道在慢行交通出行规划和慢行道分类、分级体系中的定位。

（2）总体人流量需求包括集聚情况，如商业及枢纽站周边等需求较大。

（3）道路设置条件，新建或改建工程，空间是否受限，遇到空间受限情况需结合具体道路情况专项分析各种交通方式的路权定位，进而确定合理的断面空间。在一些次干道、支路上，采取可变车道的组织方式，将原有的双向四车道道路改造为三车道（其中含一条可变车道），进而腾出空间增加人行道宽度。

（4）沿街的设施情况，在有条件的情况下，步行道可考虑一定的横向安全空间，这样的空间可以作为绿化、小品、设施的布置空间。也可以作为垃圾收集站和消防栓等设施空间。

表 3–1　我国及部分其他国家对于人行道最小宽度要求

依据	内容	设置条件	要点备注
《城市道路工程设计规范》（CJJ 37—2012）	第 5.3.4 条　人行道最小宽度	商业或公共场所集中路段：一般值 5.0 m；最小值 4.0 m	各级道路：最小宽度 2.0m
		各级道路：一般值 3.0 m；最小值 2.0 m	
		火车站、码头附近路段：一般值 5.0 m；最小值 4.0 m	
		长途汽车站：一般值 4.0 m；最小值 3.0 m	
	第 9.2.6 条　步行街设计规定	宽度可采用 10.0 ～ 15.0 m	
《城市道路设计规范》（DGJ 08—2106—2012）	第 5.3.3 条　人行通道最小宽度	商业文化中心区、大型商店或大型公共文化机构集中路段：一般值 5.0 m；最小值 4.0 m	各级道路：最小宽度 2.0 m，改建人行道及条件受限，最小宽度 1.8 m
		各级道路：一般值 3.0 m；最小值 2.0 m	
		火车站、码头附近路段：一般值 5.0 m；最小值 4.0 m	
		轨道交通站、长途汽车站：一般值 4.0 m；最小值 4.0 m	
	第 9.2.3 条　改建人行道宽度	新建或改建人行通道应符合第 5.3.3 条的规定 改建人行通道 + 条件受限，最小宽度可减小，不小于 1.8 m	
	第 10.3.2 条　盲道设计规范	人行道宽度小于 3.0 m 或人行通道宽度小于 1.5 m 可不设盲道	
《上海市精细化道路创建导则》	第 2.1.2 条　人行道一般要求	人行道有效宽度不宜小于 1.8 m	宜≥ 1.8 m
	第 2.2.4 条　人行道盲道设置	通行宽度＜ 2.0 m 的人行道不宜设置行进盲道	
《北京市慢行交通系统设计导则研究》	人行道最小宽度	各级道路：大城市 3.0 m；小城市 2.0 m	分类型要求，各级道路最小 2.0 m
		商业文化中心区、大型商店或大型公共文化机构集中路段：大城市：5.0 m；小城市：4.0 m	
		火车站、码头附近路段：5.0 m；最小值 4.0 m	
		长途汽车站：大城市 4.0 m；小城市 4.0 m	
《城市步行和自行车系统建设导则》	第 4.3.6 条　各级步行街的路侧带单侧宽度要求	一级：4.5～8.0 m	步行街分级要求，最小 2.5 m
		二级：3.0～6.0 m	
		三级：2.5～4.0 m	

续表

依据	内容	设置条件	要点备注
《上海市街道设计导则》	P60 步行通行区宽度推荐值	临围墙的人行道 1.5～2.5 m	分类型要求，最小 1.5 m
		临非积极街墙界面人行道 3.0 m	
		临积极界面或主要公交走廊沿线人行道 4.0 m	
		主要商业街，轨道交通站点出入口周边 5.0 m	
		主要商业街结合轨道交通出入口位置 6.0 m	
	P60 步行通行区宽度推荐值	主、次干路两侧人行道加宽 0.5～1 m（减少快速通过的机动车给行人带来的不安全感）	
	P63 设施带宽度	1.5～2.0 m	
	P63 建筑前区宽度建议	以展示橱窗、贩卖窗口为主 0.5～1.0 m	分类型要求，最小 1.5 m
		进行室外商品展示，设置室外餐饮 1.5～2.0 m	
		餐饮特色街道 3.0～5.0 m	
美国 *NACTO Urban Street Design Guide*		最小为 1.5 m，一般情况下为 1.8 m	
日本《道路構造令》		最小 2.0 m	
英国 *London STREETSCAPE GUIDANCE (2017 Revision)*		最小 1.5 m	

人行道的宽度，并不是规定最小宽度就能够解决的，最小宽度只是从整体上保障步行空间的最低要求。在慢行交通出行过程中，从精细化治理角度，会遇到“该宽的不宽、不该宽的很宽”的尴尬现象以及突然变窄，局部和路侧设施挤占、沿路开店之间的干扰等问题。这些问题的解决，需要在前期设计、后期养护等阶段精细化交通设计的开展和引入。例如在道路设计前开展类似于城市设计的城市交通设计，确定更为合理的红线关系和融合条件，进而为后续道路设计提供依据和指导。并在这个阶段交通设计中协调与沿路地块、绿化等空间的融合，以更好地解决局部空间受限的矛盾。

2）人行道的隔离方式

人行道与其他道路的隔离方式应综合考虑步行道路是否专用、道路横断面宽度、机动车车速与流量、两侧建筑环境等因素，并注重以下要求：

（1）步行专用道应采取有效的管理措施禁止机动车进入，允许自行车通行的，应与自行车之间采取必要的隔离措施。

（2）步行道应和相邻的机动车或自行车道物理隔离，可采取绿化隔离带隔离、设施带隔离、高差隔离等。

（3）应慎重采用人行道与自行车道共板断面，若共板设置，应对行人安全保障做专项研究和应对。

3）人行道的路拱与横坡

对于路拱的使用不仅仅停留在道路设计层面，还可以体现在人行道优先的措施，通过路拱抬高，减低通过区域的其他车辆的通行速度，增强行人通过的便捷性和优先条件。也为无障碍通行提供了更好的环境条件。

（1）人行道的横坡应根据路面宽度、路面类型、纵坡及气候条件确定，宜采用 1.0%～2.0%。快速路及降雨量大的地区宜采用 1.5%～2.0%；严寒积雪地区、透水路面宜采用 1.0%～1.5%。保护性路肩横坡度可比路面横坡度加大 1.0%。

（2）人行道宜采用单向横坡。

图 3–16　较大高差处设置台阶

4）人行道的纵坡与台阶

道路最小纵坡不应小于 0.3%，当遇到特殊困难纵坡小于 0.3% 时，应设置锯齿形边沟或采取其他排水设施。

考虑到休闲慢行道类型比较丰富，各类情况的需求也不一样，可因地制宜。在桥台等高差较大处，可设置台阶解决竖向交通见图 3–16。

5）人行道的垂直方向最小净空

一般建议人行道的垂直方向最小净空控制在 2.4 m。对于在人体肩膀高度的障碍物，如建筑的外墙、栏杆、栅栏应考虑 1.0 m 左右的退后距离。同时，建筑需考虑外墙落物的防护。在沿河步道等处，为实现贯通而在现有桥下通过不满足最小净空要求的，应做好提示和安全防护。

6）人行道的设施带与外延空间

从步行者体验角度，人行道关注的视野应包括人行空间、绿化带、设施带，沿街界面、外摆、纵向连通道等构成的外延立体空间，如图 3–17 所示。

图 3-17　上海沿街外摆空间的融合

图 3-18　比利时设施带与外延空间的融合

人行道的两侧往往都可能布置绿化带，人行道朝向道路内侧的绿化带或者树池往往是起到林荫覆盖以及与非机动车隔离的作用，这个空间要注意树池避免翘起影响行人通行安全，此外，可以适当布置一些休息设施。人行道朝向道路外侧的绿化带应考虑人行道延伸至其中形成融合效应。

对于沿街面尤其还是商业沿街界面，需要从整个街区立体空间角度综合考虑人行道的宽度与衔接布置（图 3-18），同时要适当留出行人驻足空间。

7）人非共板断面

人非共板设计模式的人行道与非机动车道之间无高差，可以互相利用空间，通过铺筑不同的路面结构区分人行道和非机动车道，以实现各自功能。人非共板断面并非提倡的道路断面标准形式，最终形成人非共板断面设置往往有城市规划、道路建设、交通管理以及发展阶段等多方面的历史原因。交通功能为主、生活服务功能较为弱化的城市道路，一般慢行交通通行量较少，不易形成相互通行的干扰或工业园区内部道路，如道路两侧的用地性质为工业、物流、仓储。慢行交通较少或老城区改建道路、受城市用地空间的限制，可采用人非共板断面。对于现状绿化、管线的保留都是有利的，但应采取相应措施，如设置机非隔离、加强交通管制等，避免非机动车外溢对机动车的通行产生影响，对非机动车自身造成安全风险。

优点为节约空间资源。为了互相借用车道，人非共板断面的宽度一般比单独非机动车道加人行道的宽度小。在老路改建道路中，在既有红线拓宽受到限制的条件下，为增加机动车道或拓宽交叉口车道数，以往除了可以压缩绿化带宽度外，还会倾向于采用人非共板断面，以节约道路空间资源。由于非机动车与机动车的速度差过大，不宜采用机非混行，为避免非机动车与机动车的干扰，将非机动交通与人行交通放在单幅路面上，成为某种情况下可以考虑的断面安排。

缺点为断面宽度受限。人非共板断面设置形式的采用通常是为了提供更多机动车的通行空间，所以人非共板断面宽度通常会比独立设置的人行道和非机动车道窄，可能会直接影响到正常的慢行活动空间，加之通常会受到两侧商铺设施的占用，加剧挤占人非空间。面临新的“安全性”问题：近年来，电动自行车在城市中大量增加，其行驶速度远快于一般自行车，更快于行人的步速，是介于机动车与人力非机动车之间的新型交通工具。这种交通工具出现以来，已经成为慢行交通安全事故的重要原因之一，因此有必要重新审视人非共板断面的合理性和安全防护要求。

3.3.4 风靡一时的步行专用道（步行街）

现代商业步行街是为了不受机动车通行干扰，集中商业活动、活跃商业氛围，在 20 世纪初到 50 年代逐步兴起。这类步行街可分为专用步行街、公交步行街和准步行街三种类型。

步行专用道主要包括如下类型道路或通道空间。空间上独立于城市道路的步行专用通道：如公园、广场、景区内的步行通道，滨江地区的步行专用通道或绿道。通过管理手段、铺装差异等措施禁止（或分时段禁止）除步行外的交通方式通行的各类通道：例如商业步行街。不具备机动车通行条件但步行可以通过的各类通道：如宽度较窄的弄巷、街坊内部通道。建筑物及其他城市设施之间相连接的立体步行系统或其他形式的步行专用通道。

1）步行街

步行街限制任何机动车通行，通过路面铺装、限行管制、路面线形设计等使得除了消防车、垃圾清扫车以外，其他车辆不得通行。能最大限度地保证步行活动不受干扰，同时能容纳大规模的步行客流和安全专属的步行环境，空间设计自由度最大。专用步行街有两种类型：一是旧城原有穿越商业区的街道通过交通管理或改造而成的步行街；二是在旧城新区或新城的中心区新建的步行街。其中第一种类型的步行街较为普遍，如日本大阪心斋桥、道顿堀，中国上海南京路和杭州信义坊等。

案例 10 独具特色的日本大阪心斋桥和道顿堀

心斋桥位于日本大阪府大阪市，建造于 1622 年，原为一座长约 35 m、宽约 4 m 的木桥，如今已成为日本最大的购物街区也是大阪的热门打卡点。

心斋桥是以带有拱廊设施的心斋桥筋商店街为中心发展起来的，总长度不到 700 m，集中了大型百货店、百年老铺、面向平民的各种精品屋和专卖店。人行道以石板铺就，与成排的砖造建筑相呼应，格调高雅，透明的拱廊挡雨遮阳却很透光，从心斋桥筋头走到尾需要 2～3 h，给人舒适、放松的步行购物环境与体验（图 3–19）。

图 3–19　日本大阪心斋桥专用步行街

道顿堀位于日本大阪心斋桥附近，是沿着道顿堀川南岸的一大繁华街区。心斋桥主要以服饰、特色商品等为主，而道顿堀则是以美食居多，街道两旁的各色餐馆和酒吧鳞次栉比，全长约 600 m，是大阪美食的代表地点（图 3–20）。

图 3–20　日本大阪道顿堀专用步行街

2）公交步行街

公交步行街在国外比较常见，是禁止公共交通之外（公共汽车、电车、轨道列车、出租车）的其他机动车通行。通过降低车速、加宽街道等方式，既保证对外交通通达能力，又最大限度降低小汽车通行，此时步行与公交车行在空间上有一定隔离，这类公交步行街通常位于城市中心区，规模及尺度较大。

公交步行街弥补了步行街在对外可达性上的劣势，为步行街客流的聚散创造了条件。如上海南京路步行街既获得了轨道交通支撑，同时也保留了地面电瓶车的运输服务，因此南京路步行街始终保持着活力，而有些城市的步行街由于缺乏机动化的配套和活力支撑而日渐没落。但并非所有城市步行街都适合或者具备轨道交通建设条件，在这种情况下有特色公共交通线路也是不错的选择。

公交步行街是非常值得尝试和鼓励的发展模式，其发展在我国还需要大胆的创新，如步行街上运营的公交线路需要具备更大的灵活性，无论在车辆、车型选择还是在上下客模式上。此外，步行街上公交运营的属性定位和运营主体，以及和智能网联技术的结合，都是需要改变和创新尝试之处。相信随着无人驾驶技术的发展，步行与特种服务车辆在一定场景下的融合必将营造新的出行模式与体验。

案例 11 领略美国丹佛十六街与上海南京路的公交步行街

十六街位于丹佛市中心的零售商业区，邻近城市主要的金融和就业中心，是一条兼顾步行和公共交通通行路权的商业街，街道周边有商店、餐厅、电影院及各种开放空间设施（图 3–21）。十六街为行人步行区，两端是公共汽车交通转运站，两个车站间的街区的人流则通过免费街区接驳公车往返，街区内禁止私人车辆进入，仅允许如紧急救援车辆等进入。

图 3–21 美国丹佛十六街公交商业步行街

图 3–22 所示为上海南京路步行街，位于上海市黄浦区，西起西藏中路，东至河南中路，全长 1 033 m，道路宽度按两侧建筑之间的距离确定，最宽处约 30 m，最窄处约 18 m。道路中心线偏北 1.3 m 处设 4.2 m 宽“金带”，将“金带”的南边线作为路脊线，路脊线以南设 7 m 宽的观光车道，“金带”贯穿于整条步行街，集中布置城市公共设施，作为步行街的休闲停留空间与其两侧的步行空间形成强烈的动静对比。“金带”布置以 75 m 的长度为一个标准单元，留出足够的南北向步行空间，让游人自由穿越“金带”。

图 3-22　上海南京路专用步行街

目前南京路步行街已进一步向东西两侧延伸，形成较大范围的步行街区。其地下有轨道交通 2 号线，以轨道交通网络建成为前提，保留现有的道路网，构成机动车环路，以解决步行区穿越交通的矛盾。

3）准步行街

步行街的人流量往往和两侧商业的经营时间而变化，有一定的潮汐特性。对于一些本身路网并不丰富的地区，在人流量不大的时段允许机动车通行，能够一定程度上增加路网通行效率。一般常见的是上午十时到晚上十时限制机动车通行，其余时段则不作限制，是商业区主要交通道路的管理方式，街道上步行区域与车行区域清晰划分，以避免不限行时交通安全问题的出现，这类步行街设置区位与规模有较强的灵活性，既可以设置在城市中心地区，也可以设置在城郊局部地段。这类准步行街以往经常遇到的监管困难、切换秩序混乱的问题，相信也会随着城市智慧化设施的不断增加和智能化水平的不断完善而解决。

案例 12　香港铜锣湾与东京银座的准步行街

香港铜锣湾位于香港岛的中心北岸之西，是香港的主要商业及娱乐场所的集中地（图 3-23）。其附近多条街道根据人流及车流分布实行不同的交通管制方式，如渣甸坊是铜锣湾的一条行人专用街道，以露天街市、衣物、配件为主；渣甸街是一条自西向东的单行道，以小巴站最为著名；骆克道靠近铜锣湾的一段在周末及节假日禁止车辆通行，成为准步行街。

日本东京银座是东京最具有代表性的繁华街区，有“东京的心脏”之称（图 3-24）。银座大道全长 1.5 km，两侧人行道宽阔，自 1970 年 8 月以来，实施星期天和节假日禁止任何车辆通行的制度，成为准步行商业街，街上有许多茶座，游客可以坐在街心饮茶谈天。

图 3–23　香港铜锣湾商业街实景图

图 3–24　东京银座准步行街实景图

以上几类步行专用道，体现了在某些城市活动场景中慢行交通出行的重要性和优先性，要特别注意的是这种步行专用道的生命力不单单体现在慢行出行优先的维度，也体现在步行专用道与两侧地块之间融合成一体的程度。因此这类步行专用道、步行街活力的提升需要两侧地块产业更新与升级相结合，交通与产业的融合、动线的匹配与衔接、驻足点的规划与主题活动的匹配这些方面应该进一步得到重视和加强。

此外，近些年随着城市综合体的出现，线性商业带面临着点状商业综合体的冲击，以轨道交通站点为核心的商圈经济崭露头角、活力四射。这类商圈的出现对于慢行交通出行的集约性更佳、聚集性更强，会出现高峰期局部（尤其是步行连廊、过街、连通道）区域的双向人流汇聚，这类聚集的区域的交通组织与安全防范就显得尤为重要。

步行与两侧的商业、休闲设施能够起到意想不到的“化学反应”，这是以往步行商业街广泛发展的原因。但处在连通轨道交通和周边地块的连廊却存在休闲慢行交通出行和通勤慢行交通出行两种类型的交通流，二者在缺乏足够的空间条件下，会相互干扰和影响，这是需要加以重视之处。

3.3.5 夹缝中发展的非机动车道

非机动车道是指公路、城市道路上的车行道上自右侧人行道侧石到第一条车辆分道线（或隔离带、墩）之间或者在人行道上划出的车道，除特殊情况外，专供非机动车行驶。一般存在隔离车道、机非混行车道、人非混行车道三种形式。由此可见在城市道路断面布置中，非机动车本身就处在内侧机动车道、外侧人行道的“夹缝”之中。此外，在机动车道外侧的非机动车道还会受到沿路停车泊位车辆、临停车辆、公交车站、临时出租车上下客等的影响，其在空间资源上可谓处在“夹缝”之中。

1）合理布设非机动车道

应注重充分考虑非机动车出行需求和通行空间，即结合城市用地功能布局和道路系统，分区域、分层次进行非机动车道系统设计，合理布设非机动车道，规划道路断面形式应充分预留非机动车道设置条件，从而逐步形成连续的非机动车道路网络系统。

汽车、非机动车、行人等各种交通方式均有各自的特性。从交通安全顺畅、行车与步行舒适要求等考虑，最好能各行其道。但往往由于经济或用地与工程方面的考虑，在交通量不大时，非机动车常常需要与其他方式共同处于一个断面或一条车道，当某一方式达到一定数量之后，矛盾就日益激化，于是采用标志、标线或在路面上划线或设置隔离墩，将道路划分几个部分进行分流。对于机非混行、人非混行断面要保证融合后的宽度不小于各自最小宽度叠加之和，同时随着近些年彩色铺装材料的涌现，尽可能通过色彩进行路权的区分。

在新建城市道路中，主次干路按规范标准，设置独立的非机动车道，机、非之间设置绿化隔离带分隔，在路口根据用地条件对非机动车道进口道进行展宽设计，设有信号灯（主要路口设有自行车专用信号灯）和违法监测系统、交通监视系统，使得非机动车道路在路段连续、有序通过。

在城市支路上，由于规划红线宽度有限，一般通过划线分隔的方式，通过交通标线在路面每侧隔离出 1.5～3.5 m 的非机动车道：在规划红线宽度较窄的支路（双向通行路面宽度 7～9 m）和级别更低的居住小区内道路（路面宽度 7 m 以内），采用非机动车和机动车共用车道方式组织交通，对于非机动车通行量较大的路段建议采取彩色铺装、标识路权。

重视非机动车通行量以及通行车型需求。非机动车通行的外溢效应明显，当其通行车道宽度不足时，在出现类似机动车的排队堆积现象的同时也会同步出现车流外溢到机动车道、人行道的现象，这类外溢会极大干扰其他交通方式的通行效率也会形成更多的安全风险。重视该类非机动车道在慢行交通规划和慢行道分类分级体系中的定位，尤其需要注意该类非机动车道所承载非机动车平均出行距离和功能需求。

新建道路要结合轨道交通站点、公交枢纽站、公交中途站规划预留共享单车停放空间。

2）非机动车道的通行能力

各国对非机动车道通行能力的估计如表 3–2～表 3–7 所示。

（1）日本非机动车道通行能力

表 3–2　日本非机动车道设计通行能力及设计速度

非机动车类型	基本通行能力（辆 /h）（A）	规划修正系数（B）	行人修正系数（400 人 /h）（C）	设计通行能力（辆 /h/2 车道）（A×B×C）	设计速度（km/h）
A 种非机动车道	2 000（2 车道）	1	0.8	1 600	15
	3 000（3 车道）	1	0.8	2 400	
B 种非机动车道	2 000（2 车道）	0.8	0.8	1 300	30
	3 000（3 车道）	0.8	0.8	2 000	

（2）德国非机动车道通行能力

表 3–3　德国非机动车通行能力

项目	车道数	通行能力（辆 /h）	项目	车道数	通行能力（辆 /h）
单向交通	2	2 000	双向交通	2	1 500
	3	3 500		3	2 500
				4	4 000

（3）美国非机动车道的设计通行能力

表 3-4　美国非机动车设施单向和双向的流量调查

设施类型	车道数	调查到的交通量范围非机动车数（辆 /h）	备注
单向非机动车道或非机动车专用道	1	1 700 ～ 2 530	加利福尼亚大学
	2	2000 ～ 5 000	
	3	3 500 ～ 5 000	
双向非机动车专用道	1	850 ～ 1 000	
	2	500 ～ 2 000	
	3	1 700 ～ 5 000	
	4	4 000 ～ 10 000	

（4）我国的非机动车道通行能力

我国《城市道路设计规范》(CJJ 37—2012）中对非机动车道通行能力计算具体表述如下。

不受平面交叉口影响的一条自行车道的路段设计通行能力，当有机非分隔设施时，应取 1 600～1 800 辆 /h；当无分隔时，应取 1 400～1 600 辆 /h。

受平面交叉口影响的一条自行车道的路段设计通行能力，当有机非分隔设施时，应取 1 000～1 200 辆 /h；当无分隔时，应取 800～1 000 辆 /h。

信号交叉口进口道一条自行车道的设计通行能力可取为 800～1 000 辆 /h。

路段自行车服务水平分级标准应符合表 3-5 的规定，设计时宜采用三级服务水平。

表 3-5　自行车道路段服务水平

指标 \ 服务水平	一级（自由骑行）	二级（稳定骑行）	三级（骑行受限）	四级（间接骑行）
骑行速度（km/h）	＞ 20	15 ～ 20	10 ～ 15	5 ～ 10
占用道路面积（m^2）	＞ 7	5 ～ 7	3 ～ 5	＜ 3
负荷度	＜ 0.40	0.55 ～ 0.70	0.70 ～ 0.85	＞ 0.85

交叉口自行车服务水平分级标准应符合表 3-6 的规定，设计时宜采用三级服务水平。

表 3–6 自行车道交叉口服务水平

服务水平 指标	一级	二级	三级	四级
停车延误时间（s）	＜40	40～60	60～90	＞90
通过交叉口骑行速度（km/h）	＞13	9～13	6～9	4～6
负荷度	＜0.7	0.7～0.8	0.8～0.9	＞0.9
路口停车率	＜30%	30%～40%	40%～50%	＞50%
占用道路面积（m^2）	6～8	4～6	2～4	＜2

信号交叉口进口道的一条非机动车道的设计通行能力为 1 000 标准车当量 /（h • m）。

环形交叉口机动车车道的设计与相应非机动车数见表 3–7。

表 3–7 环形交叉口机动车道设计参数

机动车道设计通行能力（标准车当量数 /h）	2 700	2 400	2 000	1 750	1 600	1 350
相应的非机动车数（辆 /h）	2 000	5 000	10 000	13 000	15 000	17 000

3）非机动车道的最小宽度

保障非机动车道最小宽度是对于本就处在夹缝之中的非机动车通行的基本要求，如表 3–8、表 3–9、表 3–10 所示。非机动车道最小宽度要根据自行车交通流量以及交通流的构成，尤其是要注意电动自行车的构成比例。

表 3–8 不同等级的非机动车道宽度要求

等级	非机动车道宽度（m）	说明
1	3.5～6.0（及以上）	可容纳多股非机动车流（包括自行车、电动车、三轮车等），可作为容纳一至两条机动车车道的辅道； 主要用于城市主干道，易诱导机动车驶入，非必要情况不宜选用，或清晰界定机动车驶入时的行驶空间
2	3.0～3.5	可容纳三股自行车流，或一股自行车及一股电动自行车，或双向行驶的非机动车道，可容纳一条机动车道的辅道； 适宜作为独立的非机动车道的断面形式，可用于城市次干道，一般情况下应该采取措施避免机动车驶入

续表

等级	非机动车道宽度（m）	说明
3	1.5 ～ 3.0	一股至两股自行车流，或一股电动自行车车流的非机动车道； 较适宜作为独立的非机动车道的断面形式，可用于支路，一般情况下机动车不会驶入
4	1.25 ～ 1.50	机非混行下非机动车道的最小宽度

表 3–9　各类规范中对于最小非机动车道宽度要求

依据	内容	设置条件	要点备注
《城市道路工程设计规范》（CJJ 37—2012）	第 5.3.3 条 非机动车道宽度应符合规定	一条非机动车道宽度 自行车 1.0 m；三轮车 2.0 m	机非共板时，宽度不小于 2.5 m
		非机动车与机动车合并设置时，车道数单向不小于两条，宽度不应小于 2.5 m	
《城市道路交通规划设计规范》（GB 50220—95）	第 4.3.1 条	最小 1.5 m（自行车道数量应按照自行车高峰小时交通量确定）	最小宽度 1.5 m
《城市道路设计规范》（DGJ 08—2106—2012）	第 5.3.2 条 非机动车道宽度应符合规定	以自行车为代表，一条非机动车道宽度 1.0 m	最少设置单条车道，最小宽度 1.5 m
		非机动车宽度为几条自行车道宽度及两侧各 0.25 m 路缘带宽度	
	第 9.3.3 条 非机动车道宽度	非机动车专用路路面宽度，单向不宜小于 3.5 m，双向不宜小于 4.5 m	

表 3–10　国内外部分相关导则对于最小非机动车道宽度的要求

依据	内容及设置要求
《上海市精细化道路创建导则》	第 3.2.2 条 非机动车道宽度：非机动车道不宜小于 2.5 m，困难情况下最小宽度可压缩至 1.5 m
《北京城区行人和非机动车交通系统设计导则》	1.5～2.0 m（当自行车流量小于 1 000 辆 /h）
美国 *AASHTO Guide For The Development Of Bicycle Facilities*	最小 1.5 m
日本《安全で快適な自転車利用環境創出ガイドライン》	最小 1.5 m
英国 *London Cycling Design Standards*	最小 1.5 m（全天非机动车流量小于 1 600 辆 /h）

4）非机动车道的纵坡及坡长

非机动车道纵坡宜小于 2.5%；当大于或等于 2.5% 时，纵坡最大坡长应符合如下规定，见表 3–11。

表 3–11　非机动车道不同坡度下的最大坡长

纵坡		3.5%	3.0%	2.5%
最大坡长（m）	自行车	150	200	300
	三轮车		100	150

非机动车爬坡能力低，且持续爬坡体力消耗大，在有骑行功能的慢行道上，应按骑行道的纵坡要求进行控制。非机动车车行道纵坡度宜小于 2.5%，大于或等于 2.5% 时，应按表 3–11 规定限制坡长。非机动车车行道纵坡度大于 2.5%，宜采取下车推行的管理要求。在具备条件的情况下，遇到基地出入口两侧非机动车道采用缓坡设计能够更好地保持非机动车骑行的连续性，如图 3–25 所示。

图 3–25　非机动车道缓坡设计

5）非机动车道的横向安全间隙见表 3–12

表 3–12　美国有关非机动车横向安全间隙的要求

说明	横向最小安全间隙
车道边至障碍物横向安全距离	0.2 ～ 0.5 m
非机动车道与人行道在同一平面上车道边至缘石间距	0.5 ～ 0.7 m
非机动车道与车行道在同一平面上车道边至缘石间距	0.5 m
非机动车道路路堤边坡小于 2：1 时路间宽度	0.3 m
对于软弱路肩的最小加宽度值（非机动车道）	0.5 m

3.3.6 更佳体验的自行车专用路

骑自行车是中短距离出行便捷、低碳、环保、健康的出行方式。许多国际化大都市非常注重自行车交通的发展，拉开从“四个轮子”回归到“两个轮子”的“双轮革命”序幕。《住房和城乡建设部关于开展人行道净化和自行车专用道建设工作的意见》提出自行车专用道网络化发展理念，首次从顶层设计明确自行车专用道是自行车出行的网络有机组成部分。

非机动车专用路指空间上独立于市政道路的非机动车专用通道。往往设置在城市和郊区道路系统中以及通往旅游区或某些特定地区的道路中，专门供非机动车行驶的道路。在非机动车专用路上，禁止机动车通行，以保障非机动车交通的安全。

（1）如公园、景区及滨水的非机动车专用通道和非机动车绿道等。

（2）通过管理手段、铺装差异等措施禁止（或分时段禁止）除非机动车和步行交通之外的交通方式通行的各类道路，允许非机动车通行的步行街区等。

（3）断面上不具备机动车通行条件，但非机动车可以通行的各类通道，如断面较窄的里弄、街坊路、小区路等（图 3–26）。

图 3–26　上海日月光百货旁双向非机动车专用路

（4）其他形式的非机动车专用通道。利用高架桥梁桥下空间形成复合走廊或者新建高架自行车专用通道跨越铁路、河流、高速公路等障碍。在一些特殊区域道路改造条件不足、自行车道系统断点处（如城市立交、江河湖等节点处），可考虑采用高架的形式设置自行车专用路。通过结合道路绿化带、沿线建筑或跨江、河、湖段设置高架自行车专用路，可实现自行车交通的安全、快速、舒适通行，尤其适用于解决主要道路节点的“瓶颈”问题，从而保证自行车道系统的有效性和连续性。

欧洲一些国家较早就开始了自行车专用路的规划建设，尤其是对于中心城区和周边组团之间，利用铁路沿线废弃用地开辟的专供非机动车通行的道路，并通过基础设施建设解决难点地区的跨越。但是，国外近些年兴起的自行车高速路并不在我们讨论的范畴，这类以追求 25 km/h 以上速度行驶的自行车高速路，其作为解决通勤问题的一种方式，在行驶特性、安全防护、管理约束等方面都需要专题研究。

今后自行车专用路的发展在以下几个方面应加强。

第一，科学规划自行车专用路。依据城市综合交通体系规划，衔接城市轨道交通、公共交通等专项规划，科学编制自行车专用路规划，构建连续、通畅、安全的自行车专用路网络。在市政道路红线内设置自行车专用路，有效串联重要商业区、大型居住区、集中办公区、城市公园等，满足群众短途通勤和接驳公共交通的需求。因地制宜规划路权专有、封闭隔离、安全通行的独立自行车专用路。依托城市绿道，规划以休闲、休憩、健身为主要功能的自行车专用路。

第二，统筹建设自行车专用路。以群众实际出行需求和意愿为导向，依据自行车专用路规划，结合城市道路建设和改造计划，成片、成批、成网统筹建设自行车专用路。自行车专用路可采用绿化带、护栏等形式与机动车道隔离。独立自行车专用路可根据实际选择地面、高架或地下等建设形式，合理配置出入口和停车点，安装必要的安全围护设施，保障道路坡度的平缓，确保骑行安全快捷顺畅。依托绿道建设的自行车专用路要按照生态优先、适地适树、地域特色的原则，营造环境优美、体现文化特色的骑行环境，并配套建设具备休憩、交通换乘、综合服务设施。

第三，强化自行车专用路管理。制定加强自行车专用路管理的制度措施，建立健全多部门协同管理的工作机制。严格整治违规停放机动车和摆放设施设备等非法占用自行车专用路的行为，严禁挤占自行车专用路拓宽机动车道，保障自行车专用路有效通行宽度。完善自行车专用路的标识、监控系统，禁止机动车进入自行车专用路，保障自行车路权。

对于非机动车道发展处于初级阶段的城市，重在明确自行车交通的地位，补足短板，形成体系。对于非机动车道发展处于中级阶段的城市，需要进一步提升品质，如自行车交通安全、效率和骑行体验。在保持好既有非机动车道体系基础上，借鉴北京、厦门成功经验，结合自身条件打造空间独立、连续通畅的自行车专用路，作为更高级别的自行车道路交通设施——承接地面非机动车道系统集散的自行车流，发挥骨架通道作用（消除交叉口延误），比地面骑行更安全、效率更高、体验更好，从而激发自行车交通应有的吸引力、竞争力，在城市交通中发挥更积极作用。此外，基于这些城市相对广泛的群众基础、良好的自行车骑行氛围，可以在有条件地段（不限于中心城区内）与绿道建设相结合，打造一批生态优先、环境优美，突出运动健身、骑行体验的运动型自行车专用路，丰富市民自行车应用选择。但自行车专用路并非每个城市发展的必备，应因地制宜，按需设置。

案例 13　因地制宜的自行车专用路

北京的自行车高架专用路和厦门高架自行车专用路是国内近几年以立体自行车专用路的典型代表。慢行交通出行也能够体验到和机动车交通、轨道交通等相似的空间专用服务体系。

北京的自行车高架专用路的建设实现了京藏、京新高速等多个长距离阻隔点的跨越，通勤距离上得以大大缩短（图 3–27）。其解决痛点是实现了回龙观至上地两个典型职住通勤区域的慢行通行条件的显著提升。在建设该自行车高架专用路之前，两个区域，受京藏、京新高速阻隔，出行方式主要为地铁 13 号线，其他交通方式需要长距离绕行，直线距离仅 3.8 km，但通勤距离长达 6 km。而轨道交通高峰期也已不堪重负，拥堵成常态。早晚高峰排队时间较长，平均出行时间约 40 min。自行车专用路建成后全程通勤时间仅 26 min，不论是通勤距离、通勤时间还是通勤可靠度和舒适度都有了显著提升。

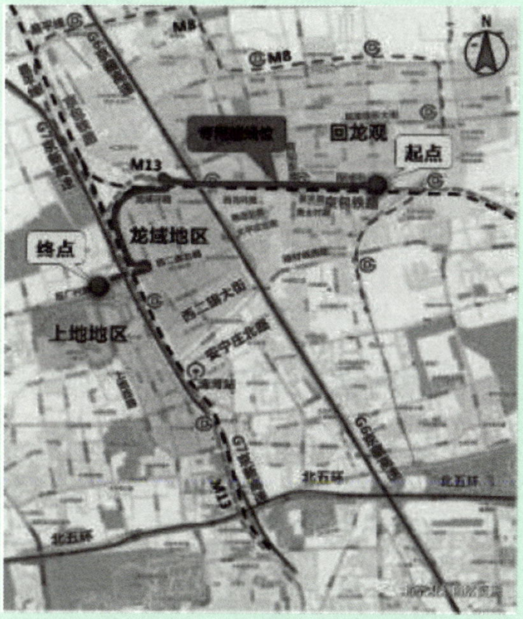

图 3–27　自行车专用路线位图

北京的自行车高架专用路一期全长 6.5 km，设计车速 20 km/h，服务对象：非助力自行车通行，禁止行人、电动自行车及其他车辆禁入（图 3–28）。出入口特征设 8 个，平均间距 780 m；出入口以直行匝道为主；出口坡道宽 1.8 m、梯道宽 1.4 m。大型停车区域应结合地铁站附近设置 1 处，利用 4 处出入匝道处斜坡下空间改造停车区，结合小区 / 企业集中区，沿路两侧布设停车区域，双层停车库停放区或电子围栏停放管理（图 3–29）。

图 3–28　缓解地铁压力解决出行难题

图 3–29　自行车专用路对于车型、车速等方面的要求

图 3–30　潮汐车道的组织适应通勤交通需求

北京的自行车高架专用路的精细化考虑：一端是传统大型居住区，另一端则集中为互联网企业。两地的交通出行具有明显的潮汐现象。潮汐车道设计：宽 6 m，“两绿＋一橙”。两绿：正常车道，自行车专用路靠右行驶；一橙：潮汐车道。潮汐开放时间：以中午 12 时为界，早高峰时段，东向西通行；晚高峰时段，西向东通行。其中，绿色的箭头表示可以通行，红色的叉号则表示禁止通行（图 3–30）。入口上下坡有助力系统（图 3–31、图 3–32）。

图 3–31　辅助上坡设施体现人文关怀

图 3–32　高架下双层立体车架满足车辆停放需求

类似的自行车、行人专用慢行桥在国外也很常见，如跨越十字路口、轨道、城市高速路或快速路、河流等，一定程度上体现了慢行优先（图 3-33）。

图 3-33　局部节点型专用桥（丹麦）

厦门利用快速公交高架下空间设置的高架自行车专用路，为自行车骑行提供了更好的空间，合理巧妙地利用了已有的空间环境条件（图 3-34）。

图 3-34　厦门自行车专用路

可见，自行车高架路的涌现体现了在提升和改善慢行交通出行环境、体验上的重视和投入的加强。也为在不同条件下提升慢行交通出行提供了更多的选择和思路。但自行车高架道路的建设要更多的考虑因地制宜，在遇到重大设施造成阻隔或与高架快速路具备合建条件情况下可以考虑采用，不宜将其作为一种通用措施。

3.3.7 魅力与舒适兼具的绿道

绿道主要依托绿带、林带、水道河网、林荫道等自然和人工绿化廊道建设，是一种具有生态保护、健康休闲和资源利用等功能的绿色线性空间。通过绿道可以串联各类郊野公园、森林公园、湿地公园、绿地林地、林荫片区等绿色空间以及历史景点、传统村落、特色街区等人文节点。《美国绿道》的定义：绿道是连接公园、自然保护地、名胜区、历史古迹等与高密度聚居区之间的开敞空间纽带。它可能沿着河滨、溪谷、山脊线等自然走廊，或是沿着用作游憩活动的废弃铁路线、沟渠、风景道路等人工走廊。从以上的概念体系来看绿道的构成体系中包括了慢行道，而慢行道中绿道又是其一种新的主要服务于休闲慢行的呈现方式和载体，二者相互融合见表 3–13。

表 3–13　欧洲绿道的基本数据一览

国家	绿道	长度 (km)	宽度 (m)	平均坡度	地表面
英国	Bristol & bath railway path	21			硬性和软性铺装
	Kirklees greenway network	28	2.5		硬性和软性铺装
	Camel trail	27			砂石道
法国	Albi-Castres greenway	44	3		砂石道
	La Perigourdine	45	3	2%	硬性和软性铺装
	La voie verte de cluny a givry	36.5	3	3%	硬性和软性铺装
	Voie verte des hautes vosges	23	3	0.53%	硬性和软性铺装
奥地利	Iron horse and bicycle greenway	13	2.5	1%	硬性和软性铺装
意大利	Greenway della martesana	35			硬性和软性铺装软性地面（沙、草等）
西班牙	Via verde del guadiana	17			硬性和软性铺装
	Via verde del aceie (tramo II:subbetica)	56			砂石道
卢森堡	Piste cyclable du centre	43			硬性和软性铺装软性地面（沙、草等）
	Trois rivieres cycle lane	110.4			硬性和软性铺装
	Piste cyclable de l'ouest	15			硬性和软性铺装
	Piste cyclable de l'alzette	42.5			硬性和软性铺装软性地面（沙、草等）
	Piste cyclable de l'attert	53.3			硬性和软性铺装

续表

国家	绿道	长度 (km)	宽度 (m)	平均坡度	地表面
卢森堡	Piste cyclable d'echternach	43.5			硬性和软性铺装
瑞典	Klaral vsbanan	90			硬性和软性铺装
捷克共和国	Moravian wine trails	1200	3	3%	硬性和软性铺装砂石道软性地面（沙、草等）
	Krakow-moravia-vienna greenway	780	3	4%	硬性和软性铺装砂石道软性地面（沙、草等）
比利时	L119-La houillere	15	3	2%	硬性和软性铺装
	L142 Namur-Hoegaarden	40			硬性和软性铺装

绿道系统发展应该结合所在地区的资源和城乡发展布局、生态环境保护、区域交通网络建设等实际情况以及各城市的发展意愿推进。20 世纪 90 年代后，绿道建设蓬勃发展。近年来随着我国对生态问题的日益关注，国内绿道建设掀起了新一轮的高潮并在自然保护、文物保护、旅游和城市规划方面起到了十分积极的意义。

在我国，“绿道”体现着景观设计学、社会学、交通学多个专业方面领域的交叉。

（1）景观设计学方面：“绿色”景观线路，一般沿着河滨、溪谷、山脊、风景道路、沟渠等自然和人工廊道建设，可供游人和骑车者徜徉其间。形成与自然生态环境密切结合的带状景观斑块走廊，促进景观生态系统内部的有效循环，同时加强各相邻景观系统之间的联系。绿廊起到保障绿道基本生态功能、营造良好景观环境作用。

（2）社会学方面：不仅在大自然中建设“绿道”，还要在民众心中铺设政府与人民群众顺畅沟通的“绿道”。为人们在健身休闲、郊野活动提供适宜的场所空间和通道条件，提高民众在精神生活上的“宜居水平”。

（3）交通学方面：指以自然要素为基础，以自然人文景观和休闲设施为串联节点，考虑可达性、舒适性、安全性并强调配套服务设施等组成的绿色开敞空间交通系统。

根据住建部《绿道规划设计导则》，绿道的分级、分类具体如下。

1）绿道分级

根据空间跨度与连接功能区域的不同，绿道分为区域级绿道、市（县）级绿道和社区级绿道三个等级，绿道规划应与各级城乡国土空间规划相衔接。

（1）区域级绿道：指连接两个及以上城市，串联区域重要自然、人文及休闲资源，对区域生态环境保护、文化资源保护利用、风景旅游网络构建，具有重要影响的绿道。

（2）市（县）级绿道：指在市（县）级行政区划范围内，连接重要功能组团、串联各类绿色开敞空间和重要自然与人文节点的绿道。

（3）社区级绿道：指城镇社区范围内，连接城乡居民点与其周边绿色开敞空间，方便社区居民就近使用的绿道。

2）绿道分类及型式

根据所处区位，绿道分为城镇型绿道和郊野型绿道两类。

（1）城镇型绿道：城镇规划建设用地范围内，主要依托和串联城镇功能组团、公园绿地、广场、防护绿地等，供市民休闲、游憩、健身、交流的绿道。

（2）郊野型绿道：城镇规划建设用地范围外，连接风景名胜区、旅游度假区、农业观光区、历史文化名镇名村、特色乡村等，供市民休闲、游憩、健身和生物迁徙等的绿道。

根据形成条件与功能的不同以及所处的环境景观风貌，绿道还可以分为五种主要型式：

（1）滨水沿河型（包括其他水体）。这种绿道极为常见，在美国通常是作为城市衰败滨水区复兴开发项目中的一部分而建立起来的。我国有丰富的河流水域资源，城市标志性水域的绿道、漫步道建设能够成为城市一抹亮丽的风景线。

（2）游憩型。通常建立在各类有一定长度的特色游步道上，主要以自然走廊为主，但也包括河渠、废弃铁路沿线及景观通道等人工走廊。

（3）自然生态型。通常都是沿着河流、小溪及山脊线建立的廊道。这类走廊为野生动物的迁移和物种的交流、自然科考及野外徒步旅行提供了良好的条件。也为郊野休闲旅游发展提供了通道保障。在我国各类古道如“徽杭古道”“茶马古道”等独特历史生态资源也属这种类型。

（4）风景名胜型。一般沿着道路、水路等路径而建，往往对各大风景名胜区起着相互联系的纽带作用。其最重要的作用就是使步行者能沿着通道方便地进入风景名胜地，或是为车游者提供一个便于下车进入风景名胜区的场所。

（5）综合型。通常是建立在诸如河谷、山脊类的自然地形中，是上述各类绿道和开敞空间的随机组合。它创造了一种有选择性的都市和地区的绿色框架，其功能具有复合性。

3）绿道的构成

绿道主要由绿廊系统、通行系统、标识系统和配套服务设施系统四部分构成。

（1）绿廊系统，包括绿带林带、街旁绿地、行道树、水体景观等一定宽度的绿化生态区域，是绿色开放空间的主要构成和支撑，是绿道系统的生态基底。

（2）通行系统，包括自行车道、步行道、轮椅通道等，是绿道的通行区域。按照使用方式的不同分为步行道、自行车道和综合慢行道三种类型。

（3）标识系统，一般包括信息、指示、规章、安全警示标识四种类型，具有解说、引导、禁止、警示、科普、宣传教育等多种功能。

（4）配套服务设施系统，包括环境卫生、照明、通讯、停车场等配套设施和租售、咨询、救护、保安等服务设施。驿站是绿道综合服务设施的一种典型形式。

4）绿道的坡度

绿道的坡度的考虑应与现有自然条件下的横坡、纵坡相匹配。针对不同类型的绿道，其坡度可参考表 3–14。在实践中，应注意绿道往往设置在郊野或者城镇公路通行区，人员较少，纵坡设置应以考虑安全为首要，尤其是可能存在冬季结冰的区域，需要考虑冬季防滑措施，见表 3–14。

表 3–14　绿道中各类慢行道的坡度设计参照标准一览表

类型	纵坡坡度参照标准		横坡坡度参照标准	
	郊野区	城镇区	郊野区	城镇区
自行车道	3% 为宜，最大不宜超过 6%	2.5% 为宜，最大不宜超过 6%	2% 为宜，最大不宜超过 4%	2% 为宜，最大不宜超过 4%
步行道	3% 为宜，最大不宜超过 12%（当纵坡坡度大于 8% 时，应辅以梯步解决竖向交通）	3% 为宜，最大不宜超过 12%（当纵坡坡度大于 8%，应辅以梯步解决竖向交通）	最大不宜超过 4%	最大不宜超过 4%
无障碍慢行道	2% 为宜，最大不宜超过 8%	2% 为宜，最大不宜超过 8%	2% 为宜，最大不宜超过 4%	2% 为宜，最大不宜超过 4%

5）绿道的宽度

绿道的宽度更多的根据其服务对象情况设置，需要注意的是绿道除了作为休闲、健身外，还往往兼具养护通道等功能，在考虑宽度时需要综合满足其各种功能的最小宽度为宜，见表 3–15。

表 3–15 绿道中各类慢行道的参考宽度

慢行道类型	类别	都市区绿道慢行道宽度的参考标准（m）	中心城区绿道慢行道宽度的参考标准（m）
步行道	依托水系的绿道系统	2.0	1.5
	依托公路的绿道系统	1.5	2.0
	依托山体的绿道系统	1.2	1.2
自行车道	依托水系的绿道系统	3.0	2.5
	依托公路的绿道系统	1.5	2.0
	依托山体的绿道系统	1.5	1.5
无障碍道	依托水系的绿道系统	1.5	1.0
	依托公路的绿道系统	1.5	1.0
	依托山体的绿道系统	1.5	1.0
综合慢行道	依托水系的绿道系统	3.5	3.5
	依托公路的绿道系统	4.0	5.0
	依托山体的绿道系统	5.0	4.0

3.3.8 炙手可热的健身道

健身道指主要供健身人群开展慢跑、健走等健身锻炼活动的慢行交通出行空间。其往往在不影响其他慢行出行活动的同时，利用河道两侧、绿地内、沿路绿带及人行道等公共空间设置。健身道面向人民群众业余健身、休闲游憩为主，兼具景观生态、交流交往功能，方便群众跑步、步行等活动，对提高城市居民的健康素质、实现基本公共服务均等化、推进和谐社会建设具有积极的意义。可以说是我国人民生活水平日益提高、人民群众对美好生活的不断追求过程中的产物，同时健身道和其他慢行道又有许多融合之处。

（1）需要良好的健身环境。休闲健身的过程需要良好的生态环境，干净清新的空气是休闲健身的重要保障。与绿道等相结合是健身道最初衍生发展的主要途径，为人民群众户外运动健身的健康生活提供了更多的休闲、生活方式，不断提升城市幸福感。但健身道相比绿道要更贴近居民小区，方便日常活动需要。

（2）需要便利的可达条件。大部分健身道受制于其用地限制，交通可达性条件稍有欠缺，随着健身休闲日常需求的增加，越来越多地需要在家门口或者某个区域增加健身空间来响应“知快守慢、张弛有序”的生活节奏需要。

（3）需要安全的保障条件。对于与城市夜间健身或者一些较为偏僻的空间，安全防范以及保障措施的要求和一般的慢行道有所区别。而与一些其他慢行在同一空间或者相邻空间的，需要注意不同慢行行为之间的相互干扰。

根据健身步道所处的设施用地的空间和功能要求，分为滨河类健身道、绿地生态（郊野型）类健身道、沿路类健身道。

图 3–35　上海张家浜休闲健身道

滨河类健身道。依托自然水岸、江河、湖等自然水体堤岸建立，为居民提供亲水休闲空间的健身道，景观品质较高如上海张家浜休闲健身道处在浦东新区中心城区，连接陆家嘴中央商务区到浦东办公中心、金桥、张江地区，沿途集景观、休憩、健身于一体的综合休闲公共空间（图 3–35）。苏州环古城河健身步道长 15.5 km，健身步道宽 1.5～2.5 m（图 3–36）。突出临水亲水的特点，配套完善各类设施。充分利用原有设施，采用透水混凝土等新材料，体现节约原则和“海绵城市”建设要求。青浦区盈浦街沿河健身步道，宽约 2 m，长约 600 m，为周边社区居民休闲健身所用（图 3–37）。

图 3–36　苏州环古城河健身步道

图 3–37　青浦区环城东路沿河健身步道

绿地生态（郊野型）健身道，主要依托和串联各类公园绿地、防护绿地、园地、湿地、农田，连接风景名胜区、旅游度假区、历史文化名镇名村、农业观光区、特色乡村等，为供居民休闲、游憩、出行、健身等的步道，还可以沿古道、登山径设立，不能满足普通自行车通行，仅供徒步及攀登。如陆家嘴中心绿地健身步道，健身步道长度约 900 m，宽度 2 m，铺设彩色沥青（图 3–38），已成为陆家嘴区域办公、居住人群健身、休闲的最佳场所，可谓闹中取静。

图 3–38　陆家嘴中心绿地健身步道

沿路类健身步道，利用市政道路人行道内公共空间建设的健身步道。如杭州滨江区闻涛路健身道，6.4 km 彩色塑胶跑道和 6.4 km 彩色骑行道跑步道（图 3–39）。

图 3–39　杭州滨江区闻涛路健身道

根据步道形状（形态）可分为线状步道、环形步道和网状步道。

线状步道，指一条拥有独立起点、终点（相互不重合）的步道。环形步道，指一条步道形成一个闭合的环形。网状步道，指多条步道交错，形成网状步道系统。值得一提的是，环形健身步道往往受欢迎程度最高，一方面是从跑步健身的角度来说，环形形成了连续、可拓展的健身环境，能够适应不同距离健身需要的人群的使用，而且能够实现连续的运动过程。另一方面是环形从任何点都可以加入进去，且最终能够在运动结束的时候回到起点，方便健身者的出行到发。图 3–40 所示是环世纪公园健身步道提升工程，其围绕世纪公园形成内圈、外圈两个跑步层次，满足了各类不同人群的健身需要，成了名副其实的“跑步天堂”。

图 3–40　世纪公园慢行步道提升工程

值得一提的是，在疫情肆虐的当下，人们对健身道的需求和开放空间下健身的可持续性，是健身道值得未来大力发展的又一基础，强健体魄，从健身道“走起”。

3.3.9　流连忘返的漫步道

城市公共空间是指那些供人们日常生活和社会生活公共使用的室外空间。包括街道、广场、居住区户外场地、公园、体育场地等；从广义的角度理解是指能够容纳和吸引人们进入并依托于该空间交流、互动、休闲的场所。漫步道是公共空间的有机组成部分，指的是可以让人以慢行交通出行的方式通行或停留的宽敞空间，起到连接空间的作用。在功能上和构成上，漫步道往往和上面提到的绿道、健身道有所重合。但不同之处在于，漫步道是公共空间的组成部分，其提供的价值除了慢行交通出行的交通价值外，还更多地体现在公共空间的整体价值。

1）黄浦江东岸滨江漫步道

浦江东岸承载了上海城市公共空间品质提升、生态环境优化和文化功能集聚等诸多诉求，其中浦东新区黄浦江东岸滨江全长 23 km，已构建“一带、多点、多楔”的滨江绿地空间结构。杨浦大桥至徐浦大桥浦东滨江段 23 km 慢行通道、滨水休憩步道已全面贯通（内部形成别具特色的跑步道、漫步道、自行车骑行道“三条道”，见图 3–41、图 3–42）；通过特色主题演绎及文化项目建设，初步形成亮点凸显、功能各异的滨江区段，进一步提升市民生活品质。通过自然生态景观建设和文化项目建设的结合，“公交优先、慢行优先、绿色优先”出行环境的构建，推进“自然、生态、人文、环保”的和谐统一。

图 3–41　东岸滨江漫步道

图 3–42　东岸滨江跑步道与自行车骑行道

2）岩骨花香慢游道

轻松走在丹崖壁立的山谷中，感受大红袍核心区的茶田，潺潺溪水，还有些地段真的有阵阵花香。也只有这地方能长出岩韵花香的正岩大红袍（图 3–43）。而漫步遇到茶，惬意油然而生。

3）苏州河 42 km 滨水漫步道

上海苏州河 42 km 滨水岸线于 2020 年底迎来贯通开放。从外白渡桥至外环线，如果说，黄浦江是上海的“会客厅”，那么苏州河就是居民的“后花园”（图 3–44）。岸线贯通，打通的不仅是物理空间，也体现了城市建设“以人为本”的共识。正所谓：“苏州河静静流淌，两岸步步是景，市民游客徜徉其间，沿苏州河承载着上海多少历史记忆，四行仓库、华东政法大学每一处都有令人回味的往事，深处其中缓缓步行，体会人民城市的高品质生活。”

4）滴水湖环湖景观带漫步道

临港新片区滴水湖环湖景观带示范段（4 ha），全长约 8 km，建有滨湖步道、人行步道、跑步道等三种不同体验的环湖路径，并包含极限自行车体验区、滑板及篮球网球运动区等七大功能分区（图 3–45、图 3–46）。

图 3–43　福建武夷山岩骨花香慢游道

图 3–44　苏州河贯通后两岸漫步道

图 3–45　内部彩色人行步道

图 3–46　内部彩色人行步道 + 跑步道

3.4 “点”：精彩纷呈、识微见远

从慢行交通出行角度认识“点”，是慢行交通出行汇聚、转换、再选择的过程。通过“点”的转换，慢行交通出行实现在连续性上（同向过街）、方向上（转向过街）、方式上（换乘）的转换，在这个转换过程既是多种交通方式汇聚的结点，又是多股交通流汇聚点和融合点。

从流量上来看是变换的过程，从空间上来看是交织的核心，从方式上来看是转换的衔接。“点”是慢行交通出行的重中之重，也是各种交通方式空间协调的难上之难，是慢行交通出行过程中出现的体验问题、安全问题、标识问题、瓶颈问题等各种各样问题的集聚处，但处理得当，也往往成为慢行交通出行的亮点和特色，所谓识微见远，从“点”可见一个城市对慢行交通出行的用心与责任心。

在这里，我们将慢行出行的“点”分为三类：过街点（穿插点）、转换点（换乘点）、驻足点（休憩点）。

过街点（也可称为穿插点），包括交叉口过街和路段过街两种类型。是慢行交通出行过程中，在和其他交通方式存在路权交织的情况下，完成交通穿插行为的过程，过街是老百姓比较容易接受的表达。这种穿插可以包括平面穿插和立体穿插两种形式。平面穿插主要采用信号灯控制、让行控制两种方式，存在于交叉口和路段两个场景。立体穿插包括地上分隔（天桥）、地下分隔（地道）两种型式。上述完成穿插行为（过街）的具体方式选择，主要考虑以下几点。

（1）慢行交通出行的过街量需求。

（2）在过街点（穿插点）处，慢行交通行为和其他交通方式行为的相互关系和干扰程度以及该点位本身的场地、空间条件。

（3）过街点（穿插点）周边存在大体量慢行交通出行诱增源（如商场、轨道交通站点、体育设施、景点等），需要考虑二者的衔接关系。

（4）特殊区域（如学校、医院等），存在大量的青少年、老年人、病人、残疾群体等弱势群体规律性慢行交通出行穿插点或慢行交通出行多次出现交通事故的穿插点。

转换点（换乘点），慢行交通方式和其他交通方式（如轨道交通、常规公交、出租车等）衔接转换的点位。一般可以分为通道转换和等候转换两种模式，对于轨道交通站点、公交枢纽站、首末站等有专门候车场所的交通方式转换，慢行交通出行是通过通道转换实现。而常规公交中途站、出租车停靠点等方式，往往是要经历等候过程后才能在点位上转换到其他交通方式。此外，当非机动车交通和其他交通方式进行转

换时，还需要考虑非机动车停放空间，尤其是在近些年共享单车快速发展的背景下，这方面不仅仅要考虑共享单车在高峰期单方向持续累计的不均衡问题，还要考虑共享单车在转换点公共属性下的秩序管理和停放公德倡导与约束。

驻足点（休憩点），随着各类慢行道的出现以及慢行道自身功能的不断丰富以及和两侧地块的衔接的不断完善，在慢行交通出行过程中不再是奔着目的地的持续行进，而需要休息、交流等驻足行为，是随着慢行交通出行功能转变以及人民对于美好生活追求的日益丰富多彩而逐步发展的。驻足点是慢行交通出行动静态变换的物理空间，也是聚人气的价值场所。

3.4.1 平面过街点（交叉口与路段）

1）交叉口平面过街

人行横道是交叉口中最为常见的平面穿插点。交叉口是所有行人、机动车和非机动车方向转换的节点，人与非机动车在交叉口通常会与机动车存在 3 重冲突点（1 次同方向右转，1 次逆向左转，1 次逆向右转），显著标记的人行横道通常布置于信号交叉口的所有道路。人行横道的布置应尽量与扩展式路缘石、照明、标识结合，宜提倡行人过街系统化，即将片区作为研究对象，系统布局人行横道，从过街间距、道路性质、行人需求、设施选型等多方面进行布局，增设人行道、拓宽人行道、铺面整修、完善配套设施等。

交叉口的非机动车过街长期以来没有得到足够的重视，其所受的信号灯指示也并非统一。直行非机动车随着行人一起通行过程中更多的是要注意非机动车和行人之间的相互干扰和安全问题。而左转非机动车和右转非机动车应该在交叉口精细化设计中给予更多的重视。

（1）在交叉口过街距离较长的横道上设置安全岛是对于慢行安全的有效保障。

交叉口中间的中央分隔带和安全岛为步行者提供了等待区域，并改变了步行一次横穿的需求。在老人等弱势群体存在的情况下，应采取特殊的设计考虑。在复杂或不规则形状的交叉口，也应设置安全岛以为步行者提

图 3–47　香港在安全岛前增设矮照明

供等待和步行人流汇集的功能；中央分隔带和安全岛的布置可以结合步行标识系统，从而达到突出其位置的效果。过街安全岛处断面应保持路面平整连续、无障碍物，遇高差应缓坡处理。如果做到香港这种还兼顾考虑了夜间的适度照明提示，既避免了车行的行驶安全，又为过街步行者提供了更好的指引（图 3–47），是人性化和实用化的有机结合。对于一些健身道过街点来说这类配备就显得更为重要。

（2）阻车设施、请求式过街等精细化举措值得提倡。

应尽量遵循行人过街期望的最短路线布置人行横道。人行横道线较宽时，应设置阻车桩防止机动车进入或借道行驶，以保护行人安全（图 3–48）。应尽量减少或妥善解决交叉口渠化或拓宽给行人过街造成的不便。在整体人行流量不大，但存在一定需求的情况下，可以设置请求式人行过街（图 3–49）。

图 3–48　人行横道设置阻车桩

图 3–49　请求式过街设施

（3）超大人流量集中过街下的交叉横道线设计和全红专用相位是提升时空利用效率的选择。

交叉横道线设计适用于商业中心区人行过街量大且密集的需求情况下，需要配合机动车信号灯全红相位设置。以下分别是上海八佰伴商圈（图 3–50）和淮海路商圈（图 3–51）的全相位交叉人行过街设置。这样有效缩短了穿行人群的步行距离和等待时间，也通过时间的控制实现了在全红相位期间步行的路权优先。

（4）有大型车辆通行的右转弯设置隔离区以保障行人和非机动车通行者的安全，减少路口道路转弯半径降低机动车速度。

右转交通采用右转信号灯控制，减少与慢行的冲突，提高安全性。鼓励行人过街与机动车右转的信号相位分离设置，并实行过街信号优先。

在以慢行交通为主的交叉口倡导窄马路、小半径。无自行车道的交叉口转角路缘石转弯半径不宜大于 10 m，有自行车道的路缘石转弯半径可采用 5 m，采取较小路缘

图 3–50　张杨路 – 南泉北路全相位交叉人行过街

图 3–51　淮海路全相位交叉人行过街

图 3–52　上海交叉口右转彩色隔离区设置

图 3–53　上海右转隔离防护设置

石转弯半径的交叉口应配套设置必要的限速标识或其他交通稳静化措施。

在设置机动车右转安全岛时，应采取机动车减速、标志标线等提示措施，减弱过街行人和右转机动车的冲突，保障行人过街安全（图 3–52、图 3–53）。

值得提倡的是目前北京、上海、杭州等城市倡导并通过执法管理强化的右转机动车礼让行人以及大型车辆右转减速让行（有些地方要求右转必停）的措施（图 3–54），对于慢行交通出行的安全性以及过街过程的优先性是有效的支持，值得推广。

（5）交叉口进口道最右侧车道停车线的适当后退可以显著改善视距条件。

具有两条及以上车道的道路，机动车停止

图 3–54　路段人行横道线停车让行

线距离人行横道不宜小于 3 m，以提升外侧机动车道视野、减少交通信号交替时可能导致的行人与机动车冲突（图 3–55）。

（6）过街非机动车流量较大情况下，可考虑设置专用非机动车过街引导带（图 3–56）。

图 3–55　人行横道线与机动车停止线保持安全距离

图 3–56　非机动车过街引导带

2）路段平面过街

在一些地区交叉口间距较远，道路中段过街设施可以提供慢行交通出行者穿越的机会。路中过街也可为步行活动频繁的地方提供方便和安全；应鼓励设置有显著标识的人行横道，路中过街应设置高可见度的人行横道，否则行人和驾驶者可能在辨认过街地点上存在困难；尽量做到换乘枢纽一体化。对于不同的换乘枢纽，分别采用不同的连通方式；结合慢行交通方式路中过街一体化设计。

路段过街人行横道应与道路车道垂直以形成步行者最短的穿越路线，减少其在机动车面前冲突的机会；在安全岛和中央分隔带中，人行道与机动车道呈现一定的角度有利于步行者观察靠近的车流。

居住商业等步行密集地区的过街设施间距不应大于 250 m，步行活动较少地区的过街设施间距不宜大于 400 m。不同分区、不同级别步行道过街设施间距推荐指标如表 3–16。

表 3–16　过街设施间距设置建议（单位：m）

	慢行优先区	慢行过渡区	慢行一般区
主要慢行道	130～200	200～250	250～300
次要慢行道	150～200	200～300	300～400
一般慢行道	200～250	250～400	400～600

重点公共设施出入口与周边过街设施间距应尽可能一体化设置，不应设置过远。

过街设施距公交站及轨道站出入口不宜大于 30 m，最大不应大于 50 m。轨道交通人行出入口建成后周边道路恢复过程中应考虑常规公交站点的同步一体化设置，若过街设施设置条件受限，应结合周边慢行设施及过街设施，合理调整公交站点，做到舒适换乘。具备条件的情况下，增加铺装上的变化和指引标识，做到体面换乘、安全换乘。

学校、幼儿园、医院、养老院等门前应设置人行过街设施，过街设施距上述设施门口不宜大于 30 m，不应大于 80 m；过街设施距居住区、大型商业设施公共活动中心的出入口不宜大于 50 m，不应大于 100 m。

抬升的路中人行过街（路拱式过街）（图 3–57），适用于一些支小路且人流量横穿较为密集的区域，可以提供友好且优先的人行过街条件。抬高的人行过街设施作为人行道的延伸允许步行者以同样的水平坡度穿越。同时可以起到限制机动车车速的作用。

图 3–57　香港铜锣湾路拱式过街设计

3）过街横道线的识别性强化

不论是交叉口还是路段，如何加强人行横道的可识别性，是保障慢行交通出行者安全的重要举措，尤其是在一些恶劣天气环境下或者夜间，在不影响现有人行横道线设置规范的前提下，对于人行横道线进行提升，加强对于人行横道的警示提示，同时也是丰富城市道路景观的一种方法。

（1）彩色人行横道。对于行人过街需求较高的交叉口平面过街以及城市生活性道路上的路段平面过街，建议采用彩色人行横道、不同路面材质的人行横道来区分和提示过街区域。通过对于人行横道空隙，增加色彩刺激，形成白色和彩色间隔。可采用红色、黄色等强烈警示作用的颜色。白色线宽 40 cm、45 cm、50 cm，彩色线宽 60 cm、55 cm、50 cm。有利于提高警示、视认性、加强路权可辨识度。国外为了增加街区的趣味性，在色彩的使用和搭配上更加大胆和丰富（图 3–58、图 3–59）。而在我国大中型城市高流量场景不建议过多使用，避免影响正常的交通通行，造成误判。在一些景区、特色街区等需要结合整体主题形成搭配，并经交通安全论证后尝试

图 3-58 马德里彩色人行横道

图 3-59 迈阿密彩色过街人行横道

使用。在慢行优先区，不妨成片区、成体系经安全论证后大规模使用。

（2）立体人行横道。对于行驶车辆中的驾驶员人行横道在视觉上呈立体形状，且具有很强的视认性，车辆可较早进入制动状态。一般是在原有白色线宽 40 cm，间隔宽度 60 cm 的斑马线基础上，在白色线上添加蓝色和黄色，使其呈似立体的矩形（或梯形）。蓝色线宽 20 cm，黄色线与白色线呈 135° 或 150° 。斑马线总宽度 ≥ 300 cm，按行人流量以 100 cm 为一级增加宽度。适用于行人过街数量和车流量都较高且车速较快的交叉口或路段斑马线，能够提高警示、提高视认性（特别提高对驾驶员的视认性）、加强对过街行人的保护（图 3-60）。但是立体人行横道在识别上可能会引起一定的混淆，在应用上需经过安全测试和检验。

（3）过街警式柱与发光人行横道。发光人行横道是由“行人过街警示柱”和“发光砖”等构成的系统。通过发光砖、警示屏警示、语音播报，双向提醒过往机动车减速礼让，引导行人安全通行，同时自动捕获人行横道不礼让行人违法行为的车辆，为

图 3-60　北京长安街附近立体过街斑马线

交通管理部门提供一种新的执法取证手段，实现对机动车人行横道前不礼让行人违法行为的治理，通过事前警示、事中取证、事后处罚的管理手段，规范交通参与者的交通行为，打造城市文明交通、守法通行的交通环境（图 3-61）。警示柱有显示屏警示、语音广播、高清摄像头抓拍、行人信号灯显示等功能；发光砖分为行人等候区发光砖、车辆停止线发光砖和行人过街发光砖，其中车辆停止线和行人过街两处发光砖可根据信号灯提示显示不同的发光色彩。在信号灯路口行人过街警示柱设置在行人灯位置；在无信号灯路段行人过街警示柱设置在过街行人视野的左侧。行人等候区发光砖设置在牛腿坡等过街行人等候的位置；车辆停止线发光砖设置在交叉口的停止线以内，设置间隔为 1 m，与行人过街发光砖对齐；行人过街发光砖设置在斑马线的空白间隔两端。这种适用于缺乏安全提示、存在安全隐患的路口或路段无灯人行横道线。对车辆和行人的约束：通过增设行人过街提示设施，可以强化驾驶员避让过街行人的

图 3-61　上海采用的行人过街横道及警示系统

意识，同时也进一步提醒行人按照信号灯指示过街通行。从而保障了交叉口通行安全，提高了交叉口通行效率。尤其是在夜间、雨天，当传统人行横道线识别受到影响的情况下，在易于识别方面发挥了独特的作用。

随着智能网联车辆和无人驾驶技术的不断发展，上述这类智能化人行横道线也会随之更新换代，目前这类智能化人行横道线旨在增加驾驶员的可识别性和警示作用。未来需要考虑会不会对无人驾驶或者处在辅助驾驶状态下的车辆形成误导和干扰，以及如何通过提升改良，也能够实现人行横道线与智能网联车的交互，毕竟这样的智能化人行横道线已经迈出了智慧化的第一步。其未来的发展与应用更加值得期待，我国目前在这方面的应用处在国际前列，应加以重视和推广，同时不论是过街警式柱还是发光地砖，其与“人”“车”的协同是更为重要的应用和拓展方向。

3.4.2 立体穿插点（天桥与地道）

立体穿插点（天桥与地道）可以说是平面穿插点的升级版，通过空间工程支撑实现慢行交通与快速交通的路权分离，从根本上实现了二者在穿插过程中的各行其道，也同时实现了交叉口时间、空间资源的最大化利用。因此无论从效率性还是安全性上来看，都大有提升。

1）立体穿插点（天桥与地道）的兴起与衰落

天桥与地道的最初出现受到欢迎，机动车驾驶员提升了交叉口通过的效率和安全性，交叉口信号灯设置摆脱了最短绿灯时间的限制，行人也不用再等红绿灯，而且过街的安全性也有了显著的提高。

但是一段时间之后，立体过街设施进入了尴尬境地。由于受到建设成本和交叉口空间的制约，大部分立体过街设施是只满足行人通行，而非机动车仍然在地面上，这样地面交叉口的快速、慢速交通方式之间的交织和干扰仍然存在。在自动扶梯尚未普及的情况下，立体过街设施造成被动的“上天入地”广受诟病，加上养护、保洁、管理等不到位以及一些不安全因素的出现，立体过街设施对于行人来说在使用上、体验上出现了越来越多的负面因素。随着周边地块的不断开发更新，立体过街设施周边都是旧貌换新颜，相对来看，立体过街设施，特别是天桥成了城市中心区最显眼的景观负面因素。多种因素叠加下，部分立体穿插点（天桥与地道），经历了一轮被拆除的过程。

2）再重来，天桥已不是那个天桥

这些年，立体过街设施又以一个新的面貌重新回到我们的生活中来。这一次它是随着我国建设技术和建造水平以及成本的不断优化，有备而来，如图 3–62 所示。

图 3–62　上海徐家汇天桥不同历史阶段与周边商场联系相接的通道

首先，大部分城市对于立体过街设施的新一轮建设都是注重从整体规划布局开始。尤其是在整个城市慢行系统规划的指导下，依据慢行分区的要求，往往站在区域城市设计的视角，综合评估某个区域范畴各类交通出行方式所对应的设施空间资源的基底特征，整体规划若干个立体过街设施，实现慢行交通视角下的整体空间规划而非单独一个交叉口的过街措施。

其次，大部分城市对于立体过街设施的新一轮建设都注重了慢行交通的便捷性和舒适性，在设计、建设、管理中更多地体现了“以人为本”。尽可能地优先考虑慢行交通出行的连续性和标高一致性，人行立体过街设施的通达性应予保证。立体过街设施和轨道交通、公交车站的良好结合，可提高过街设施和公共交通的利用率、吸引率

（图 3–63）。立体过街设施和商场或者周围建筑物的结合，既可方便行人过街、又可便利地吸引客流。从改善提升慢行交通设施环境，建立完整的慢行系统的角度出发，力求体现“以人为本”价值追求（图 3–64）。充分考虑无障碍设施、弱势群体出行辅助设施、电梯、遮阳等配套设施。在建筑间形成慢行连廊不仅能够实现建筑之间交通流的连续畅通，而且能与建筑一体化管理以及提供商业设施人气与活力。在这个过程中立体过街设施满足了多样化的出行需求的同时，也更加主动地融入了人们的生活。

图 3–63　日本东京神户连续慢行系统

图 3–64　香港荃湾地铁站连续慢行设施

再次，大部分城市对于立体过街设施的新一轮建设都强调配套设施完备性和配套管理的规范化。目前来看，自动扶梯成为新一轮立体过街设施的标配，随着自动扶梯带来的接电条件的完备，监控、照明、亮化等一系列都得到了整体的加强——灰空间从此不再。此外就是无障碍设施的同步配套以及结合无障碍设施，为自行车推行创造条件。加强了与周边建筑、公交车站、轨道车站出入口以及地下空间同步整合建设，形成连续、贯通的慢行系统。一些天桥顶盖的增加，不仅起到了遮风挡雨的作用，还成为景观的特色，而地下通道往往利用两侧墙体打造“主题墙”，这些主题墙让单调、沉闷的地下空间焕发了生机，如图 3–65、图 3–66 所示。

图 3–65　地下通道两侧的涂鸦墙

图 3–66　维也纳沿河慢行道上下的非机动车辅助坡道

最后，大部分城市对于立体过街设施的新一轮建设，强调景观效果的融入度和管理、养护等措施的配套。从美学的观点来看，影响桥梁美观的主要因素为形式、比例、颜色、协调性等。随着现代桥梁结构技术、装饰美化技术的进步，这些因素都可以利用装修或装饰（粉刷）、亮化等手段去改变。在实践中，还可以利用人们视觉上的误差产生美化的效果，使得天桥成为城市亮丽的风景线。同时在天桥上的绿植的增设和整体亮化的设计，使其成为融入区域后的一抹亮色，成为“网红打卡地”。

3）立体过街设施的宽度

立体过街设施的宽度一般根据设施的行人流量确定：

$$W=P/p$$

其中，W 为设施通道的有效宽度（m）；P 为规划年限的行人预测流量（人次 / 高峰小时）；p 为行人设施通行能力 [人次 /（h • m）]，见表 3–17。

表 3–17　行人设施通行能力建议值

类别	折减系数			
	0.75	0.80	0.85	0.9
人行天桥、人行地道通行能力 [人次 /（h • m）]	1 800	1 900	2 000	

拆减系数的选择根据设施所处的位置及环境确定，取 0.75 时，通行能力为 1 800 人次 /（h • m），相当于 B 级服务水平的设施条件。

4）非机动车立体过街设施的设置

立体过街设施是否同时满足非机动车的通行需求，需要具体问题具体分析。兼顾非机动车通行不仅对于整个立体过街设施提出了更高的空间要求和衔接组织要求，而且对于立体过街设施断面的安全组织与分流也提出了更高的要求。但只有同步解决了非机动车过街才能彻底地分离慢行交通出行，进而释放最大限度的地面时空资源。如果不具备设施非机动车立体过街条件，平面非机动车按照两次过街组织也是提升通行效率的有效办法。

（1）过街设施考虑兼顾自行车推车通过时，一条推车宽度按 1 m 计，天桥或地道净宽按自行车流量计算增加通道净宽，梯（坡）道的最小净宽为 2 m。

（2）考虑自行车的梯道，应采用梯道带坡道的布置方式，一条坡道宽度不宜小于 0.4 m，坡道位置视方便推车流向设置。

（3）梯道宜设置休息平台，考虑自行车推行时，直梯（坡）平台深度不应小于 2 m。自行车转向平台宜设不小于 1.5 m 的转弯半径。

（4）手推自行车及童车的坡道坡度不宜大于 1∶4。

（5）残疾人坡道的设置应以手摇三轮车为主要出行工具，并考虑坐轮椅者，拐杖者，视力残疾者的使用和通行。坡道不宜大于 1∶12，有特殊困难时不应大于 1∶10。

以上几条的参数大多数依据普通自行车特性考虑。对于电动自行车来说，其上坡在动力支持下会更为方便，但下坡由于自重大或速度快反而危险性更大。

5）立体过街设施的型式

立体过街设施应该整体规划，在设计阶段应结合周边地块和慢行人流主要的来源、去向确定合理的型式。首先满足和周边主要公共交通设施，尤其是轨道交通站点形成连续的慢行“同标高”走廊。其次和周边地块出入口直接连接，避免慢行出行者多次上下。此外还应对地下水位影响、地下管线处理、施工期间对交通及附近建筑物的影响等进行技术、经济效益综合比较后确定，见表 3–18。

表 3–18　天桥和地道的对比一览表

分析内容		天桥	地道
设施的适用情况		适用于凹形地形以及宽的街道及原有房屋可以拆迁的情况	适用于凸形地形以及窄的街道及原有房屋较好，不能拆迁情况
城市整体景观的协调		因高出地面，对城市整体景观效果有一定影响	在地上的外露部分少，容易与周围环境协调，但对于未来地下空间的利用造成潜在影响
和周边设施的连接		能够与周边建筑二层相接，直接进入地块，同时提升地块二层的商业价值	能够与地铁相连，形成地下整体慢行连续空间
施工与养护	基建及养护费用	同等条件下，费用较低	基建费用比天桥多出 1 ～ 2 倍
	对地下管线的影响	不需改建或少量改建	需一定迁移或改建
	排水问题	容易解决	一般需添设排水泵站
	通风及照明	自然通风和采光，白天不需照明	空气有较大污染，必须考虑通风，并需考虑日夜照明
	防水问题	需简单防水	需要复杂的防水设施
	施工工程对原有交通的影响	采用预制结构，可做到少影响或不影响交通	施工对原有交通组织影响较大

续表

分析内容		天桥	地道
行人舒适情况	行人行走的方便性	行人需爬高，负重行走不便	与天桥相比，需要的高差相对较少，行人乐于使用
	恶劣天气的适应性	在缺少顶棚的情况下，恶劣天气影响较大，如果按照连廊建筑建造，建设成本显著提升	适应性较高
设施的安全性		较好	安全感差，需加强治安防范
设施对行人的诱导性		可识别性高	较差，需设专门指示标志

一般的人行天桥和人行地道的升降方式可分为梯道型、坡道型、混合型。按照《城市道路设计规范》和《方便残疾人使用的城市道路和建筑物设计规范》的规定，要求不同升降方式的坡度，见表 3–19。

表 3–19 规范对不同升降方式的坡度要求

升降方式	正常坡度	残疾人的特殊要求	目 的
梯道型	1 : 2 ～ 1 : 2.5	踏步高度不得大于 0.15 m，踏步宽度不得小于 0.30 m	满足普通行人以及拄拐杖者的过街
坡道型	≤ 1 : 7	≤ 1 : 12；有特殊困难时≤ 1 : 10	满足自行车、儿童车、轮椅等的推行
混合型	≤ 1 : 4	同梯道型	满足普通行人、拄拐杖者、自行车等的过街

案例 14 香港二层连续慢行系统的发展演变

自 20 世纪 50 年代香港中区（中环—金钟）就确立了其香港最重要的商务中心的地位。其后经过高密度城市开发的发展，该区域逐渐引发了城市空间割裂、城市交通拥挤、环境品质下降等问题，对城市形象造成破坏。同时由于区域内人行道狭窄、公共空间匮乏、人口稠密，给步行者带来了很大不便。

为了缓解城市中心区严重的人车矛盾，自 20 世纪 60 年代开始，香港开展了地上、地下空间的开发建设，先后修建了近 200 个人行天桥和人行地道。但当时两者是相互孤立的，未能从根本上实现人车分流的目标。20 世纪 70 年代，香港中区迎来了国际金融机构及跨国公司总部的纷纷落户，更加剧了土地稀缺问题，极大地压缩了该区域的公共空间与人行道空间。由于地域条件的限制，中区只能沿海岸线方向东西延伸，呈带状发展，进一步加大的东西向的交通压力，城市交通矛盾、人车矛盾激发。于是，政府号召发展商兴建一条横跨干诺道中的空中廊道，连接遮打大厦、怡和大厦、香港邮政总局。后来，随着更多大厦的建成以及它们之间空中廊道的连接，空中步行系统网络逐渐扩大成形，如图 3–67、图 3–68 所示。

图 3–67　通往恒生银行的空中步道

图 3–68　通往怡和大厦的空中步道

在 1993 年，香港建成了第一个空中步行系统，该系统接驳中环—半山自动扶梯系统，经中环穿越闹市直达天星码头。实现了半山与海岸途经城市中心区的连接。其中干诺道空中步行系统主线长达 1 km，是当时亚洲最长的步行廊道。

直至 20 世纪 90 年代后期，以中环为代表，开始推进空中—地面地下步行系统一体化，落实三维立体化步行网络的建设。随后在 1998 年建成的机场快线香港站的推动下，中环逐渐建立起全长 3 km，连通主要建筑楼、地铁站、公交站的立体化步行网络，且与西面金钟空中步行系统连为一体（图 3–69、图 3–70）。时至今日，香港中区空中步行系统的网络涵盖了约 600 条的空中连廊，与地下、地面步行系统良好结合，克服地形高差、空间权属、建设时间等障碍，衔接各大建筑，交通枢纽、城市公共空间，形成一个便捷通畅的三维空间网络（图 3–71、图 3–72）。香港空中步道除了满足基本的交通联系的功能之外，还与娱乐休憩空间、景观空间、商业空间联系在一起，可全方位满足人们出行的需求。

由于中区位于太平山北麓，地形不平整，坐落于此的建筑群之间也错落层叠，常使空中与地面的界限含混。故中区的空中步行系统充分利用了各建筑中庭内的垂直升降机与自动扶梯实现高程转换，实现了全系统无障碍化。

香港空中步道系统在规划层面就将系统与建筑整合设计，根据步道的走向，在建筑内部预留相应的通廊。中区的城市空中步道通过台阶、城市中庭、建筑中庭、多层面的活动平台等的设置，把系统中的步行空间、建筑室内空间、城

图 3-69　与地铁站结合

图 3-70　与商业结合

图 3-71　与二层广场结合

图 3-72　与公交站结合

市公共区域、地面空间之间进行整合，达到功能上的连续与融合，空间上既区分又统一。

步行系统与建筑整合，从空间上主要分为串联式、并联式、平台式和层叠式。①串联式，太古广场的二层平台成为金钟站出站的高强度人流和区域原有人流的集散场地，有效地将人流引向建筑内的各个区域，同时满足人们休息，停驻的需求。②并联式，交易广场的一侧连接空中步道，成为局部放大的节点，承担集散人流的功能。③平台式，交易广场的一侧连接空中步道，成为局部放大的节点、承担集散人流的功能。④层叠式，力宝中心的裙楼屋顶成为步道系统中的休憩平台，如图 3-73 所示。

图 3-73　太古广场、交易广场、力宝中心

香港中区空中步行系统通过空中连廊的延伸与散布在高楼大厦间的城市开放空间串联，并在适宜的位置通过垂直连接要素把行人引导至城市开放空间中，与其进行整合。城市开放空间的引入，使空中步道系统的空间更加丰富生动。在香港中区的空中步行系统中，通过系统自身步行廊道的布局设置或与建筑、城市开放空间的整合，为各种休憩、交流与驻足活动提供场所。

3.4.3 转换（换乘）点

对于转换（换乘）点的重视，是这些年随着我国慢行交通出行复兴而逐渐发展的。开始重点体现在轨道交通站点的配套接驳体系，为了更好地实现轨道交通“最后一公里”的配套，而从规划层面控制常规公交、出租车、非机动车等停放、等候设施空间，但是轨道交通站点周边也是商业价值显著区域，因此对于这类转换（换乘）点的慢行交通体系的保护和构建仅靠规划层面是远远不够的，需要达到控制性设计方案和见缝插针的管理实施能力。

交通转换系统包括慢行道与区域交通系统和城市交通系统的协调衔接，不仅和转换的数量相关，更和转换的模式以及转换的品质要求相关。对于一些重要的转换（换乘）点有必要针对慢行交通出行开展专项的交通精细化设计，通过交通精细化设计平衡行人、非机动车使用者和公共交通使用者之间的空间关系，保证慢行交通的空间不被其他交通行为侵占，保障慢行交通组织的便捷、安全、有序。

1）通道型转换（换乘）点

轨道交通车站和公交换乘枢纽往往有独立的站房空间，其周边 600 m 范围是慢行交通出行直接吸引区，应保障慢行的优先通行，采取各种措施满足乘客直达站点需求，重点在于出入口布局、过街设施衔接、标识系统引导等方面。

这类转换（换乘）点不妨以轨道交通车站和公交换乘枢纽的出入口处为中心，首先考虑出入口对外慢行可达性，其次不同方向慢行道与出入口之间通道联系的通行能力匹配性，最后不同方向慢行道的标识指引和无障碍设施配套。为了最大化地利用轨道交通的人流资源，这类通道型转换（换乘）点往往被一些商业设施所占据，也有一些摆摊人群，慢行秩序的管理和慢行安全底线的保障就显得尤为重要。

2）等候型转换（换乘）点

一般公交场站和站点应结合类型等级、周边用地特征，因地制宜采用有效措施，实现步行、自行车和公交系统便捷衔接，公交中途站所在位置周边 30 m 范围内的配套设施与完善。长久以来，公交中途站以及与之相衔接的慢行交通系统并没有得到足够的重视。公交港湾站的改造也是站在机动车通行视角，为了减少公交停靠站对于主路上的机动车干扰而设置的。而且一些公交港湾站的实现，还是通过压缩非机动车道或人行道实现。

首先，要关注等候型转换（换乘）点的内部慢行扰动现象。对于城市中心区域公交线路超过 8～10 条的情况需特别重视。这种多线路停靠同一站点往往对应多站位，而车辆进站的随机性导致了公交中途站内部在公交进站后，存在站内慢行扰动，这需要提供足够的站台空间。

其次，要关注等候型转换（换乘）点的慢行交通流与周边慢行空间的匹配度。当公共交通站点的人流量较大，在公交站周边的慢行道宽度适当加宽 4～6 m。着力清除步行者进出公交站点的障碍，以保证步行活动与公交的顺利接驳（图 3–74）。这类加宽的考虑目前还不多见，但不论是公交优先还是支持慢行交通出行转换，这都是当今的主要痛点之一。

图 3–74　上海中山南路步行道与公共交通、人行道衔接

最后，等候型转换（换乘）点周边慢行道的彩化、亮化、智慧化值得提倡。随着彩色铺装的应用普及，越来越多的公交车道及公交专用道路已经通过铺装及相应标志标识强调公交车路权，保障公交通行效率。同样，在公交站点周边的慢行道也宜通过采用差异化的慢行道铺装材料，和周边其他慢行道形成差别，引起慢行交通出行者的注意。此外该类转换（换乘）点的亮化，不仅能够和周边公交站点设施形成交相辉映，而且能够显著增加周边的可识别性和安全保障。

与水上巴士站点衔接的等候型转换（换乘）点，不仅仅要考虑上述慢行道的宽度、可识别性等因素，安全保障尤其是防落水、防滑等措施也是必不可少的。

3）转换（换乘）点的静态设施配套

转换（换乘）点的静态设施配套主要是指非机动车出行转换为其他交通方式时，非机动车停放配套空间。非机动车停车设施包括建筑物配建非机动车停车场（库）、路侧非机动车停车带或配套立体非机动车停车设施。

（1）建筑物配建非机动车停车场库

建筑物配建非机动车停车场库，往往纳入建筑设计综合考虑，但是目前大多数城市商业办公建筑对于非机动车停车场库配建要求重视程度不够，尤其是高强度开发的中央商务区等区域在实际使用过程中发现捉襟见肘。另外目前商办综合体往往缺少对于“跑腿小哥”的临时停放空间的考虑，随着“跑腿经济”的进一步发展，该类需求需要有针对性的考虑，不能一禁了之，也不能将这类问题推到本就拥挤的人行道上，造成新的停行矛盾。这类高周转、高聚集的临时静态空间设施配套，是当下大多数已建商业综合体的短板之处。

（2）路侧非机动车停车带应按照小规模、高密度的原则进行设置，服务半径不宜大于 50 m。主要是在公交中途站周边增加非机动车对于常规公交的“最后一公里”服务。

路侧自行车停车带应在设施带或绿化带划定专门用地设置，不得占用人行道，防止阻碍行人通行。空间不足的，可采用斜向停车方式，节省停车空间。结合自行车设施的设施带、绿化带或建筑前区宽度取 2.0～2.5 m（图 3–75、图 3–76）。斜向放置的可为 1.5 m。供共享单车停靠的自行车停车带宜配套电子围档类设施。

（3）轨道交通车站、公共交通枢纽等周边应设置配套非机动车停车场，服务半径不宜大于 100 m，以方便非机动车驻车换乘。之所以表述为配套非机动车停车场而不

图 3–75　日本京都和轨道交通出口站点相结合的非机动车停放区

图 3–76　上海福州路和绿化相结合的沿路非机动车停车带

是路外非机动车停车场，是强调这类非机动车停车场的配套转换功能而淡化用地权属条件。事实上，轨道交通站点和公共交通枢纽站点周边要更加注重因地制宜、见缝插针。条件受限时，也可考虑采取立体停放设施，这在日本较为常见。

首先，轨道交通车站、重要交通枢纽、城市大型综合体等设施周边的换乘非机动车场地（图 3–77）。平面设置时，其用地指标应考虑设施的预测高峰时段客流人次需求，客流使用非机动车的目标分担率和非机动车的单位停车用地面积综合测算。立体停车场的用地面积可相应折减。对于建成区非机动车公共停车场，其规模应根据所服务的建筑或区域的日平均高峰吸引车次，平均停放时间及不均衡系数确定。

其次，公共配套非机动车停车场宜采取地面形式。因场地限制明确需设置立体停车设施时，设施不宜超过两层（图 3–78）。自行车停车场应有清晰、明确的停车场标识，引导骑车者正确停放，减少乱停放时对行人和机动车的影响。结合非机动车的车型、停放时长等特征也可分类设置。

图 3–77　上海龙阳路枢纽利用轨道下空间设置的集中非机动车停放场

图 3–78　日本京都轨道交通站点旁集中非机动车专用停放场

再次，设置形式应因地制宜，同时考虑人性化和可持续性。配套非机动车停车场设置应遵循安全、方便和节地的原则，提供舒适的停车环境，突出人性化服务，并考虑如下因素：自行车停车场出入口不宜少于 2 个，出入口宽度宜为 2.5～3.5 m；人行道自行车停放点应当与行人通道、车辆出入口及相邻设施保持必要的安全距离（图 3–79）；应选用节约空间、坚固美观、不易导致车辆损坏的自行车存车支架；应有充分的照明条件，有条件的应设置雨棚；鼓励在附近增设车辆维修点等便民设施。在已设停车设施周边的乱停放的治理也应同步加强。

面向共享单车有针对性地增加智慧化管理措施和手段，加强对于其秩序的管理和引导。

图 3-79　比利时轨道交通站点旁的自行车通行和停放设施（路侧停放和建筑底停放两个区域）

最后，如果受到空间制约，而采用自行车停放支架（图 3-80），也应该注意考虑如下一些要点：尽可能实现支架与自行车之间有两个或以上的接触点，使得车架本身和车轮都能与停放支架接触，以保证停放的稳定性与安全性；相邻停放的自行车之间，有相互分隔的措施，以避免在大风或是使用不慎的情况下，出现“多米诺”连环倾倒的现象；多使用镀锌钢和其他工业级材料制作，避免使用不锈钢等强度不足的材料而面临被轻易破坏；使用表面光滑不易生锈的材料，以避免对自行车造成破坏。使用设计形态更丰富停放支架，实现自行车寄存需要与公共艺术的结合。

图 3-80　北京地铁站旁的立体非机动车停放点

3.4.4 驻足（休憩）点

驻足、休憩乃至不期而遇、有感而发，这些慢行交通出行中不经意的变化，往往正是慢行交通出行的魔力所在。曾几何时，出行变得越来越快也越来越单调，只是一个移动完成的过程。慢行的另一面就在于驻足的一刹那，一刹那的感动、一刹那的奇思妙想、一刹那的等一等看看……

1）街角点缀

上海近些年利用交叉口转角空间打造的“口袋公园”（图 3-81），实现和推动着路口的微改造、微更新。所谓聚沙成塔，一个个路口、一个个路段在共同的努力下，越来越多的驻足（休憩）点回归到人们日常生活中来，慢行交通出行的乐趣和享受也在与日俱增。徜徉在这样的舒适慢行环境中本身就是一种享受（图 3-82）。

图 3-81　上海交叉口转角休憩设施和林荫条件

图 3-82　比利时利用街角安全岛的综合利用与艺术化

沿路驻足（休憩）点的恢复和增设，更多的是因地制宜，此外需要考虑的是养护和材质的选择，户外条件会破坏和影响这些设施的可利用性，增加养护成本和负担（图 3-83）。和围栏之间的结合可谓见缝插针（图 3-84），空间利用的精细化正体现在此。

图 3–83　杭州湖墅路沿路休息区（含顶棚）

图 3–84　上海沿路的休憩设施见缝插针设置

2）综合驿站

在郊野慢行交通出行或者绿道、漫步道、健身休闲道这类重点满足休闲、健身类慢行道上，最为典型的驻足（休憩）点是驿站，所谓驿站是借用古代功能的统称，其能够提供综合的服务和配套设施（图 3–85、图 3–86、表 3–20）。

图 3–85　环千岛湖绿道驿站

图 3–86　徐汇滨江服务中心

表 3–20　各级驿站配置建议

	A 级驿站	B 级驿站	C 级驿站
适用慢行休闲道范围	都市圈级、区级	都市圈级、区级	区级、社区级
设置间距	4～6 km	2～4 km	0.5～1 km
设置地点	结合公园等开放场地	结合城市绿地，道路绿带	视具体需求而定
建设规模	100～150 m^2	50～100 m^2	10～20 m^2
休息设施	●	●	●

续表

	A 级驿站	B 级驿站	C 级驿站
饮水设施	●	○	○
健身设施	○	○	○
自行车停靠	●	○	○
公厕	●	○	○
果皮箱	●	●	○
照明设施	●	○	○
监控系统	○	○	—
存包设施	●	○	○
通讯和报警设施	○	○	—
卫生急救设施	○	○	—

图例：●应设　○可设　—不作要求

（1）驿站功能：主要为人们提供短暂休憩的空间，由管理服务设施、休憩设施、安全保障设施、环境卫生设施、车辆服务设施及其他基础设施等组成。

（2）驿站分级：根据功能完备程度以及与慢行道的匹配关系，分为 A、B、C 三个等级。分级的目的是更好地进行资源综合配置。A 级是整个慢行道服务体系的核心节点，其占地面积最大，服务功能齐全，一般是活动的主要场所，是人流的主要集散地点，其使用者包括自行车骑行者和步行者。B 级驿站是慢行道服务体系的骨干节点，其占地面积适中，服务功能较为综合。C 级驿站是慢行道服务体系的基层节点，具有占地小、分布广、数量多、布点灵活的特点，最为贴近使用者，服务对象主要为广大市民和步行者。

（3）驿站设置要求：应尽量依托慢行道范围内或周边现有设施进行改造利用，避免重复建设。注重部分综合驿站与外部交通设施（公交站、出租车候客点，轨道交通站等）的位置衔接与指引。

3）会合点

我国现有户外慢行交通出行组织中，标识信息点、会合点的户外设置还较少。在上海虹桥枢纽内部、上海南京路步行街设有会合点或综合服务点的设置，方便各类交通方式的集中转换和人们之间的会合（图 3–87）。而集中的信息标识点（图 3–88）也能够更多地体现区域的人文关怀。

图 3-87 上海南京路步行街上的综合服务点

图 3-88 上海徐家汇商圈指示信息点

这类会合点不仅仅是慢行出行信息、出行服务的输出地，同时也能够作为群体活动的聚散点、集合点，还能够在一些突发状况出现时，作为应急处置的现场指挥点。

第4章 慢行交通出行

SLOW TRAFFIC TRAVEL

慢行交通出行环境

慢行交通出行作为一种交通方式选择下的移动过程，同时也是与轨道交通等公共交通方式有效衔接的出行链转换模式。既要满足城市市民的基本出行需求，也要满足市民对于美好生活的追求和日益丰富的其他休闲、健身、交往、休憩等功能的要求。慢行交通出行会随着经济和城市发展而改变，表现为功能多样化，包括：①交通功能，是中短距离出行的主要方式，提供与各种机动化交通方式之间的接驳；②活动功能，是各类公共活动、人流聚集、交流交往的依托；③锻炼与健身功能，如林间步道、山地自行车道、绿地步道、山间古道等；④休闲及观光功能，如风景区、公园、绿地；⑤商业功能，如商业步行街、商业建筑体的联络等；⑥避难功能，灾难发生时的避难场所常与绿地步道结合。由此可见，慢行交通出行不再是简单的出行过程。因此对于慢行交通出行不仅仅要从交通工程学角度去看，还应该从环境学、社会学角度去深度地认知和解读。

本章谈到的慢行交通出行环境不仅仅是指景观环境，其从出行体验感受上大体上可以分为硬环境和软环境。硬环境是指在空间层面上能够通过视觉、嗅觉、听觉、触觉来感知到的，并且能够通过其存在对于慢行交通出行者产生交互、刺激、影响或帮助的设施。软环境是指各类管理类的措施、规定、守则、公德等，慢行交通出行者通过在这些约束下，能够获得更大的群体受益。慢行交通出行是人们的交往活动空间，是追求美好生活的一个必然选择和过程。结合慢行交通出行的行为特性，环境品质与体验、安全保障与路权、空间活力与景观、通行秩序与管理、文明教育与科技这五个方面是当下慢行交通环境构成的要素。

4.1 匠心巧思与服务体验不可小觑

通过对慢行交通出行的认识与分类，慢行工具特性的解读，以及从“面”“线”“点”三个维度对慢行交通载体的剖析，可见影响慢行交通出行品质和体验重要的是从顶层规划到功能定位、精细化设计能始终不忘初心、贯彻以人为本的宗旨——怀“匠人”之心，穷精巧之思，从安全性、可达性、连通性、场所性、可识别性等方面系统、全面地建立慢行交通出行的环境服务体系。除此之外，本节重点从“外衣”——不同铺装材质的搭配，“援手”——设身处地为服务弱势群体，“家具”——因地制宜、想出行者之所想以及“卫士”——照明（亮化）与安防设施四个主要的外在因素，进一步走近这些与慢行出行者息息相关的环境氛围。

4.1.1 “外衣”——不同铺装材质的搭配

随着材料技术的不断进步，用在慢行道，尤其是专门针对步行者使用的慢行道或者绿道、休闲道等的铺装材料正在不断丰富。

一般来说，作为非机动车道的“外衣”，主要是沥青路面或混凝土路面。

沥青路面。以沥青为材料铺设的非机动车道普遍具有柔软、舒适和无接缝的特点，因此广泛受到骑行人士也包括行人的欢迎，是铺设非机动车道的首选。而近些年在非机动车道上使用彩色沥青或者彩色薄层铺装也是广受好评的做法，能更有效地保护非机动交通使用者的安全与权益。但是作为一种柔性材料，如果铺设工艺不当，路面容易出现老化的现象，使路面出行不平整，因此在相应的保养上较混凝土路面投入更高。同时管线铺设等二次开挖也会对彩色路面造成不小的养护和修复成本。

混凝土路面。它所经常面临的接缝问题，是影响路面平整性和连续性的重要因素。包括施工工艺、混凝土热胀冷缩等方面的问题都可能造成严重的路面缝隙。尽管在对抗树根破坏方面混凝土更具优势，但是许多强力的树根仍有能力在有破损的接缝处将整块混凝土抬起。随着非机动车交通工具的不断演变，尤其是电动自行车的出现和增多，混凝土路面接缝对其在骑行舒适度方面体验较差。

人行道的“外衣”以各类同质砖或其他类型砖、石材料以及可再生材料为主。由于人行道处在道路最边缘，涉及和周边地块的衔接，采取这类材质可以适应反复开挖的需要。人行道铺装应贯彻因地制宜，合理利用当地材料及工业废渣的原则并考虑施工最小厚度。铺装面层应采用平整、防滑、耐久、美观、透水性、舒适、经济的材料。对有颜色特殊要求的地区应注重铺地材料的抗风化能力。铺地的材质和拼接方式应注重防止有机物的滋生和减少路面的反光强度，增加安全性。基层材料应具有适当强度，处于潮湿地带及冰冻地区时，应采用水稳定性好的材料，并保证排水坡度。高差变化时应采用缓坡处理，材质选择上要容易维护（如抵抗翘曲、抗裂等）。大型商店、大型公共文化机构、名胜古迹、公园、广场等附近和游览区道路的人行道面层应与周围环境协调并注意美观。

在满足使用强度的前提下，鼓励采用环保生态自然材料铺装慢行道路面，多采用软性铺装，常见的软性铺装和硬性铺装材料以及其优缺点见表 4–1。

表 4–1 常见的软性铺装和硬性铺装材料以及其优缺点

铺装分类	铺面材料	优点	缺点
软性铺装	裸土	自然材料，成本最低，维护较少，可塑性强，利于日后改造	比较脏，天气适应性差，用途局限
	碎木纤维	自然材料，表面柔软，方便行走，成本适中	易腐蚀（不耐高温、潮湿、阳光），后期维护较多
	颗粒石	自然材料，表面柔软，方便行走，成本适中	表面容易受到侵蚀、冲刷，日常维护多
	木料	自然材料，铺面柔韧性好，景观性和生态性好，用途多样	铺设造价高，易受损坏，维护费用高，潮湿易滑并引起火灾
硬性铺装	沥青	表面坚硬，用途多样，天气适应性强，抗腐蚀，维护费用低	铺设造价高，生态性差，容易造成污染
	石块	自然材料，表面坚硬，用途多样，天气适应性强，抗腐蚀	铺设造价高，容易受侵蚀，可能会存留坚硬的石角，对游人的安全存在一定隐患
	混凝土	表面坚硬，用途多样，天气适应性强，维护费用低	容易导致表面崎岖，生态性差

选择不同慢行道的“外衣”铺装材料主要取决于其功能与类型。此外，要保证所选材料能与慢行道及其周围自然环境相协调，并能代表当地特色或文化特征。铺设人行道或步行道的材料要防滑并易于保养，能经受一定强度的碰撞与挤压。铺装表面要满足“稳定、坚固、防滑”的基本要求。在不同的区域应用多种不同的材料，以突出该区域的特征。慢行休闲道或健身道往往对于面层铺装材料需要有一定的可识别性和差异性，同时也需要尽可能兼顾健身的跑步舒适性和保护膝盖。可根据需求特点及实施条件灵活选择铺装材质类型，以下是一些近些年开始被较多关注和部分应用的慢行道“外衣”材料的情况。

（1）彩色沥青混凝土。指脱色沥青与各种颜色石料、色料和添加剂等材料在特定的温度下混合拌和，配制成各种色彩的沥青混合料，再经过摊铺、碾压而形成（图 4–1、图 4–2）。

彩色沥青混凝土路面具有如下特点。①具有良好的路用性能，在不同的温度和外部环境作用下，其抗水损坏性及耐久性均佳，且不易出现变形、沥青膜剥落等现象，与基层黏结性良好。②色泽鲜艳持久、不易褪色。③具有一定弹性和柔性。④施工工艺复杂，施工前需做好拌和设备、摊铺设备、碾压设备等的清洗工作，颜色调配（尤其是冷色调）受施工工艺影响大，有一定实施难度。在局部人行道上施工，需要人工

图 4-1　日本彩色沥青铺装提示路口提示

图 4-2　彩色沥青摊铺

摊铺或专用设备摊铺。⑤养护成本较高，若需开挖埋设管线，回填彩色沥青时，调配出与原路面相近颜色的沥青较困难。⑥透水彩色沥青排水空隙堵塞。其空隙率会逐年下降，或者空隙被堵塞，且不适合原有基层不透水的情况，在改造型道路中应用受限。

（2）彩色薄层铺装。通过乳白色特种乳化沥青材料与复合树脂共混乳液及相应固化剂、耐磨填料、颜料、防滑骨料以及其他助剂产生复合固化反应，与原路表面产生物理、化学黏附作用，彩色薄层铺装材料与路面间黏结牢固，在确保使用耐久性的前提下，实现薄封层彩色路面结构（图 4–3）。

图 4–3　彩色薄层铺装路面

彩色薄层具有如下技术特点。①保持原有路面粗构造，在表层沥青混凝土石料表面形成细观构造，根据细观材质的不同也对应为路面体现不同的防滑、耐久等性能的改良。②施工较简单，可快速方便实施：现场搅拌、喷洒，常温下施工后 2～6 h 左右即可开放交通，养生期满，即形成彩色路面，颜色选择的范围广，特别适用于在已建道路上的改造提升，但在使用过程中需要特别注意防滑性能，尤其是可能冬季结冰区域需要经过专门防滑测试后使用。③保护下部路面，在确保路面的呼吸性的情况下，能有效防止雨水下渗、废油污染沥青路面；可有效抵抗紫外线的氧化作用造成的表面老化、耐热老化，抗冻融、抗风化性能优。④耐久性好，采用复合材料技术，铺筑到路面后，固化反应后的黏结体系不会再黏结粉尘与颗粒，整个黏结料体系强度高、通体一色、耐磨耗，利于长期保持良好色泽与美观。⑤所用集料为浅色半透明集料，且平均粒径小，即使轻微磨损仍能提供均匀、美观的色彩表现。⑥后续养护维修便利，仅需对损坏处清除浮尘，刮涂并养护后，便可开放交通。

（3）透水沥青混凝土。指压实后空隙率在 18% 左右，能够在混合料内部形成排水通道的新型沥青混凝土面层，为单一粒径碎石按照嵌挤机理形成骨架—空隙结构的开级配沥青混合料（图 4–4）。

图 4–4　透水沥青混凝土铺装路面

透水沥青混凝土路面具有如下特点。①抗滑性能较高，透水沥青路面能够将雨水快速渗透至下层结构，使路表适中处于粗糙状态，显著提高抗滑性能。②透水性好适合海绵建设理念，透水材料使道路像海绵一样“呼吸”，部分实现雨水的自然积存、自然渗透、自然净化和可持续水循环。③具有一定的弹性和柔性。④强度相对较低，大的空隙率造成集料与集料之间的接触面积减少，势必引起材料强度的降低。透水沥青混凝土的结构承载贡献低于密实沥青混凝土，但能够适用于大部分慢行交通应用的场景。⑤排水空隙堵塞，随着交通和自然环境的作用，其空隙率会逐年下降，或者空隙被堵塞，则其透水性能下降。⑥不适合原有基层不透水的情况，在改造型道路中应用受限。

（4）塑胶类铺装。由聚氨酯预聚体、混合聚醚、废轮胎橡胶、EPDM 橡胶粒或 PU 颗粒、颜料、助剂、填料组成。具有一定的弹性和柔和的色彩，具有一定的抗紫外线能力和耐老化力，是国际上公认的全天候运动场地材料（图 4–5）。

塑胶类铺装具有如下特点。①适合运动的弹性。塑胶跑道具备适合运动的弹性，

图 4-5　塑胶类铺装路面

能产生一个适当的反弹力，同时保护关节及韧带，减少受伤的危险。②物理性能稳定。塑胶跑道具备一定的抗老化及耐盐雾、湿热、臭氧、紫外线功能，内在物理机械性能及外观结构特征保持不变。③耐冲击力。具有强韧的弹性层及缓冲层，可吸收强劲的冲击，表面不会受损。④色彩柔和。聚氨酯颗粒，表面颜色柔和，颗粒状表层，防止耀眼刺目阳光的反射，美观耐久，并可采用多色彩搭配。⑤对基础要求高。依赖于高标准的基础建造，基础不能产生裂缝和由于冰冻引起的不均匀冻胀。基础表面应有一定平整度和坡度，保证排水。⑥清洁困难，环保效益低。特有的颗粒状表面导致塑胶路面在较复杂的露天环境中较难清理，且塑胶类材料环保效益较低。⑦材料差异性大，不同的塑胶材料对于环保要求、耐久性能、表面颗粒耐磨性等方面都有较大的差异，需要在选材、施工过程中重点监督。近些年出现一些塑胶材料的环保气味问题以及老化严重问题，应引起重视。尤其是在一些开敞性空间应用其损耗会进一步加剧。

（5）再生类铺装。再生橡胶类是将厚度为 5～10 mm 的新型砖型卷材，利用黏结剂进行黏合，原材料 90% 来自废旧轮胎，除了再生橡胶也有其他再生类材质。由于慢行道尤其是作为步行使用的步道，其对于荷载要求不高，可以在满足一定条件下应用。

该类材料技术具有如下特点。①低碳环保，符合绿色节能理念，材料利用废旧轮胎橡胶或其他可再生材料制成。②行走安全，脚感舒适性优。③防火、防滑、降噪，具有可靠的黏结强度。④极限伸长率高，能适应基层变形而不易被拉断，橡胶板材是通过黏结料将橡胶颗粒黏合成为板材，抗拉性能优良。⑤耐油污，抗油侵蚀能力强。⑥小面积养护相对困难，需要对损坏部分道路进行整体切割替换。

这类再生材料，不仅是生产取自再生利用避免了对于自然资源的占用，而且能够消化和解决已有轮胎或者建筑废料的循环利用问题，可谓一举两得。但由于工艺需要，其造价并不具备优势，需要给予其一定的扶持政策和鼓励利用政策，同时也需要从材料循环利用，减低材料生产的碳排放角度重新认识其内在价值。

（6）砂石类铺装采用砂石、石屑材料按级配拌合摊铺而成（图 4–6）。具有如下特点：①施工工艺简单。由砂石、石屑等材料按级配拌合摊铺而成，施工进度快。②造价低。砂石类铺装材料成本低，运输与摊铺成本也较低。③取材方便。采用天然砂石材料，取材方便，无需特殊加工或进厂处理。④适用于公园、绿地等开阔场所。具有一定的自然、生态、环保的特性。⑤舒适感差。砂石类路面脚感差，应用于慢行休闲道容易使人感到脚底疼痛。⑥安全性能较低。砂石类铺装在人们意外摔倒时，不能起到保护的作用，反而会加重伤害。不适宜应用于市政道路人行道，更适合一些郊野慢行道局部突出郊野特色和趣味性时考虑选用。

（7）预制砖铺装，即目前普遍作为人行道铺装的道板砖，往往采用同质砖（图 4–7、图 4–8）。其具有如下特点：①施工工艺简单。预制砖施工工艺采用铺砌工艺。施工较为简单方便，能够通过砖面大小的组合、不同颜色的组合铺砌形成不同的展示效果。②造价较低。相比较沥青混凝土类铺装与塑胶类铺装，预制砖铺装造价较低，同时在开挖后易于恢复和再利用。近些年随着材质的完善也有透水砖、再生砖等

图 4–6　砂石类铺装路面实例图

图 4–7　预制砖铺装路面

图 4–8　日本道砖铺装以及标识分隔路权

材质的出现并投入使用。③与普通人行道材质相近。能够与人行道一体化施工完成，无需调用不同种类的施工机械，也广泛应用在公园内的道路上。④舒适感差。预制砖表面硬度较高，弹性低，舒适感较差。也会出现缺棱掉角、外露面不平整的现象，尤其是长期使用后，会出现松动、翘翘等问题影响健身锻炼的舒适性和安全性。

各类材质“外衣”适合的应用场景见表4–2。

表4–2　不同铺装材质适合应用场景

材质类别	彩色沥青混凝土	彩色薄层铺装	透水沥青混凝土	塑胶类铺装	再生橡胶类铺装	预制砖铺装	砂石类铺装
适合应用场景	滨水、生态及沿路型慢行道普遍可以使用，其中透水型不适用于已有人行道不透水基层的改造			对跑步舒适度有一定要求，可承办专业比赛活动的慢行道		沿路型、公园内园路型慢行道	郊野山林地区，与自然景观相协调，具有一定挑战难度的专用慢行道

各类材质“外衣”对比情况见表4–3。

表4–3　不同铺装材质性能对比

材质类别	彩色沥青混凝土	彩色薄层铺装	再生橡胶类铺装	塑胶类铺装	砂石类铺装	预制砖铺装	透水沥青混凝土
弹性（舒适性）	柔性路面铺装，有一定的弹性，较舒适	柔性路面铺装，有一定的弹性，较舒适	弹性适中，舒适感优	弹性适中，舒适	舒适感差	硬度大，弹性低，舒适度差	柔性路面铺装，有一定的弹性，较舒适
耐久性	稳定持久	稳定持久	稳定持久	耐久性一般	耐久性差	耐久性差	耐久性一般
施工难度	相对复杂，人工摊铺	容易，成型快	对基础要求高	对基础要求高	容易	容易	相对复杂，人工摊铺
后期养护	养护方便，修补较困难	养护方便	养护较困难	养护、清洁困难	养护频繁	养护方便	养护方便

4.1.2 “援手”——设身处地服务弱势群体

慢行交通出行要体现城市文明程度，重要的是在出行体系规划设计建设管理的全过程，始终能够考虑为弱势群体提供服务与便利。关注社会公平，响应对城市中弱势群体的关爱。

为弱势群体考虑，首先应该是遵循无障碍相关设计的要求，在有条件的情况下，也要更加关注老龄人口和儿童青少年的出行便利性、舒适性和安全性。

无障碍设计应当成为慢行交通出行的重要考虑因素，在各个层级的实施与操作中都应该体现对行动不便人士的照顾。无障碍设计是贯穿整个慢行设施与环境设计指引体系的重要组成部分，在慢行设施与环境的各个方面的设计指引中都应该以满足无障碍通行的标准为前提。城市道路无障碍实施范围与设计标准都应符合《无障碍设计规范》(GB 50763—2012)的要求，其中以下几点需要重点关注。

(1)在坡道和梯道两侧必须设置连贯的扶手，重点区域应设无障碍双层扶手，低扶手可以更多地为儿童青少年使用。

(2)人行道路面的盲道铺装应尽量平顺，避免不必要的转折。交叉口和建筑出入口处的人行道应设置缘石坡道，并有盲道提示设施。很长一段时间盲道作为文明城市、无障碍城市的一部分被严格地纳入城市道路建设过程并得到了贯彻落实，我国城市道路盲道覆盖率已经取得了显著提升。下一步要从有盲道到追求连续、实用的盲道。此外也有必要以社区为尺度，结合社区 15 min 生活圈打造和生活设施相连接的盲道服务体系，一方面让盲道物尽其用，另一方面也随着各类信息化技术的发展，可适度增加其他方式交互来提升无障碍出行的体验。

(3)应注意满足轮椅通行需求的人行天桥及地道，应设置坡道且坡道的坡度不大于 1∶12，当设置坡道有困难时，应设置无障碍电梯。轨道车站和地面公交车站设置直梯用于运送乘客时，应满足坐轮椅者和盲人使用。无障碍电梯地面入口平台与站外广场地面若有高差时，应设置轮椅坡道。轮椅等辅助类设施是未来面向弱势群体主要的慢行出行辅助工具，是提升出行不便人士的主要方式，这方面的设施建设还有待进一步加强。同时随着我国老龄化社会的到来，在城市慢行交通出行系统中这类设施面向弱势出行群体有进一步增加和完善的必要。从适老化改造角度，还有更多方面、更大量的工作可做。

(4)公共交通系统的步行设施应符合无障碍交通的要求。公共交通枢纽出入口宜设无障碍入口和盲文触摸信息牌，可设置声音提示等信息装置；从周边步行设施至公交站台候车处应连续铺设用于引导视觉障碍者步行的盲道；应合理设置行进盲道和提示盲道。

根据 1956 年联合国《人口老龄化及其社会经济后果》确定的划分标准，当一个国家或地区 65 岁及以上老年人口数量占总人口比例超过 7% 时，意味着这个国家或地区进入老龄化。1982 年维也纳老龄问题世界大会，确定 60 岁及以上老年人口占总人口比例超过 10%，意味着这个国家或地区进入严重老龄化。以此为标准，我国自 2000 年已进入老龄化社会，以 65 岁及以上占总人口比例的数据为参考，此指标从 2002 年的 7.3% 上涨至 2012 年的 9.4%。2012 年我国 65 岁以上的老年人口已达到 1.27 亿人，根据新华社微博："第七次全国人口普查结果显示，我国 60 岁及以上人口为 26 402 万人，占 18.70%（其中，65 岁及以上人口为 19 064 万人，占 13.50%）。与 2010 年相比，60 岁及以上人口的比重上升 5.44 个百分点。"

数据表明，人口老龄化程度进一步加深，未来一段时期将持续面临人口长期均衡发展的压力。在老龄化的背景下，我国老年人在近些年的生活出行、文化娱乐出行、休闲健身出行、风景区游览方面的活动比例逐步提高。相对而言，老年人出行更加依赖于公共交通和慢行交通，由于老年人行动半径的缩小以及行动困难的逐步增多，其对于慢行道的友好性（如减少台阶）和安全性提出了更高的要求。城市慢行系统的建设中对于老年人等出行弱势群体的响应体现了社会公平和关爱。

为弱势群体的慢行交通出行服务，首先要注重"补短板"，在一些重点区域的关键设施尽快加以完善和提升。其次要能够"设身处地"，站在弱势群体的视角和出行活动特征来认识、分析和解决问题。最后要形成"良性循环"的价值回报体系，这才是可持续发展的最终途径。

《上海市老龄事业发展"十四五"规划》提出："重点项目中包括老年宜居环境建设项目。一是推进公共设施适老化及无障碍改造。统筹推进公共基础设施、生活服务设施、医疗卫生设施、文化旅游和体育设施、移动互联网应用的适老化建设和改造，在机场、火车站、汽车站、地铁站、港口客运站等场所为老年人设置专席以及绿色通道。推进环卫公厕建设提档升级，第三卫生间配置比例达到 20%。加强景区、酒店等旅游基础设施无障碍建设和管理。推进信息无障碍改造。发展 1 300 辆低地板新能源公交车，在公交停靠站对非机动车设置限速设施，整治电动自行车和互联网租赁自行车挤占人行道现象。二是推进老年人居家环境适老化改造工程。加大力度推进既有多层住宅加装电梯工作。结合旧住房更新改造，推进无障碍设施改造。到 2025 年，完成老年人居家环境适老化改造 25 000 户。三是改善老年人体育健身环境。新建一批市民健身步道、益智健身苑点、社区市民健身中心等社区体育设施。开展老年人健康检测、评估、干预三位一体的综合性智慧化服务，广泛开展'你点我送'社区体育服务配送。四是优化农村老年人居环境。推进美丽乡村示范村、乡村振兴示范村建设，到 2025 年，创建 300 个以上市级美丽乡村示范村、150 个以上乡村振兴示范村。五是推进老年友好型社区建设，到 2025 年，新城全面构建老年友好型社区。"可见，全面推动和开展公共服务设施适老化及无障碍的改造是老龄化社会的重要需求之一，老年人的出行距离和活动半径较小，因此慢行服务设施适老化及无障碍的改造应更加重视。这也是我国在今后一段时间面临的长期问题，需要持续努力。

4.1.3 “家具”——因地制宜、想出行者之所想

慢行家具泛指在慢行道（尤其是步行场景中）内为各类使用需求而设置的设施，包括公交车站、自行车存放处等交通设施；报纸报亭、电线杆、树木坑、座椅、邮筒、公共电话亭等生活服务设施；路灯等街道照明设施，公共垃圾桶、资源回收筒等公共卫生设施，消防栓等公共市政设施。街道家具的构成是随着慢行交通出行活动的功能而演变，体现了很强的时代特征，如以往的公用电话亭、书报亭、邮筒这类使用频率高的设施随着移动互联网的发展而失去了往日的活力。但共享单车停车区，智能出租车扬招点这类新兴智能家具也在不断新生、服务当下。

1）“家具”的布置原则

慢行道家具应以功能性为前提，即为慢行交通出行提供相应的服务，例如停留、休憩、玩耍等。只有当“家具”能够被使用时，才可真正地吸引行人，从而创造更好的慢行体验和吸引更多的慢行出行。“家具”在注重功能性的前提下也应考虑耐久、实用、易于维护。注重“家具”的安全性和使用寿命，使用不锈钢材料或防锈处理应对氧化生锈等问题，在连接处进行特殊工艺处理，防止连接处的破坏，并对“家具”进行定期维护。

“家具”可以承载区域主题或者呼应区域特色的构架，进行整体的城市设计，使慢行道家具在形态上具有识别性且与周边建筑和环境相协调。成为一些慢行优先区的“名片”。

2）“家具”的设置要点

“家具”应布置在设施带、绿化带或建筑前区内，避免过多占用人行道或阻碍通行。市政及其附属设施宜结合绿化带设置，并采取安全防护措施，宜与步行移动过程保持一定距离间隙。

各类“家具”最小净宽要求见表 4–4。

表 4-4　不同“家具”的最小净宽（单位：m）

家具内容	护栏	路灯、垃圾箱、邮箱、报刊栏、咪表、小型变电箱、电线杆、小型设备箱、指示牌	座椅、电话亭	报刊亭、设备箱、变电箱、检修井	自行车停车设施、常规公交车站站台	快速公交车站站台、人行天桥楼梯、人行地道出入口、轨道车站出入口
最小净宽	0.25～0.5	0.5～1.0	1.0～1.6	1.6～2.0	2.0～2.5	3.0～6.0

（1）公厕：在与健身、运动相关或郊野区域的慢行道应尤其注意配置。优先利用周边已有的公厕设施。滨水、生态型慢行休闲道可根据实际用地条件和需求新设。无市政管网的区域，宜采用环保型移动厕所，并定期维护。设在城市集建区以外的慢行休闲道应考虑适当加密公厕设施的布置。城市市区范围内应做好对于公厕的指引和指示。

（2）座椅：慢行道沿线有条件区域宜设置休息座椅，应尽量利用周边范围已有的休息设施，在重要节点处可补充设置休息座椅（图 4-9），也可以结合公交站点、公共建筑出入口、特色打卡点等人流量汇聚、驻足的路段和场所布置（图 4-10）。座椅可根据需要进行造型和色彩方面的个性化创作，作为慢行道的装饰景观。座椅（具）的设计应满足人体舒适度要求，座椅转角处应作磨边倒角处理。座椅宜就地取材，有条件的设置靠背和扶手采用环保、易清洁、耐久、透水、易干的材料，郊外区域优先选用石材、混凝土、木材等，木材应作防腐、防虫处理。

图 4-9　上海福州路与绿化结合的休憩设施

图 4-10　杭州余杭休憩设施和绿化的结合

（3）垃圾容器（果皮箱）：优先利用滨水绿带、公园绿地及人行道上已有的果皮箱设施。重要的节点，如主要的出入口、休息区（驿站）附近宜补充设置果皮箱。郊外区域的垃圾箱优先选用石材、混凝土、木材等耐久材料。果皮箱规格、色彩、安装位置及观赏效果与景观相协调。垃圾箱的设置需考虑垃圾分类。

（4）有特色的设施：除了以上这些传统的设施之外，哥本哈根的一些特色设置如十字路口专为骑行车暂停设置的脚踏板与栏杆，专为骑行者设置的倾斜的垃圾桶，都从一个个微小的细节里，保证了骑行者在这座城市中的幸福感。

慢行交通出行和道路“家具”密不可分，随着时代的发展，路侧“家具”也在与时俱进（图 4–11、图 4–12），传统的电话亭、书报亭正在慢慢丧失其原有的活力，取而代之的是移动互联网时代的具备互动能力的智慧化设施。这个更新换代的过程也是城市更加美好、慢行交通出行品质不断提升的过程。

图 4–11　上海金山特色邮筒

图 4–12　美国芝加哥路侧自行车充气设备

4.1.4 “卫士”——照明（亮化）与安防设施

1）照明（亮化）

照明是保证慢行道夜间可识别性和使用安全的重要影响因素，纳入市政道路断面的骑行道、人行道本身作为市政设施，无论是照度还是路灯间距都有明确的规定和要求。路灯的间距和照度应保证夜间安全，并避免光污染，宜采用节能灯具，使用暖色调光源。

但是，照明在发挥上述功能的基础上，使用中还有其他因素需要考虑以提升其功用。其一，是照明对于夜间街区氛围的提升，包括了结合绿化的附加照明、地灯，以及沿街商铺的店招店牌，在当前鼓励发展夜间经济的背景下，重点地段应多加考虑。其二，对于近些年新兴的沿河道、绿地的健身道，其本身基础照明要求不高，且因人流量不大、接电困难等问题，使照明及安防等设施不到位，造成了一些新的安全隐患，采用太阳能或者自发光设备增加这类慢行道路的照明和指引是提高慢行安全的重要举措（图 4–13）。

图 4–13　新加坡健身道夜间指引

从夜跑安全角度，路灯是标准配置，指示牌及标志标线的反光要求也是很重要因素。未来，在新技术不断进步的情况下，“发光路面”等新材料、新技术的应用会更加丰富。

2）监控与安防

为保障慢行交通出行人员的安全，特别是夜间等特殊场景，宜在慢行道主要的出入口设置监控系统，优先利用现有的监控设备，在人流量大的节点处选择补充设置，并接入公安监控系统（图 4–14）。除了沿路监控外，在一些重点、热点慢行交通出行集中活动区域设置高点鹰眼监控也同样必不可少，形成全方位、立体的安全防范体系（图 4–15）。

图 4–14　上海黄浦江东岸滨江步道夜间沿路监控

图 4–15　上海黄浦江滨江步道沿线的监控设施

除了上述这些设备外，一些保安、巡逻警察也都在默默地为每一个慢行交通出行者保驾护航。在不断加大和完善上述这些照明、监控设施外，全民安全意识的提高也是必要的。这同时也引发了更深层次的思考，在这些人流量不大且为特定使用者服务的慢行道设施中如何做到性价比的最优配置？响应这个问题的关键是在慢行道设计过程中要前置慢行道的管理措施，其实这与在酒店、商场设计中最好让商管、招商、物业全程参与是一样的道理。而这一点恰恰是当下大部分慢行道设计中所缺乏的。例如，可以规定一些休闲型慢行道，非全天候 24 h 开放，同时在一些恶劣天气条件下可以关闭慢行道，让这类休闲慢行道设计更有针对性、也更经济，配套考虑相关的封闭设施、提示标识等。

案例 15　丹麦、比利时、奥地利慢行交通出行见闻

丹麦哥本哈根是欧洲慢行交通出行尤其是自行车的典范，其当下的成功来源于其长期的、自上而下的慢行提升的改善与努力。《哥本哈根市自行车骑车者统计年报 2014》认为，面对每年近 1 万人的城市人口增长，为保持哥本哈根的吸引力，自行车交通规划要密切结合城市空间的优化。利用自行车增强城市凝聚力，并利用城市空间使自行车出行充满活力，同时通过自行车景观使城市生活充满动力。其中最为典型的代表为“三件套”：自行车床、自行车街道、自行车专用桥。

在 Nørreport 站（哥本哈根最大、最繁忙的车站，包括火车、地铁、有轨电车、公共汽车等交通方式）修建“自行车床”，即在广场设计建设自行车停放区，

该创新设施平面低于街道 20～30 cm，美观并便于识别，能停放 2 100 辆自行车，而原设施仅能停放 900 辆自行车（图 4–16）。

图 4–16　自行车床

建立了第一条自行车街 Vestergade，将机动车单行线优化为自行车与私人小汽车共享街道，即运用私人小汽车单向行驶和限制速度等措施，抑制私人小汽车进入（图 4–17）。由此，成功地使私人小汽车日交通量由 2013 年 2 500 辆 /d 减少至 2014 年 800 辆 /d，自行车日交通量从 4 600 辆 /d 增至 7 600 辆 /d。

图 4–17　自行车街道

2014 年 6 月开通的慢行专用的“蛇形桥””（CycleSerpent），连接 Vesterbro 区和 Brygge 群岛，自行车日交通量超过 1.15 万辆 /d，并有 4 000 人次 /d 的行人使用（图 4–18）。

比利时布鲁塞尔是欧盟总部所在地，欧盟总部周边的慢行交通出行也做了相当多的精细化设计与考虑，在临近欧盟总部的地铁站点出入口处，形成了多维度的慢行接驳体系，并且有适度的隔离措施（图 4–19）。

图 4-18　自行车专用桥

图 4-19　比利时轨道站点出口的慢行衔接道

欧盟总部广场显眼位置，提供了非机动车停放空间，凸显对慢行交通出行的尊重和优先，与此对比的是机动车出入口放在了需要继续绕行才能进入的区域（图 4-20）。奥地利维也纳老城区可谓寸土寸金，但在有限的街道空间上，在对机动车进行单向通行管理的同时，提供了路边非机动车停车空间，方便慢行交通出行（图 4-21）。

图 4-20　欧盟总部门口的非机动车停车空间

图 4-21　维也纳街角自行车停车位

夜间沿着维也纳索菲特酒店旁的河边散步，桥下慢行空间经过装点，显出别样情调（图 4-22）。

图 4-22　维也纳索菲特酒店对面沿河慢行道桥下的艺术化处理

4.2　安全保障与路权优先大有可为

4.2.1　彩化为路权优先创造更好条件

随着道路铺装彩化技术的不断发展完善和建设成本的不断改善，彩色慢行道越来越多地出现在人们的视野。色彩的目的不是为了美观，也是为了更好、更显著地表明路权关系。但无疑也为城市装点上了一抹彩色的飘带。

慢行优先区域的慢行道建议采用彩色铺装（图 4-23、图 4-24）。在慢行道起止点、转折处、分岔处等慢行决策点，可变换路面铺装的材质、色彩或铺排方式，以示区分。对有非机动车人行混合、慢跑功能等特殊需求的路段，应在铺地上对不同速度的交通方式予以区分，减少冲突和影响。

对于和人行道共板的健身步道可以通过彩色材质进行区别，提供健身者醒目的指引作用，步道宜采用接近一般跑道颜色的赭红色（图 4-25、图 4-26），骑行道可采用绿色（图 4-27）或蓝色（图 4-28）。

考虑到彩色铺装的成本和养护负担，可以考虑优先在交叉口进口道、出口道，交叉口内部以及公交站点等转换点处，采用彩色材质加以区分（图 4-29）。

国外也大多在多种交通流交织区域进行彩色铺装（图 4-30）。

图 4–23　黄浦江滨江彩色漫步道

图 4–24　上海临港新片区彩色非机动车道

图 4–25　人非共板 – 彩色非机动车道（蓝色）+ 人行道 / 健身步道（红色）

图 4–26　休闲慢行道 – 彩色非机动车道（灰色）+ 跑步道（红色）

图 4–27　独立的彩色非机动车道

图 4–28　人非共板 – 彩色非机动车道（蓝色）

图 4-29　北京水立方旁交叉口非机动车道局部彩化

图 4-30　比利时彩色铺装在关键过街处的应用

4.2.2　安宁交通为人车关系增进和谐

安宁交通（又称交通稳静化），即通过旨在保障和提升慢行安全、舒适为目的的道路交通改造措施或者政策、法规、技术标准等，来实现降低机动车对慢行交通出行者生活质量、安全及环境的负效应，约束鲁莽驾驶行为，改变行人及非机动车出行环境，进而实现局部区域的可居住性、可行走性、交通安全保障度的提升（图 4-31、图 4-32）。

安宁举措（或称稳静化措施）主要使用在居住区、商业活动区及集散道路上，在

图 4-31　比利时人行过街横道前的减速标线

图 4-32　比利时居住区的慢行铺装和街角非机动车停车

城市居住区内应特别强调处理好行人与机动车的关系，以保证居民的步行安全性。有些情况下，人车安宁措施也使用在那些有明确的、大量的步行者需求的主干道上。在确保机动车进出口通畅性的同时，也应保证步行、自行车和公交的使用不受影响。居民的停车需求应与同样重要的步行、自行车和公交等一起权衡。在不同的慢行分区，对交通速度的需求也是不同的，如在居住区内对道路交通安全的需求就明显超过了对速度和效率的需求。因此，同一种交通方式在不同的城市交通环境下，地位应该是可变的。如在城市快速路上，小汽车交通有优先权；但在居住区内部，行人与非机动车交通则应当优先于小汽车交通（图 4-33、图 4-34）。

图 4-33　通往住宅区的路口缩窄与机动车单行限制

图 4-34　交叉口非机动车等候前置

《文明的街道——交通稳静化指南》(*Civilised Streets a Guide to Traffic Calming*) 一书介绍了国外成熟的交通稳静化方案或管理政策，如“圆顶和平顶路拱”“30 km/h 限速区”“速度缓冲带”“道路变窄的窄点”“减速弯道”“停车振动带”，提到“英国使用最多的是设置路拱、减速平台、加高交叉路口或其他类似的垂直措施；第二位的是各类缩窄街道宽度的措施”。在德国小镇开车也随处可见各类安宁交通（稳静化）措施（图 4–35），可见欧洲对该措施的持续的推广和应用已深入人心。

图 4–35　德国安宁交通（稳静化）措施

我国适宜在城市核心商业区和行政区、居住区、高等院校的内部，以及医院、中小学等公共建筑的出入口处，优先探索采用稳静化措施，以降低机动车车速，限制车流，减少交通事故，保证行人安全。应因地制宜地选择交通稳静化措施，如减速带、减速拱、槽化岛、行车道收窄、路口收窄、抬高人行横道、道路中心线偏移、共享街道等（图 4–36）。

图 4–36　交通稳静化措施——多样化减速带的设置

安心上学路的打造。深圳市在 2016 年提出建设儿童友好型城市的目标，提出“规范机动车交通，划定安全、连续的步行和非机动车空间，提供独立、安全玩耍的街道活动空间和儿童友好的道路交通设施”的发展策略。深圳宝安中学第二外国语学校“最美上学路”重新铺设了沥青路面，更换了陶瓷透水砖，人行道、非机动车道，安装了可遥控升降的新型防撞柱，并完善了学校周边斑马线、黄格线等标识标线，增加了非机动车道、盲道等。深圳中山小学、中山中学打造学生安全通道以湛蓝色为主调铺设彩色透水混凝土，并配以彩色标线和地面彩色图标，在学校大门与公交站、停车等候区等学生集散点设置风雨连廊，建立起公共交通、步行和骑行的绿色网络体系。

路径设计和步行安全程序也同样配套，到达学校的步行路径设计，包括：学生上下课的步行路径设计应给予最为优先的级别，周边道路应设置人行道和明显标志的人行横道线；在学校安全疏散范围设置交通安宁措施以使机动车速度维持在较低的水平；在学校的周边所有地区应通过人行道和步道清楚标示到学校的路线等。改善学校周边地区步行安全的程序，包括：为学校设计步行安全路线图，逐步建立与强调该步行安全路线；实施路径改善措施；经常性地评估路线等。

安宁交通的打造，本质上体现了人们对于交通出行的多样化理解和追求，出行的过程不仅仅是一个“人和货物位置改变的移动过程”，还是一个体验、享受、互动的过程，安宁交通是在不同的功能空间，优先提供与空间活动相适应的交通环境，在机动化工具和慢行交通工具之间提供差别化条件。这既是一种和城市、空间、活动融合互动的过程，也是在人车矛盾不断的当下，尝试找到人车和谐的发展方式。

4.2.3 隔离管理与视线通透为出行安全守护

随着城市交通压力的不断增加，慢行交通出行和快速交通出行在断面上、交叉口上的通行冲突需要通过适度的隔离管理加以分隔，保障各行其道。隔离管理的必要性来自“冲突的分隔”，主要是指机非冲突和人非冲突两大类。

1）路段机非隔离管理

主要是指机动车和非机动车之间发生的路权相互侵占或者交通流线相互干扰，一方面是因为非机动车的溢出效应，部分骑车者无视交通规则或者为了实现对前方非机动车骑行者的超越，尤其是电动自行车比例不断上升后，非机动车交通流内部也出现了速度类型差异，进而超越现象频繁。另一方面因机动车占道行驶、路边停车、占道经营、公交停靠等因素，骑车者常溢出进入机动车道，这不仅影响机动车的通行效率也同时是自行车骑行极大的安全风险。在具备道路宽度条件的情况下，且采取警告提示、彩色路面区分仍无法有效减少二者之间的冲突情况时，宜采取护栏隔离进行冲突管理。

（1）中央隔离设施。依相应规范要求快速路必须设置中央分隔防撞护栏；设计速度大于或等于 50 km/h 的主干路中央分隔带宜设置防撞护栏；双向六车道及以上的道路，当无中央分隔带且不设防撞护栏时，应在中间带设分隔栏杆。

设置方式：当路基整体式断面中间带宽度小于或等于 12 m 时，必须设置防撞护栏；设计速度大于或等于 50 km/h 的主干路中央分隔带宜设置防撞护栏；双向六车道及以上的道路，当无中央分隔带且不设防撞护栏时，应在中间带设分隔栏杆；在非全封闭路段天桥和地道的梯道口附近有公共交通停靠站时，宜在路中设分隔栏杆；当路段设置过街人行横道时，分隔栏应断口，并逐渐降低护栏高度，且不高于 0.7 m，降低后的长度不应小于停车视距；断口处应设置分隔柱；中心城区及地铁、车站、学校、医院、商业中心等人流汇聚区分隔栏的净高不宜低于 1.1 m。近些年，随着人们安全意识的不断提高，乱穿马路、翻越护栏的现象有所收敛，分隔栏净高要求也是防止翻越的无耐之举。

（2）机非隔离设施。双向四车道及以上的道路，机动车道和非机动车道为一幅路设计，应在机动车道和非机动车道之间设置分隔栏杆；机动车与非机动车为一幅路，且非机动车流量较大或存在路边停车现象以及路口功能区范围，宜设置机非分隔栏（表 4–5）。

表 4–5　各级非机动车道隔离方式要求

非机动车道等级	非机动车宽度	隔离方式
非机动车专用路	单向通行不宜小于 3.5 m 双向通行不宜小于 4.5 m	应严格物理隔离，并采取有效的管理措施禁止机动车进入和停放
一级	3.5～6.0 m	应采取物理隔离
二级	3.0～5.0 m	应采取物理隔离
三级	2.5～3.5 m	主干路、次干路应采用物理隔离，支路宜采用非连续物理隔离

设置方式：主干路、设计速度大于 40 km/h 的道路以及双向四车道及以上的道路，机动车道和非机动车道为一幅路设计，应在机动车道和非机动车道之间设置分隔栏杆；非机动车流量达到饱和或地铁站等机动车有随意在路边停车现象时，机动车道和非机动车道为一幅路断面，应在机动车道和非机动车道之间设置分隔栏杆；机动车道和非机动车道为一幅路断面，路口功能区范围宜设非机动车和机动车分隔栏杆

（图 4–37）；在路口设置时，应避免设置分隔栏杆后妨碍转弯和掉头车辆的行驶；非机动车道高于边侧地面有跌落危险时，应在非机动车道边侧设置分隔栏杆（图 4–38）。

图 4–37　交叉口设置机非隔离保障行人流沿人行道过街

图 4–38　机非护栏约束非机动车排队以及进入交叉口的队列漫溢

处在夹缝中的非机动车道隔离方式是其特有而且也值得深入研究之处。我国的交通习惯是将非机动车道与机动车道放在同一断面上考虑，不像日本、欧美等国将非机动车道与人行道放在一起，主要原因是我国城市道路上非机动车交通量较大。非机动车与汽车分离标准：日本、欧美等国家的非机动车与汽车分离标准很不一致（表 4–6）。如日本非机动车道规范中认为非机动车交通与行人交通的总和大于 3 000 辆人 /h 就应将非机动车和行人分开。

表 4–6　其他国家隔离设置单独非机动车道的标准

国家	设置非机动车道的标准
荷兰	非机动车交通量大于 500 辆
	汽车交通量大于 170 辆 /d，非机动车交通量大于 400 辆 /d，宽度为 6 m 的道路
丹麦	主要道路非机动车交通量大于 300 辆 /d
	一般道路非机动车交通量大于 500 辆，机动车交通量大于 300 辆 /d
瑞士	汽车交通量大于 700 辆 /d，并有一定 的非机动车交通量
	汽车交通量每小时为 400～700 辆，非机动车每日流量大于 50 辆
	汽车交通量不大，但日非机动车流量大于 500 辆
挪威	非机动车日通行 800 辆以上
	汽车交通量大于 300 辆 /d，非机动车交通量大于 500 辆 /d
前联邦德国	日通行汽车 2 000 辆以上，非机动车路段交通量大于 200 辆 /d
	每小时非机动车通过量大于 100 辆

续表

国家	设置非机动车道的标准
日本	非机动车行驶平均速度 17～18 km/h，日交通量达到 500～700 辆；汽车速度大于 50 km/h 的路段
	汽车日交通量 2 000 辆以上，非机动车交通量 700 辆 /d 以上
美国	最外侧车道线的汽车交通量 5 000 辆 /d 以上
	外侧车道线的汽车交通量 1 000 辆 /d 以上，且有 85% 车速在 65 km/h 以上，其中大型车混入率 5% 以上

在大量的非机动车中混入机动车，好比稳定的溪流中投入了一块礁石，不仅机动车本身被两侧抢行的非机动车流紧紧包围而“步履维艰”，非机动车流也因为频繁换向变得紊乱不堪，大大降低了通行能力。

此外，在一些支小路往往长期存在机动车违法停车现象，这类机动车占道往往占据的是非机动车道，造成非机动车不得不溢出到共板的机动车道，这就是常说的“停行冲突”，这类问题尤其容易发生在一块板道路断面上。适当的机非分隔，能够有效防范机动车占用非机动车道的违法停车行为，保障非机动车的有效骑行空间。在不能随时并回到非机动车道而要与机动车长距离混行的情况下，大多数非机动车乃至电动自行车骑行者也不会贸然混入机动车道。另外的好处是非机动车限制在由护栏和路缘石组成的空间内，非机动车流会按照相对稳定地跟随流形态运动，也降低了非机动车流内部的穿插超越。

由此可见，隔离方式以及是否隔离需要从交通流量角度出发，同时应注重车型的构成。如允许大型货车通行的道路，从保障非机动车安全的角度，不仅应采取硬隔离方式，而且要留出足够的安全措施和右转隔离措施。此外能做到轨道交通站点周边路段局部非机动车道加宽或者隔离等级上升也是贯彻“最后一公里”出行体系的重要举措。随着近些年电动自行车在非机动车出行中比例的日益提高，将非机动车道和人行道混合设置需要更加慎重以及更精细的安全保障措施的考虑。

2）路段人非隔离管理

主要针对非机动车路边停车对行人的通行干扰，在流量较大的路段，非机动车膨胀流与行人的冲突，在遇到障碍时（如机动车驶入或停放在非机动车道），驶上人行道上的非机动车与行人的冲突，非机动车逆向在人行道上行驶与行人的冲突，非机动车在人行道随意停放对行人的通行干扰，公交停靠站处穿越行人与非机动车的干扰。针对以上干扰，采取一些软隔离措施起到区分、警示的效用。

3）交叉口隔离设施

交叉口适度的机非隔离设施有助于防止慢行交通流外溢。交叉口是两条或两条以上道路的交汇处，是车辆、行人交通汇集、转向和疏散的必经之处，是城市道路交通事故的主要产生区域。交叉口范围一般设有人行护栏保障行人通行安全；而非机动车与机动车在交叉口内通行空间交错，宜设置相关隔离设施或采取相关管理措施，保障非机动车路权，为出行者提供更安全的骑行环境。

设置要求：次干路及以上道路相交，交叉口路缘石半径过大时，应设置机非隔离设施；主干路或次干路与支路相交，交叉口路缘石半径过大时，宜设置机非隔离设施；支路相交交叉口，原则上不设机非隔离设施，但当地处工业区、物流区等大车比例较高区域且交叉口路缘石半径过大时，可设置机非隔离设施；交叉口有工程建设过程中，应遵循交警及相关主管部门意见采取必要的机非隔离设施和施工隔离设施。对于近些年提倡的小半径路口，应结合慢行流特征做好安全防护隔离提示。

具体设置方式如下：交叉口机非隔离设施设置目的为通过设置相关隔离设施以避免城市道路交叉口中由于内轮差而导致的机动车侵入非机动车通行限界所造成的交通事故，隔离设施的布置程度也要兼顾城市景观体系的需要。各等级新建道路典型断面形式及车道数与分隔设施建议见表 4–7。

表 4–7　各级道路分类对应分隔带设置建议

道路等级	城市主干路		城市次干路				城市支路		
红线宽度	60 m	50 m	45 m	40 m	32 (35)m	30 m	24 m	20 m	16 m
双向车道数	6～8	6～8	6～4	6～4	4	4	2	2	2
断面形式（板块数）	四 / 三	四 / 三	四 / 三 / 二 / 一		三 / 二 / 一		一		
是否建议设置分隔设施或分隔带	有	有	有 / 有 / 无 / 无		有 / 无 / 无		无		

4）交叉口右转隔离设施

交叉口隔离设施可采用隔离带、隔离墩、隔离护栏等形式，右转弯隔离护栏适用于货运车辆或其他大型车辆较多的路段交叉口设置，城市中心区内原则上设置右转弯隔离护栏，城市外围可设置右转弯水泥隔离墩（图 4–39、图 4–40）。

交叉口右转弯区彩色铺装提示及小转弯半径改造（图 4–41）。中心城区、重要

图 4-39　隔离墩型右转弯隔离

图 4-40　绿化带型右转弯隔离

图 4-41　交叉口右转弯区彩色铺装提示

商业区、景区等高景观要求区域交叉口宜采用右转提示标线等相关管理措施替代隔离设施。

右转危险区为大型车辆在右转时由于“内轮差”形成的视觉盲区。集装箱运输卡车、挂车、搅拌车等大型车辆因车身较长，转弯时前后车轮的运动轨迹不重合，形成“内轮差”，若非机动车和行人步入视觉盲区范围内，极易被卷入车底遭碾压，导致“包饺子”事故。

在设有“右转危险区”的路口右转时，驾驶者应降低车速，应沿着红色区域外的虚线轨迹右转，确保安全通过路口（图 4–42）；非机动车驾驶人及行人在靠近“右转危险区”时，应观察周边交通状况，等候大型车辆完成右转并远离红色区域后再通行（图 4–43）。

图 4–42　上海青浦区右转危险区示例

图 4–43　上海松江区右转危险区示例

5）临水路侧防护隔离设施

当行人或非机动车越出路外可能造成严重交通事故时或临水、临崖等危险路段，应设置路侧安全防护设施。设置要求包括：桥梁与高路堤段应设置路侧防撞护栏；次干路、支路的路侧一般不设置路侧护栏，如行人或非机动车越出路外可能发生严重事故或严重二次事故的路段，宜设置路侧防撞护栏；临水、临崖等危险路段，应设置路侧防撞护栏（图 4–44）。凡慢行道一侧为河滨或湖泊，考虑出行者的安全，全线在水岸边应设置防护设施，优先利用现状已有护栏或绿篱，参照其形式补充全线设置。同时应在重要节点处设置警示牌，提醒落水危险。

图 4–44　滨水防护设施示意图

6）慢行道挡车设施

慢行道挡车设施是为了防范车辆驶入慢行道而设置，一些车辆会驶入人行道或慢行空间违法停放（图 4–45），这类行为不仅会侵占慢行空间和影响慢行出行过程的安全，而且由于慢行道荷载设计有限，这类违法驶入对于慢行道往往会造成永久性破坏，进而产生凹陷、翘起、积水等后续影响。持续性地破坏慢行交通使用的舒适性。

为确保慢行道使用安全，在一些慢行道进出端口宜合理采取车档、隔离墩等路障设施来限制机动车进入，在宽度大于 3 m 的自行车道入口处，一般应考虑设置阻车桩，以阻止机动车驶入自行车道（图 4–46）。阻车桩宜选用反光材料，确保安全醒目。对分时段控制要求的路段，应采用可升降的阻车桩。针对步道宜专门设置路障来限制非机动车进入。车档、隔离墩等路障设施宜选用混凝土、石材等耐久、防盗材料，并应进行景观处理（图 4–47、图 4–48）。同时设置必要的指示标志牌，设置夜间提示信号灯或采用反光贴膜材料。未来随着北斗定位技术与民用应用不断拓展，通过定位来管理车辆乱停放，可以省去挡车设施的设置。另阻车桩应注意间距大小以及尽可能采用橡胶等相对柔性材质。

图 4–45　人行道阻车设施

图 4–46　非机动车阻车设施

图 4–47　新型禁停柱

图 4–48　交叉口人行护栏和红白杆阻车桩

7）视距保障设施

视距遮挡安全设施是指道路两侧及隔离带上种植的树木或者其他植物，设置的广告牌、管线等，应与交通安全设施保持必要的距离，不得遮挡交通信号灯、交通标志，不得妨碍安全视距，不得影响通行。园林绿化部门应配合公安交通管理部门及时对妨碍交通安全设施正常使用的树木或者其他植物组织修剪或者移植。

根据行车速度和驾驶员制动反应距离，建议主干路、次干路、支路路段平面过街设施前（来车方向）绿化带的限高长度分别取 60 m、40 m、25 m，在交叉口平面过街设施前绿化带的限高长度取 20 m。被人行横道或道路出入口断开的分车绿带端部，绿化高度应在 0.9 m 以下，控制长度范围应满足停车视距要求，保证行人和车辆的视线通透性。同时可以通过沿街绿化的种植，起到视线诱导的作用，增加行车路线的方向感。机动车驾驶员视距的遮挡增加了慢行交通与机动车的交织风险，也一定程度影响了慢行交通出行的观察视线条件。

（1）地块出入口停车视距保障慢行安全。地块出入口、内部道路交叉口、汽车库内通道交叉处、建筑内置式地下车库坡道口交叉处，在平面视距三角形范围内，须保证机动车驾驶员和慢行人员观察视线通透；视距三角形要求的停车视距应符合表 4–8 的规定。

表 4–8　项目地块视距三角形要求的停车视距

行车设计速度（km/h）	20	15	10
安全停车视距（m）	20	15	10

设置要求：基地双向出入通道与城市道路相交的角度应为 75°～90°，具有良好的通视条件。在距入口边线内 2.0 m 处作为视点的 120° 范围内至边线外 7.5 m 不应有遮挡视线的障碍物。进出分开的单向出入口通道设置应避免车辆行驶路线出现小于 90° 的折角。

（2）交叉口右转弯停车视距。交叉口视距三角形要求的停车视距应符合表 4–9 的规定。

表 4–9　交叉口视距三角形要求的停车视距

交叉口直行车设计速度（km/h）	60	50	45	40	35	30	25	20	15	10
安全停车视距（m）	75	60	50	40	35	30	25	20	15	10

设置要求：平面交叉口视距三角形范围内，不得有任何高出路面 1.2 m 的妨碍驾驶员视线的障碍物。

（3）有公交专用道交叉口设置错位停止线。停止线对横向道路在设置公交专用道机动车右转弯通行有影响的，部分车道的停止线作适当后移，保证交叉口右侧的

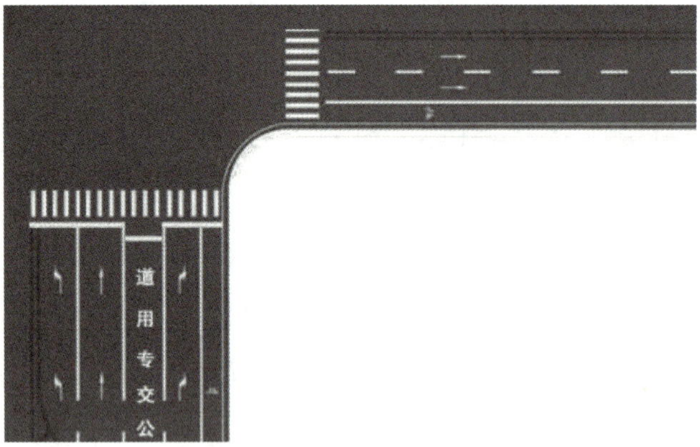

图 4–49　公交专用道机动车右转弯停止线错位设置示意图

停车视距安全。设置要求：停止线后移距离可根据实际情况决定，一般在 100～300 cm 之间，如图 4–49 所示，以避免公交车辆阻碍同方向其他车辆视线，而造成对于人行横道上行人的安全事故，这类事件在公交车礼让行人初期发生较多。

4.3　空间活力与精细更新品质担当

4.3.1　空间“添绿”带来一抹清凉

绿化与景观能为慢行环境增加更多的人性化尺度和提供更舒适的行走体验。视线的通畅应成为布置绿化的重要考虑因素。在交通节点、过街处等步行关键地段设置的绿化要注意高度以确保视线通畅。提倡多功能用途的绿化景观配置，不仅发挥其带来的视觉观赏效果，而且还应作为提升整体步行环境的必要补充。例如缓冲机动车交通、遮荫挡雨、清新空气等。

园林景观路路段的绿化覆盖率不应小于 60%，宜大于 80%。城市道路绿化的布置和绿化植物的选择应符合城市道路的功能，不得影响道路交通的安全运行，一般遵循以下原则设置：道路绿化布置应便于养护；路侧绿带宜与相邻的道路红线外侧其他绿地相结合；人行道毗邻商业建筑的路段，路侧绿带可与行道树绿带合并（图 4–50）；道路两侧环境条件差异较大时，宜将路侧绿带集中布置在条件较好的一侧；干线道路交叉口红线展宽段内，道路绿化设置应符合交通组织要求；轨道交通站点出入口、公共交通港湾站、人行过街设施设置区段，道路绿化应符合交通设施布局和交通组织的要求。

绿化的遮荫功能。鼓励采用乔木、灌木、地被植物结合的形式。对有遮蔽需求的地段，应优先采用乔木绿化并与座椅、自行车停车设施等慢行家具结合设置，方便人们等候、停留（图 4–51）。

当城市生活性道路的绿化带采用灌木绿化或草坪绿化时，不应长距离连续设置，避免对行人灵活穿越造成阻隔（图 4–52、图 4–53）。

图 4-50　上海南京西路“人在绿中走”

图 4-51　上海路侧银杏成荫、引人驻足

图 4-52　内外慢行空间降坡转换衔接

图 4-53　绿化隔离带的适当开口供停行转换

案例 16　美国高线公园的空间再造

美国纽约高线公园作为空中花园和绿道的典范而闻名遐迩（图 4-54）。从慢行交通出行角度审视，它同样是空间再造和慢行复兴的示范。空间再造：它原本是 1930 年修建的一条连接肉类加工区和三十四街的哈德逊港口的铁路货运专用线。总长约 2.4 km，距离地面约 9.1 m 高，跨越 22 个街区，于 1980 年停运，被遗弃了 30 多年后曾一度面临拆迁危险。改造后供人们慢行，沿途可欣赏美景和哈德逊河，还能经过一些地标性建筑，比如自由女神像和帝国大厦、洛克菲勒中心等（图 4-55）。高架铁道距离地面 30 ft（约 9.1 m），铁道最宽处有 60 ft（约 18.3 m）。“漫步”的理念重新融入城市公园体验中，空中步道带来了独特的城市体验和超凡的视觉享受。

其改造分为三期，高线公园一期占地 2.88 acre（1 acre = 4 046.86 m^2），全长 0.5 mile（1 mile = 1 609.34 m）。它从 Gansevoort 街区开始，一直到西 20 街，共跨

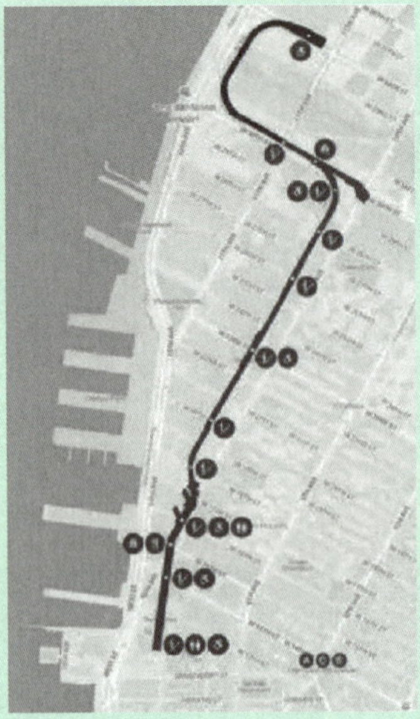

图 4-54　高线公园走向图

图 4-55　高线公园的空中步道

越 9 个街区。设计师将“发现高架铁路之美”确定为设计主题，设立一个新的步行系统，由线性的水泥和木板连接而成，特制的锥形边界线似乎是允许水的自由流动；并且将有机绿色植物和硬质材料混合进行应用，创造了一个散漫的、令人沉浸其中的结构（图 4-56）。将景观慢下来，提升它的延续性，使人感觉置身在一个压力较小的空间。长长的楼梯，蜿蜒的步道和隐藏在路旁的壁龛，都在放慢人们的步伐。

图 4-56　高线公园一期工程

高线公园二期从西 20 街到西 30 街，全长 0.5 mile。新入口处位于西 23 街、西 26 街、西 28 街和西 30 街，分别增设了新入口。整个公园覆盖了完整的无障碍通行道，并在西 30 大道和西 23 大道设置了两台升降电梯以帮助西 14 大道和 16

大道现有的两台电梯。天桥的金属走道比高线公园高 8 ft，脚下覆盖了波浪起伏的植物，人们在上面，可以走进漆树和木兰的天棚中。走道分开为多支，为停下小憩和欣赏下面植物景观或者远处的城市创造条件。高线公园三期工程改造新建了长凳、铁轨步行道、表演空间以及为孩子们准备的游戏场等。高线各处都能找到坐下的地方，步道可以被无缝地改造成更多的坐席区或者游乐区，甚至可以变为种植区。由于宽度适宜，长凳还能组合成一个圆形剧场。最有趣的是儿童游戏场，搬除了高线的水泥平台后露出了原来的梁柱和铁路线的大梁，覆盖上厚厚的橡胶后成为一个安全的游戏空间。如图 4–57、图 4–58 所示。

图 4–57　高线各处可见的坐席

图 4–58　高线公园天桥金属走道

4.3.2　艺术“增彩”邂逅一份精彩

公共艺术应与周边环境的空间尺度相协调。鼓励公共艺术与慢行家具一体化设计，提升区域慢行体验，增加趣味性与观赏性。

公共艺术品是塑造良好慢行空间特色和活力的重要元素，优秀的公共艺术品不但能提供良好的视觉感受，而且可以使所处的空间彰显魅力。公共艺术品需要与周围的环境相协调，体现出开放式设计的特点，展现出一种引领和营造周围空间环境的气质。公共艺术品的设置地点要选取得当，尽量与人行路径相联系，并符合行人的观赏角度与距离，同时要考虑周边整体慢行空间的支撑条件，避免在慢行交通出行中形成局部瓶颈。此外，公共艺术品要适应整个慢行区域的定位和主题。

慢行速度下，人的视线广角随之放大，可关注更多的两侧空间环境，而不活跃的空间往往导致死角，因此在主要的慢行道路上应尽量避免大片墙体的出现。在国内，这类问题被意识到并已有了很多好的解决方案，如历史文化、党建宣传等主题街墙的出现，或者通过绿化植被进行遮挡。通过艺术化或者绿化能最大限度地将街道空间的“死角”改善。在欧洲的许多国家尤其是英国，涂鸦是一种文化。在街头巷尾总能发现墙面上几处色彩艳丽，英国街头的涂鸦可以说有着那样一种“放荡不羁”，随性、夸张、放肆，给这个沉稳优雅的国家带来别样的活力，在比利时中心步行区偶尔瞥见的街角涂鸦也给人一种耳目一新的感觉（图 4–59）。涂鸦是一种城市设计手段，装扮城市街景、地景，创造共享的、公共的视觉空间。

但是这类“死角”改善往往只发生在一些重点区域，并没有普及开来。一个很重要的因素是所有权和维护权的错位。街墙往往是地块与外隔离的设施，对于其所属地块能够起到隔离作用即可，并没有美化装饰的内在动力。街道和社区虽然有提升美化的设想却并非所有者，因此存在错位。这也是我国强调要构造开放式街区的重要性所在。这需要从街道综合形象出发建立综合协调机制，推动重点区域的主街街墙美好以及后续的养护、管理与更新，为慢行交通空间提供了一个新的表现平台，逐渐成为城市活力的新体现（图 4–60）。

图 4–59　比利时中心步行区及街角涂鸦

图 4–60　上海路边外墙涂鸦

4.3.3　附属设施“汇聚”腾挪一处空间

道路必要的附属设施主要包括路灯、各种立杆、控制箱、各类井盖等。这些附属设施维持和保障着道路功能的运转和发挥，并有各自的布置要求和养护职责。但随着城市道路功能的越来越丰富，出于各自管理的需要和减少协调的麻烦，各产权主体倾向于各自立杆，因而各种杆、箱、井就如雨后春笋一样恣意生长，而不论是管线铺设方便还是管理便利，慢行道尤其是人行道成了其理想的栖息所。全国各地开展的持续的“合杆”“合箱”以及“装饰井盖”等举措就是针对这类问题，集约化地利用杆、箱资源，减少慢行空间上的占用。

1）合杆

道路上设置的主要杆件包括：道路照明灯杆、交通标志标牌杆、信号灯杆、监控杆、路名牌杆、公共服务设施指示标志牌杆、电线杆、公交站牌杆、停车诱导指示牌杆等。在综合考虑各类杆件布设要求的前提下，应合杆设施如下：道路照明、交通标志标牌、信号灯、监控、路名牌、公共服务设施指示标志牌等，见表 4–10。

表 4–10　常规设施合杆

序号	杆件名称	应合杆设施
1	道路照明灯杆	道路照明
2	交通标志标牌杆	指路标志
		分道指示标志
		指示、禁令、警告、作业区、辅助、告示、旅游区标志
3	信号灯杆	机动车、非机动车、行人信号灯
4	监控杆	交通、公安监控
5	路名牌杆	路名牌
6	公共服务设施指示标志牌杆	车站、地铁指示牌等
7	电车杆、电线杆	电车触线

在满足业务功能要求和结构安全的前提下，各类杆件应按照“能合则合”的原则进行合杆。道路照明灯杆作为道路上连线、均匀和密集布设的道路杆件，应作为各类杆件归并整合的主要载体（图 4–61、图 4–62）。环境监测、扬尘监测、通信设备以及公厕指示牌等设施应利用综合杆设置。柱式公交站牌可独立设杆；道路交通可变信息标志、停车诱导等大型门架式或悬臂式结构可独立设置；无道路照明灯杆的中央分隔带上需设置行人信号灯或机动车信号灯的，可独立设杆；其他经论证不具备合杆条件的，可独立设杆，独立设置的龙门架或杆件应与道路环境景观协调一致。

2）合箱

道路箱体设置和整治应遵循“减量化、隐形化、规范化、小型化”的原则，主要涉及电力设备箱（箱式变电站、环网箱、低压电缆分支箱和供电箱以及电表箱）、光缆交接箱、路灯控制箱、交通设施控制箱（交通信号灯控制箱、道路监控箱）以及部分其他箱体（水务检测箱、绿化取水箱、燃气控制箱、通信控制箱等），如图 4–63 所示。

图 4–61　黄浦滨江路多杆合一后的精细化设置

图 4–62　打浦路路口精细化处理

图 4–63　各类道路箱体

各类箱体应满足安全性、功能性和景观性的要求，确保仓内设备安全稳定运行。原则上有条件的各类箱体宜就近合箱，各类合箱设施设备应小型化。道路上其他各类箱体，应在整合后集中、有序和规范布设。各类箱体应与道路新建、改建工程同步规划、设置（图 4–64）。

各类箱体宜布设在道路红线以外或人行道外侧，不应布设在路口人行道、居住小区、商业设施等出入口处；若无条件的，可设置于路段公共设施带内。有条件情况下，箱体宜结合入户两侧地块设置。各类箱体不得占压无障碍设施及两侧各 0.5 m 人行道。同一行业箱体外观设计做到颜色协调、风格一致、标识明确。对于新建道路，

图 4-64　上海部分道路合箱及美化后效果

结合道路设计明确各类箱体设置点位及范围，根据各行业的需求合理分配资源并考虑远景规划留有足够的空间以满足今后增量的需求。对于改建道路，应调查现有地下管线设施和位置，做好管线综合规划，因地制宜合理改造。

3）装饰井盖

上海市发布的《贯彻落实〈中共上海市委、上海市人民政府关于加强本市城市管理精细化工作的实施意见〉三年行动计划（2018—2020 年）》中明确 13 项重点任务和 42 个实施项目，其中对窨井盖整治提出明确要求：窨井盖，要美观、平整、碾压无响动，并注重和路面色调的一致和协调。根据上海市管理精细化的要求，在非机动车道改造过程中，同时对窨井盖进行整治。装饰性井盖采用方形造型，便于实际施工；对于横跨非机动车道和人行道的井盖，易于界面分割，可采用一侧无机透水混凝土、一侧透水砖的铺装形式；耐磨性好，有一定降噪功能（图 4–65）。

图 4-65　装饰性井盖在实践中的应用

未来有更多彩色装饰性井盖、主题井盖可以尝试，日本彩色装饰性井盖就是利用设计独特的彩色装饰性井盖直接替换现有井盖（图 4–66），在彩色装饰性井盖上可以印有动物、风景、历史故事或是城市特色，并且通过凹凸图案设计改善井盖表面纹路，增强井盖的防滑性，有效减少摩托车、自行车在井盖上滑倒的事故，同时

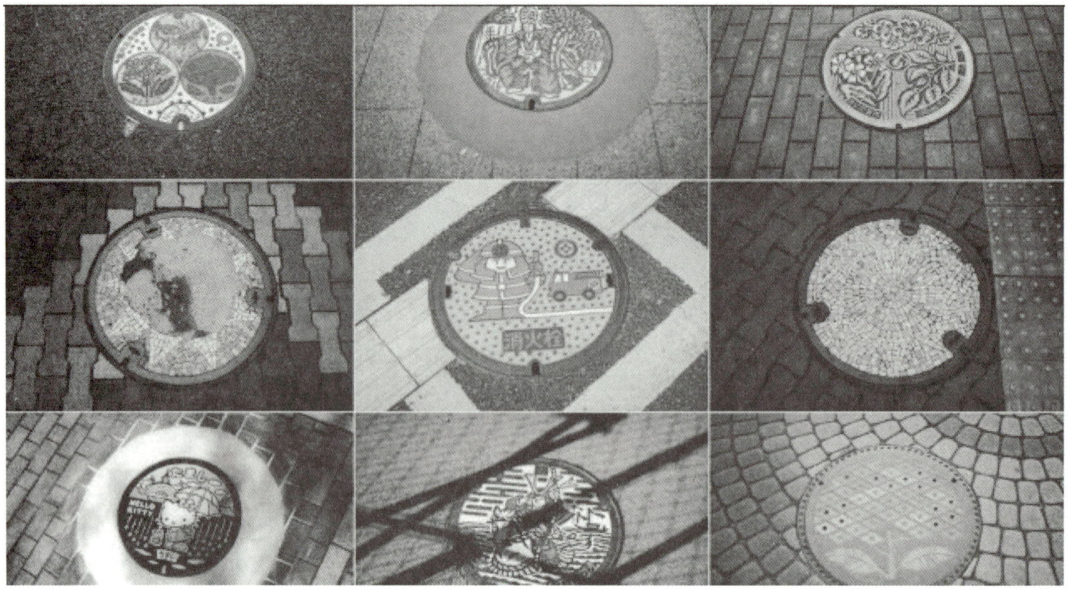

图 4-66　日本艺术化装饰性井盖

也保证了美观。但这和各井盖产权单位自有的对于井盖养护、识别的要求还需要进一步对接。

另外，将各种物联网传感器设备加入井盖，进而监测井盖的移动、遗失等情况的发生，避免“井盖吃人”事件。通过智慧赋能提高对于井盖的养护监控能力。

4）平树池与美化遮板

平树池减少磕磕绊绊。平树池即树池缘石与人行道的地面铺装平齐，可上置盖板，方便行人通行（图 4–67）。选择树种的时候要注意树木根系的生长特性（避免根系向上凸起）。

图 4–67　平树池设置

4.3.4 提升改造“精细”多了一份周到

随着城市更新、城市治理的不断深入，局部区域的整体改造尤其是中心城区、老城市这类城市建设较为成熟，道路资源相对稀缺，用地调整空间较小的情况下，改造中要更加重视规划阶段对于慢行交通出行的深度调研和精细化要求。

目标导向：慢行优先要尽可能体现在指标中。在确定慢行交通改造目标的过程中，通过对比改造前后慢行通道的面积率、路网密度，重点瓶颈区域（如轨道站点、公交枢纽、公交站点）周边的慢行设施配套提升程度，交叉口慢行通行路权优先程度等，来落实和体现区域的综合交通发展策略以及倡导的慢行交通出行方式。

问题导向：慢行交通（尤其是非机动车）通行的外溢效应明显、安全性缺乏保障，当其通行车道宽度不足时，或出现类似机动车的排队堆积现象的同时也会同步出现车流外溢到机动车道、人行道的现象，这类外溢会极大干扰其他交通方式的通行效率，也会形成更多的安全隐患。非机动车道在临近交叉口区域往往由于机动车的渠化而受到进一步的挤压，如何合理分配交叉口的路权值得重新审视，窄马路、小间距都是基于恢复慢行交通出行环境而进行的优化提升。

具体实施举措：要坚持精细化、品质化、人性化。

1）交叉口转角微改造

道路设计中交叉口转角是衔接过渡区，有时也往往是不同道路的设计、施工边界和衔接段。设计中的关注点往往放在了存在冲突点的交叉口缘石范围内区域。但就是在这个交叉口转角区域，其实非机动车与人行同样存在着动态与静态混合态。在实践中，建议以下三个方面从精细化的角度尝试改变。

（1）无阻碍区域的精细清障

由路缘石与地块边线围合成的区域建议设置为“无阻碍区域”。确保在这个动态、静态以及方向存在大量交织的空间能够不被占用，同时可以为慢行者提供好的视线条件。建议如下设施尽量不要设在这个特殊区域：如信号灯杆、路灯、消防栓、电话亭、树木、座椅、标识、垃圾箱、控制箱、报刊亭等。

（2）慢行交通等候区的空间外扩

缩小路缘石半径，减小右转机动车转弯半径使其自然减速，圆曲线处采用石墩、交通柱等方式将等候区与机动车通行区物理分隔，辅以线型诱导标引导非机动车通行方向。

人行道边缘圆曲线半径在满足人行道宽度的前提下取较小值，扩大等候区面积，从而容纳更多慢行交通、提升过街等待空间环境。

（3）人行道缘石的无障碍接坡

人行道缘石变坡道是辅助使用者从抬升的人行道过渡到道路路面的设施（图 4–68）。在拐角设置人行道变坡缘石设计时需要考虑多种要素，以保障有不同需要的人群顺利通行。考虑路缘石变坡道时应与相关的规范结合，如《城市道路与建筑无障碍设计规范》等。

图 4–68　上海衡山路、常德路沿路三面坡缘石坡道

变坡道和落地平台：存在两种类型，分别为垂直式和平行式。变坡道坡度小于 1∶12，最小宽度建议是 1.2 m。在变坡道的起点和终点建议要设置落地平台（图 4–69）。落地平台宽度不应小于 1.5 m。建议慢行重点区人行道在每个拐角都设置。

图 4–69　自行车在路口接坡处理及交叉口自行车和人行道一体化接坡处理

2）遮风挡雨、体贴入微

炎热、多雨、严寒、结冰这些自然环境的变化都会给慢行交通出行者带来非常多的不便。尤其是把慢行交通作为公共交通“最后一公里”的组合出行中，如果慢行

交通能够和轨道交通一样能够具备更好的“遮风挡雨”条件的话，那么整体的出行体验和品质就会显著提升。因此，“遮风挡雨”成为高品质慢行道需要考虑的一个方面，尤其是在打造慢行连廊、连续慢行道中需要重点考虑。

遮蔽设施一种方式是通过建筑前区或直接由建筑挑出而形成的遮挡，包括建筑挑檐、独立构筑物、骑楼等。另一种方式是通过绿化，形成林荫空间。当然近些年有一些城市在交叉口设置遮阳棚也取得了市民的认可与好评（图 4–70、图 4–71）。

图 4–70　无锡路口遮阳设施

图 4–71　杭州早期的路口遮阳设施

但遮阳棚的设置需要考虑当天气候条件（尤其是注意台风天的维护）以及遮阳棚自身的设置稳固性和安全管控，此外还需要对于遮阳棚设置后的视距影响进行安全分析和测试。

骑楼与风雨连廊。在广东、广西等地区骑楼比较多见，不仅起到抵御洪水的作用，还能够为步行者遮挡风雨（图 4–72）。值得一提的是在中短距离步行通道网络和轨道接驳地面通道网络上设置骑楼或者风雨连廊，不仅能够尽量做到抵挡风雨的连廊无缝对接所有的站台和目的地，提升步行出行舒适性和抗干扰性，而且能够加强和骑

图 4–72　上海徐斜路骑楼及慢行整体铺装

图 4–73　上海横沙岛码头慢行风雨连廊

楼以及连廊联系商业之间的互动与联系。在车站、码头、轨道交通站点周边主要步行人流方向上的风雨连廊既是城市枢纽设计过程中的“精细化”考虑更是城市出行过程中的暖心之举（图 4–73）。

3）人非共板、精细区分

人非共板断面的关键是尽可能保障共处同一平面的人行道和非机动车道能实现“各行其道”，即尽可能明显区分出人行和非机动车通行的路权，给使用者以清晰的判断。从使用者角度出发，通过对人行空间和非机动车空间采用不同的铺装材质和颜色，是最直接有效的措施。材质方面，一般人行空间采用棕红色或灰色同质砖，而非机动车空间一般采用沥青或混凝土材质为主，一些人非共板断面采取全部同质砖铺装的方式，非机动车尤其是电动自行车骑行中颠簸感剧烈，导致很多非机动车溢出到机动车道行驶。非机动车行驶容易对同质砖造成平整度影响，同时也会影响行人的使用。此外，颜色作为附加路权区分也是近些年随着彩色铺装的涌现而日益普及，彩色铺装宜率先在这类共板断面上使用，建议步行区域采用红色、非机动车通行区域采用蓝色（图 4–74）。

图 4–74　上海临港新片区沪城环路改造前后效果对比

图 4–75　上海临港新片区环湖西二路改造前后效果对比

增设材质隔离断面的考虑。在人非空间相对比较充裕的情况下，考虑安全及美观性，建议在人行空间与非机动车空间之间设置通过材质或颜色或标线区分的分隔带，如中间采取弹街石铺装等形式，建议宽度不小于 0.5 m，同时实现物理分隔及景观提升的效果（图 4–75）。

软隔离的考虑。在人非空间比较局促的情况下，常规路段通过材质铺装及标线区分路权，但在人流量、非机动车道车流量较大的区域，如地铁站出入口附近，建议布局设置护栏（图 4–76），实现重要节点的隔离控制。

图 4–76　设置了人非隔离的共板道路

4）二次过街、精细配套

交叉口非机动车道左转改为采用二次过街形式，即左转非机动车首先随着本向的直行非机动车一起过街，到达停止线后等候，在下一相位放行初期，再成群直行通过交叉口，从而分两次完成左转，并配套相应的标志牌提示。这一形式能够显著减低左转过程非机动车的干扰行为以及优化左转相位控制和管理，由于对于信号周期和相位的不断优化，在左转交通量不大的情况下，左转相位被压缩，很多事故中都会看到左转非机动车在相位末期甚至是下一相位周期进入交叉口范围内发生事故，因此非机动车二次过街能够显著降低左转的交通风险，但是针对非机动车的二次过街需要精细化的设计和相关管理措施应相应配套补充完善。包括设置二次过街提示标志牌，提示非机动车驾驶者要按照二次过街的形式（图 4–77）。隔离设施带延伸至交叉口，规范非机动车行驶轨迹，配合非机动车禁左标志、二次过街告示标志等对非机动车二次过街

图 4–77　非机动车禁止左转标志及二次过街告示标志

引导和管制。

设置二次过街等候区，在等红灯期间，提供等候过街的非机动车一个安全的等候区，有标线及隔离带等多种形式（图 4–78、图 4–79）。等候区建议整体使用彩色涂装或彩色沥青，并配套施划“等候区”文字，将交叉口慢行交通等待空间分离（图 4–80）。

图 4–78　非机动车二次过街 – 标线设置等候区

图 4–79　二次过街提示标志牌

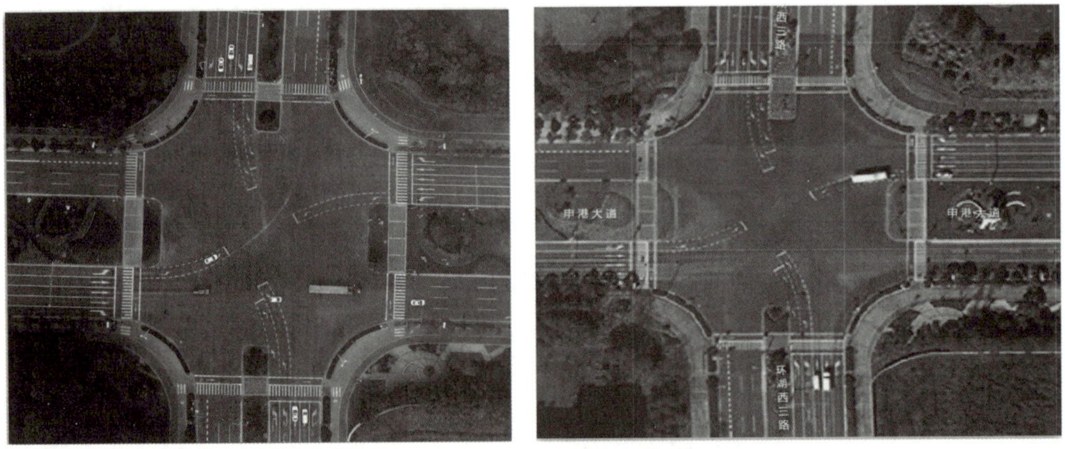

图 4–80　上海临港新片区申港大道—环湖西三路交叉口改造前后效果对比

5）出入口衔接的精细化考虑

城市道路两侧的慢行道往往会受到两侧地块出入口开设的影响而打断。这类区块可以参考交叉口右转转角设计来考虑。一些地块为了便于自身管理，将岗亭和道闸紧贴红线设置的方式对于交通的影响和干扰都非常严重，一方面连续的机动车到达会产生溢出排队，进而影响到主线交通。另一方面溢出排队的机动车客观上阻断了人行、非机动车的空间和视野。建议设置对于不同停车位规模的地块做出岗亭和道闸后退设置的明确的距离要求。

（1）地块开口冲突。进出地块的机动车必须穿越两侧的非机动车道，而被横穿机动车阻挡的非机动车大多会绕到机动车车头前通过，造成机动车穿越非机动车困难。

（2）大中型的商业设施保证有两个出入口与城市道路相联系，或者 1/4 的周边总长度和建筑不少于两个出入口与一侧的城市道路相连接。大中型商业设施入口应结合建筑退界，预留一定的集散场地。

6）交叉口的精细化提升

（1）非机动车左转弯候车区。类似于机动车左转弯候车区设置，非机动车左转弯候车区可以消除左转慢行交通流对机动车的干扰，对于交叉口范围较大者适用，并减少了左转车慢行交通流与直行机动车流的冲突点，有利于交通安全。

德国的这个交叉口将左转非机动车等候区设置在左转机动车道一侧，避免了非机动车左转和右转机动车之间的冲突，也一定程度上保障了非机动车左转过程中和机动车轨迹的一致（图 4–81）。彩色铺装在这样的设计中起到了很重要的作用，保障了路权的清晰和明确。但是这类交通组织模式适用在左转非机动车流量不是很大的情况下。

图 4–81　德国设置在进口道中间的左转自行车进口道

（2）停止线提前法。慢行交通流停车线在机动车停车线前面，当绿灯亮起时，慢行交通流先进入交叉口，但是这种方法适用于范围较小的交叉口（图 4–82）。此方法可以降低慢行交通流对机动的干扰，提高交叉口的通行能力与交通安全，并适合于左转弯慢行交通流量较大的情况。

图 4-82　非机动车停车前置在机动车停车线前

（3）双向人行横道。是并列设置两道人行横道线，使斑马线虚实段相互交错，并辅以方向箭头指示行人靠左右分道过街。在行人交通量特别大的路口，可采用双向人行横道（图 4-83），例如商业步行街，行人需要从街的一面过到另一面，可以采用这种人行横道。韩国部分道路采用的分方向式人行横道，可以减少大流量情况下的冲突，组织更加有序。

图 4-83　分方向人行横道线

7）路侧停车与非机动车通行的精细化考虑

城市支路临时停车与慢行交通尤其是自行车之间的矛盾始终存在，由于停车占用非机动车道而导致非机动车外溢到机动车道进而彼此干扰，以及机动车停车后开门与同向自行车碰撞等事故都有发生。

非机动车道设置在机动车道以及停车位外侧的尝试能够有效保障非机动车的行进空间，但乘车人开门侧和非机动车行进空间的矛盾还需要更进一步考虑（图 4–84）。杭州采取的限时停车位是加快路内停车位周转率的举措，更是在时间维度管理路边停车位的有益尝试，限时段停车位使用会是从精细化角度进一步缓解路侧停车与非机动车通行矛盾的有益尝试（图 4–85）。

图 4–84　非机动车道设置在机动车道以及停车位外侧

图 4–85　杭州的限时停车位设置

8）智慧设施、智能管控

通过提高道路智能化管理水平，保证行人和非机动车的通行权，如设置人行信号灯和非机动车信号灯（图 4–86），同时加大对机动车违章行驶的打击力度，如设置违法监测系统、交通监视系统，保障行人和非机动车的通行安全。

图 4–86　交叉口设置自行车专用信号灯

4.4 通行秩序与管理智慧必不可少

4.4.1 通行秩序管理与时俱进

1）通行规则

《道路交通安全法实施条例》对非机动车通行提出的规则要求如下。

（1）非机动车按照非机动车信号灯的表示通行，在未设置非机动车信号灯的路口，按照机动车信号灯的表示通行。

（2）非机动车通过信号灯控制交叉路口时，应当按照下列规定通行：转弯的非机动车让直行的车辆、行人优先通行；遇有前方路口交通阻塞时，不得进入路口；遇有停止信号时，应当依次停在路口停止线以外；没有停止线的，停在路口以外；向右转弯遇有同方向前车正在等候放行信号时，在本车道内能够转弯的，可以通行；不能转弯的，依次等候。

（3）非机动车通过没有交通信号灯控制交叉路口，还应当遵守下列规定：有交通标志、标线控制的，让优先通行的一方先行；没有交通标志、标线控制的，在路口外慢行或者停车瞭望，让右方道路的来车先行；相对方向行驶的右转弯的非机动车让左转弯的车辆先行；驾驶自行车、电动自行车、三轮车在路段上横过机动车道，应当下车推行，有人行横道或者行人过街设施的，应当从人行横道或者行人过街设施通过；没有人行横道、没有行人过街设施或者不便使用行人过街设施的，在确认安全后直行通过；因非机动车道被占用无法在本车道内行驶的非机动车，可以在受阻的路段借用相邻的机动车道行驶，并在驶过被占用路段后迅速驶回非机动车道，机动车遇此情况应当减速让行。

2）通行规则的与时俱进

我国行人遵循右侧通行的行进规则。但随着步行人流量的增加，尤其是轨道交通内部、外部接驳步行，在竖向交通等瓶颈处的行进规则需要进一步明确和加强提醒，如乘坐电梯的“左行右立”等。

“中国式过马路”，曾经作为一项公安交警管理部门专项治理的行为，这类随意、从自身利益出发的破坏交通通行规则的行为，不仅是对自身安全的不负责，更加重了道路交通管理和车辆通行驾驶的难度，见表 4-11。值得一提的是，随着智能网联、无人驾驶技术的不断发展，越来越多的“聪明车”的出现，其对于道路交通通行规则的有序性和稳定性要求更高，对于各类突发的尤其是不按通行规则行进的行为的反应和处理能力却更弱。因此，如何从通行规则完善和设计管理上的“车路协同”也是需要不断深化的内容之一，见图 4–87。

表 4–11　道路交通事故责任者按交通方式分类（单位：次）

年份	2015 年	2016 年	2017 年	2018 年	2019 年
小客车	745 988	531 787	381 843	338 264	299 681
大客车	13 315	9 699	7 943	6 707	5 919
货车	67 997	63 313	58 722	53 982	48 467
摩托车	5 957	4 907	4 302	3 588	2 813
非机动车	69 610	68 304	71 209	71 233	68 907
行人	2 777	2 828	2 636	2 733	2 874
其他	9 657	7 288	4 738	4 669	4 266
合计	915 301	688 126	531 393	481 176	432 927

注：2019 年统计口径由原先统计一般程序处理的交通事故调整为全量事故数据（一般程序、简易程序处理的交通事故以及道路外事故），历年数据做相应修改。

资料来源：上海市公安局交通警察总队

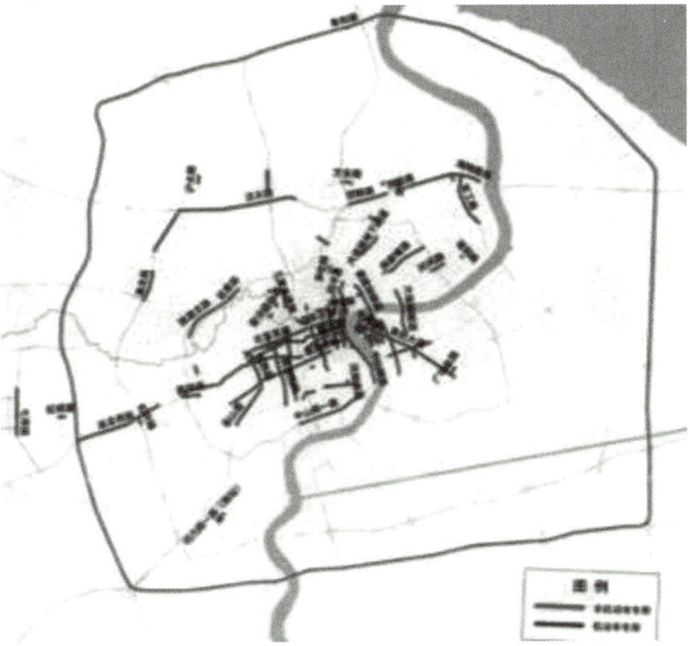

图 4–87　2019 年中心城地面道路机动与非机动专用交通管理

注：中心城指外环线以内区域（含外环）。

资料来源：上海市公安局交通警察总队

2021 年 5 月正式实施的《上海市非机动车安全管理条例》对于非机动车通行规则进行了完善和提升。具体条款如下。

第十八条　本市具备条件的道路，应当分道划设机动车道与非机动车道；其中，同方向有两条以上机动车道且具备条件的，应当设置机动车道与非机动车道隔离设施或者隔离警示标志。农村道路具备条件的，应当在路基外侧设置非机动车道。渣土运输车、混凝土搅拌车等重型货运车辆通行频繁或者交通事故高发的道路，应当在机动车右转弯位置设置右转弯导向线、危险警示区或者隔离设施。

第二十一条　驾驶非机动车上道路行驶，应当遵守道路交通安全法律、法规关于道路通行的规定和下列规定：(一) 保持制动器、夜间反光装置等安全设施性能状况良好；(二) 按照交通信号通行；(三) 在非机动车道内行驶；在没有划设非机动车道的道路上，自行车、电动自行车在车行道右侧边缘线向左 1.5 m 的范围内行驶，残疾人手摇轮椅车、残疾人机动 (电动) 轮椅车、人力三轮车在车行道右侧边缘线向左 2.2 m 的范围内行驶；(四) 不得逆向行驶；(五) 除法定可以借道行驶的情况外，不得驶入机动车道；(六) 不得驶入高速公路、城市快速路 (含高架道路，下同)、越江桥隧等禁止非机动车通行的区域；(七) 行经人行横道时，减速行驶，遇行人正在通过人行横道的，停车让行；行经没有交通信号的道路时，遇行人横过道路的，应当避让；(八) 转弯前减速慢行，伸手示意，有转向灯得开启转向灯；超越前车时不得妨碍被超越的车辆行驶；(九) 不得实施以手持方式拨打接听电话、浏览电子设备等妨碍安全驾驶的行为；(十) 不得牵引动物，不得拖挂载人载物等装置；(十一) 通过交叉路口时，相对方向行驶的右转弯非机动车让左转弯非机动车先行。

第二十二条　驾驶电动自行车、残疾人机动 (电动) 轮椅车上道路行驶，除遵守本条例第二十一条规定外，还应当遵守下列规定：(一) 驾驶人年满十六周岁；(二) 不得超过国家规定的最高时速；(三) 在夜间或者遇有雾、雨、雪、沙尘、冰雹等低能见度情况下行驶时，开启照明装置；(四) 不得连续多次、长时间鸣喇叭；(五) 电动自行车驾驶人和乘坐人员佩戴安全头盔；(六) 非下肢残疾人员不得驾驶残疾人机动 (电动) 轮椅车。

条例颁布后，上海市针对电动自行车骑行者佩戴头盔进行了专项整治。这项做法既从事故伤害的最主要角度切入，也符合国际的惯例。

我国交通法规规定驾驶排量 50 ml 以上的摩托车，驾驶员以及乘员必须佩戴头盔，但尚未对非机动车使用者提出相关强制性规定，且一般人没有佩戴习惯。通过针对电动自行车的专项整治，上海头盔佩戴率明显上升 (图 4–88)。

图 4–88　上海街头非机动车佩戴头盔即景

案例 17　加强自行车骑行防护从佩戴头盔开始

国外很多国家对自行车骑行者“佩戴头盔”有明文规定，如澳大利亚、美国、加拿大、新西兰等国均有立法规定，骑行必须佩戴头盔，相关规定如下。

澳大利亚维多利亚州的一项研究显示，自行车骑行人头部容易在交通事故中受伤，在 1990 年 7 月 1 日关于骑自行车要配戴头盔的法律正式生效以后，该州头盔配戴率从原先估计的 31% 上升到 75%。在实施的第 1 年，骑自行车者头部受伤后死亡或住院的人数下降了 51%，相对应地头部未受伤的人数下降了 24%；第 2 年，上述 2 个比例分别为 70% 和 28%。此外，国外总体自行车事故伤亡率相比国内也较低。事实证明，佩戴头盔可以极大减轻事故对人体的伤害。澳大利亚多个州法律规定，警察有权对未戴头盔的自行车骑行者处以罚款。以澳大利亚维多利亚州为例，如图 4–89 所示。

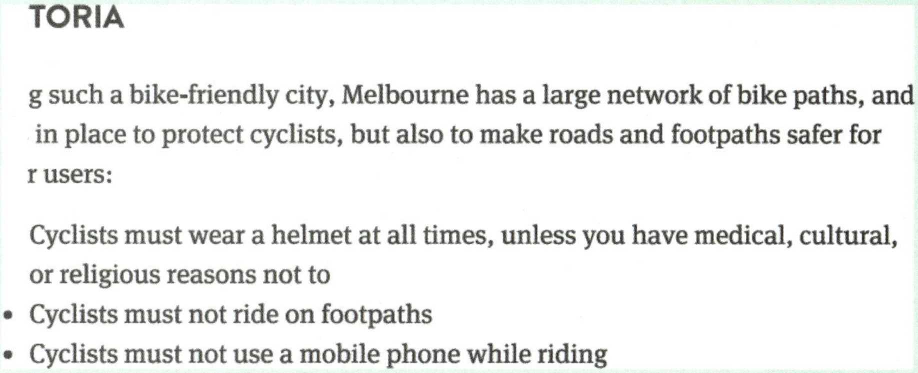

TORIA

g such a bike-friendly city, Melbourne has a large network of bike paths, and in place to protect cyclists, but also to make roads and footpaths safer for r users:

Cyclists must wear a helmet at all times, unless you have medical, cultural, or religious reasons not to

- Cyclists must not ride on footpaths
- Cyclists must not use a mobile phone while riding

图 4–89　澳大利亚维多利亚州关于自行车骑行者“佩戴头盔”的规定

美国多个州立法案中明确骑自行车一定要戴头盔。以美国华盛顿州为例，如图 4-90 所示。

Washington State		
Aberdeen	All ages	2001
Auburn	All ages	2005
Bainbridge Island	All ages	2001
Bellevue	All ages	2002
Bremerton	All ages	2000
Des Moines	All ages	1993
DuPont	All ages	
Duvall	All ages	1993
Eatonville	All ages	1996
Enumclaw	All ages	1993
Fircrest	All ages	1995
Gig Harbor	All ages	1996
Hunts Point	All ages	1993
Island County (Recommendation only.)	All ages	1997
Kent	All ages	1999
King County	All ages	1993

图 4-90　美国华盛顿州关于自行车骑行者“佩戴头盔”的规定

加拿大过半省份规定骑单车必须戴头盔，否则将处以罚款。新西兰《陆上交通规则》(2004)(*Land Transport Rule* (*2004*)) 中规定骑行者必须佩戴头盔，否则将处以 55 纽币罚款，如图 4-91 所示。

Bicycle helmets in New Zealand

Bicycle helmets have been mandatory in New Zealand since January, 1994.[1] The statute, delineated in Part 11 of the Land Transport (Road User) Rule 2004 (SR 2004/427), states that "A person must not ride, or be carried on, a bicycle on a road unless the person is wearing a safety helmet of an approved standard that is securely fastened." The law describes six different acceptable helmet standards.[2]

图 4-91　新西兰关于自行车骑行者“佩戴头盔”的规定

3）车辆管理要有的放矢、精准施策

2021 版《上海市非机动车安全管理条例》对非机动车上路车辆管理要求如下。

第十九条　下列非机动车可以上道路行驶：(一) 经本市公安机关登记上牌的电动自行车、残疾人机动 (电动) 轮椅车、人力三轮车；(二) 符合国家标准的自行车、残疾人手摇轮椅车；(三) 市人民政府规定可以通行的其他非机动车。新购车辆应当登记上牌的，驾驶人可以持购车凭证在购车后十五日内临时通行。禁止前两款规定以外的其他非机动车上道路行驶。

第二十条　驾驶已经登记上牌的非机动车上道路行驶的，应当按照规定在车辆

指定位置安装非机动车号牌，并保持号牌清晰、完好，不得有故意遮挡、污损、倒挂、破坏等影响号牌识别的行为。禁止伪造、变造或者使用伪造、变造的非机动车号牌。禁止使用其他车辆的非机动车号牌。使用电动自行车从事快递、外卖等网约配送活动的，应当驾驶悬挂专用号牌的车辆。禁止驾驶拼装、加装、改装的非机动车上道路行驶。

对于快递、外卖等网约配送活动采取专用号牌管理无疑是从根本上建立了针对这类高频、高时效慢行生产行为的专项管理，为后续的监督、处罚、治理创造了条件。

根据《自行车安全要求》，车辆需设置前后及脚蹬反射器（图 4–92、图 4–93）。

中华人民共和国国家标准

GB 3565—2005/ISO 4210:1996

自行车安全要求

Safety requirements for bicycles

(ISO 4210:1996, Cycles—Safety requirements for bicycles, IDT)

2005-05-17 发布　　2005-12-01 实施

中华人民共和国国家质量监督检验检疫总局
中国国家标准化管理委员会　发布

图 4–92 《自行车安全要求》

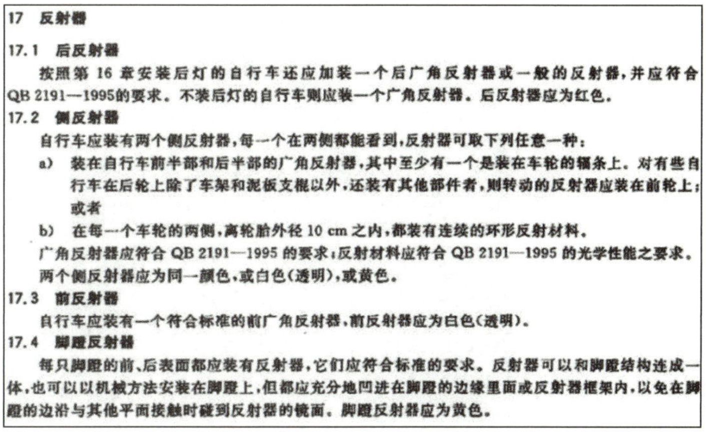

17　反射器

17.1　后反射器

按照第 16 章安装后灯的自行车还应加装一个后广角反射器或一般的反射器，并应符合 QB 2191—1995的要求。不装后灯的自行车则应装一个广角反射器。后反射器应为红色。

17.2　侧反射器

自行车应装有两个侧反射器，每一个在两侧都能看到，反射器可取下列任意一种：

a)　装在自行车前半部和后半部的广角反射器，其中至少有一个是装在车轮的辐条上。对有些自行车在后轮上除了车架和泥板支棍以外，还装有其他部件者，则转动的反射器应装在前轮上；或者

b)　在每一个车轮的两侧，离轮胎外径 10 cm 之内，都装有连续的环形反射材料。

广角反射器应符合 QB 2191—1995 的要求；反射材料应符合 QB 2191—1995 的光学性能之要求。两个侧反射器应为同一颜色，或白色（透明），或黄色。

17.3　前反射器

自行车应装有一个符合标准的前广角反射器，前反射器应为白色（透明）。

17.4　脚蹬反射器

每只脚蹬的前、后表面都应装有反射器，它们应符合标准的要求。反射器可以和脚蹬结构连成一体，也可以以机械方法安装在脚蹬上，但都应充分地凹进在脚蹬的边缘里面或反射器框架内，以免在脚蹬的边沿与其他平面接触时碰到反射器的镜面。脚蹬反射器应为黄色。

图 4–93　自行车反射器安装规定

我国自行车出厂时基本配有反射器，包括目前的共享单车，这一条规定主要为夜间的骑行安全提供基本保障。车辆需配备自发光防眩灯（图 4–94），目前一些国家（如德国、日本等）已将此项规定作为强制措施，且规定所有的自行车车辆均必须配置，夜间（或阴天）骑行时必须打开。

图 4–94　自行车配备“自发光前灯”

4）团体活动的备案要求

专业团体活动或团体竞赛活动（图 4–95）需有条件（如备案）才能在各种慢行道载体上开展。目前，黄浦江东岸漫步道已有这方面的管理要求。团体活动备案相关规定根据具体条件确定。活动策划企业需在活动前期进行风险评估分析，并在相关管理部门备案。

尤其是在一些新建的，条件较好的慢行道开展竞速类的自行车骑行或者大规模健身活动，这类的备案无论对于活动本身的安全组织以及其他在慢行空间上活动的人都是必要的。

图 4–95　团体骑行活动

5）非机动车载物，应当遵守下列规定

自行车、电动自行车、残疾人机动轮椅车载物，高度从地面起不得超过 1.5 m，宽度左右各不得超出车把 0.15 m，长度前端不得超出车轮，后端不得超出车身 0.3 m；三轮车、人力车载物，高度从地面起不得超过 2 m，宽度左右各不得超出车身 0.2 m，长度不得超出车身 1 m；禁止使用非机动车载运爆炸物品、易燃易爆化学物品以及剧毒、放射性等危险物品。需要注意的是，针对快递、外卖这些“跑腿小哥”的载物应有相应的规定，以安全为前提，满足其生产慢行的功能需求，也要维护其他慢行交通出行者的基本权益。

4.4.2　标志标线与信息标识因地制宜

1）常规标线类参照相关标准规范

道路交通标线是由施划或安装于道路上的各种线条、箭头、文字、图案及立面标记、实体标记、突起路标和轮廓标等所构成的交通设施。它的作用是向道路使用者传递有关道路交通的规则、警告、指引等信息，可以与标志配合使用，也可以单独使用。各等级公路和城市快速路、主干路应设置反光交通标线。其他道路可根据需要设置标线（表 4–12）。

道路交通标线按功能可分为以下三类：①指示标线：指示车行道、行车方向、路面边缘、人行道、停车位、停靠站及减速丘等的标线；②禁止标线：告示道路交通的遵行、禁止、限制等特殊规定的标线；③警告标线：促使道路使用者了解道路上的特殊情况，提高警觉准备防范应变措施的标线。

道路交通标线按设置方式可分为以下三类：①纵向标线：沿道路行车方向设置的标线；②横向标线：与道路行车方向交叉设置的标线；③其他标线：字符标记或其他形式标线。

纵向标线包括：①可跨越对向车行道分界线；②可跨越同向车行道分界线；③潮汐车道线；④车行道边缘线；⑤左弯待转区线；⑥路口导向线；⑦导向车道线。

横向标线包括：①人行横道线；②车距确认线。

其他标线包括：①道路出入口标线；②停车位标线；③停靠站标线；④减速丘标线；⑤导向箭头；⑥路面文字标记；⑦路面图形标记。

2）常规标志和标线主要依据《道路交通标志和标线》(GB 5768—20189）第七部分：非机动车和行人标识标志内容设置

表 4–12 《道路交通标志和标线》(GB 5768—20189）中对非机动车和行人标识标志要求

内容	设置条件	要点备注
第 4.2 条 非机动车路面标记设置	仅设标志不能满足需要时	每组标记间距不宜大于 200 m
第 4.7 条 非机动标志文字高度	特殊情况	汉字字高不应低于 10 cm
第 4.8 条 非机动车标志牌尺寸	三角形警告标志变长不应大于 70 cm；圆形、八角形禁令和只是标志外径最大不应大于 60 cm；三角形的禁令标志变长不应大于 70 cm	
第 4.9 条 非机动车车道路面标记与车道宽度的关系	根据非机动车车道的宽度	非机动车车道路面标记可按比例缩小
第 5.1.1 条 非机动车车道 路段机非分割线	机非车道间	机非车道间应设置机非分割线，存在机动车跨越非机动车道时为虚线，存在机非隔离带时，可不设
第 5.2.1 条 非机动车车道交叉口非机动车停止线	信号灯交叉口非机动车车道上	非机动车停止线宜比机动车停止线提前，可提前约 2 m

续表

内容	设置条件	要点备注
第 5.2.2 条 非机动车车道交叉口	环形交叉口	环形交叉口出口位置不得标注非机动车车道，可考虑公用车道或提供另一条道路等措施
第 6.1.4 条 非机动车专用路、非机动车与行人专用路 路段 限速标志	非机动车与行人专用路	限速值不应大于 20 km/h
第 6.1.5 条 非机动车专用路、非机动车与行人专用路 路段 分割对向交通的标线	视距不良的弯道处；交通量大或存在潜在冲突的地方；根据需要，交叉口入口处	一般采用虚线，特殊情况宜采用三采用实线
第 6.2.2 条 非机动车专用路、非机动车与行人专用路 交叉口 信号控制	非机动车专用路、非机动车与行人专用路与交通量较大的机动车道相交叉时	应采用信号控制，应在机动车道的交叉位置设置人行横道线
第 6.2.2 条 非机动车专用路、非机动车与行人专用路 交叉口 交叉路口告知标志	根据需要，适当位置	道路信息与地名信息不宜超过三条
第 7.3 条 行人过街设施、步行街 禁止停车标志	人行横道线上游 20 m 至下游 10 m	该范围宜设置禁止停车标志，视距不良处宜扩大范围

3）慢行相关的安全引导、标识与提示

图 4–96　德国反光人行道标识

完善的标识系统对于加强慢行设施使用规范性、提高慢行设施使用效率和保障慢行交通出行者安全有着重要作用。但目前我国所执行的有关规范针对行人、非机动交通的标志相对较少，需要加以完善。

慢行道标识一般包括信息标识、指示标识（含无障碍标识）、规章标识、安全警示标识四种类型，具有解说、引导、禁止、警示等多种功能。

信息标识用于提供地图信息、服务设施信息、管理信息、活动信息等多种信息。包括导向标识，由图形标志、文字标志、距离信息与箭头符号组合形成，用于指示通往预期目的地

路线的公共信息标志。位置标识，由图形标志和（或）文字标志形成，用于标明服务设施或服务功能所在位置的公共信息标志。

各类标识牌要求清晰、简洁，一般应设置在游客行进方向道路右侧或分隔带上，不同标识可合并安装在一根标识柱上（图 4–96）。

指示标识应为行人和骑车人提供连续、有效、充足的指路服务信息，宜通过与其他街道家具的整合设计构建统一、完整系统。指示系统应提前标示，其标识引导与其所示的功能属性，位置、路径方向应该是一一对应（图 4–97、图 4–98）。指示标识应设置在行人决策点的醒目位置。城市的主要吸引点、公交和轨道车站应设置区域引导图和指示牌。指示牌指引信息的高度不宜大于 2.5 m。非路面喷涂的指示标识应设

图 4–97　徐家汇管理标识和指示标识汇总

图 4–98　指示标识

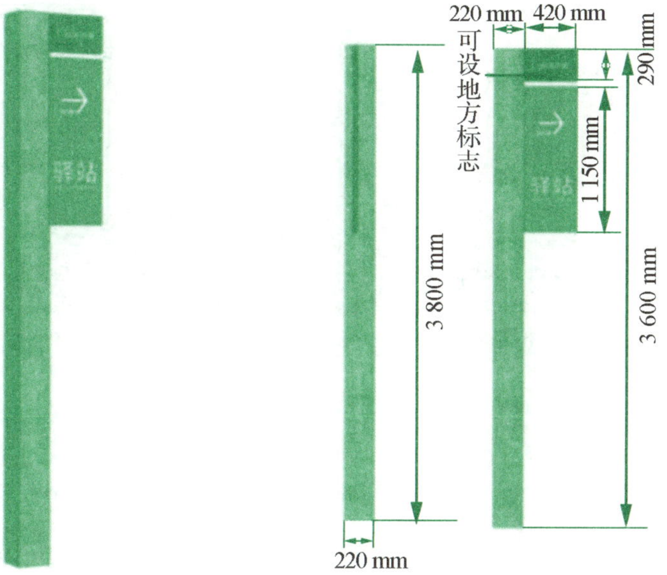

图 4–99　指示标识示意

置在设施带内，条件不足的可设置在绿化带内，以避免妨碍行人和自行车通行。鼓励指示标识的信息智能化，以满足指示路况、停车空位、交通事故、交通管控和天气等信息的时效性要求。此外在休闲慢行道指示标识也用于标明游览方向和线路。通常用图形并配以简单文字进行说明，以箭头加文字或图形的方式来表示目的地的方向、距离等（图 4–99）。

无障碍指示标识由专为轮椅使用者（老年人、肢体残疾人、伤病人等）、视觉障碍者使用的图形符号、文字（包括盲文）和有关设备设施等构成，用于提供导向、位置、综合信息服务的标志。

规章标识用于标明慢行道道管理的有关规定、守则等。慢行道主要出入口宜设置雨雪等极端天气警示标志牌，滨水类慢行道宜增设暴雨情况水位警示标志，并在出入口规章制度标识中明确恶劣天气情况下对出行者的参与建议。

安全警示标识用于表达特定安全信息，包括禁止标志、警告标志、提示标志和消防安全标志。安全标志的图形符号、标志形状、颜色和设置要求应符合相关标准规定。应在危险地点及其提前位置设置，包括安全警示、友情提示、公益建议牌以及安全须知牌等。通过颜色与几何形状的组合表达通用的安全信息，并且通过附加图形符号表达特定安全信息的标志，明示可能发生危险的地带、已采取的防护措施、需要使用者注意的事项。慢行道局部收窄处，宜提前设置慢行道收窄警示标志（图 4–100），也可考虑增设爆闪灯或加设声音提示器。

图 4–100　黄浦江东岸滨江漫步道已设和建议增设的安全标志

交叉口安全引导标识：慢行道与一般市政道路平面交叉时，有信号灯控制，慢行道在交叉口处断开，由人行横道线根据信号灯正常过街。与小支路或小区等出入口平面交叉时，一般无信号灯控制，建议慢行道在交叉口处断开，同时在断开处的外侧空间设置等候避让区，交叉口处设置停车让行标志。针对机动车使用者，需要

图 4-101　美国芝加哥路侧慢行标识

在机非冲突较大的地段设置醒目的标识，警告与提醒机动车使用者行人过街优先（图 4–101）。

4）慢行交通接驳公共交通标识与指引

慢行交通接驳公共交通设施的标识及指引系统是慢行交通作为“最后一公里”接驳系统必不可少的一部分，主要可分为导向标识、安全标志、位置标志和无障碍标志等。

（1）站外导向标识主要作用为指示车站位置和距离。各类公共交通设施周边均应设置站外导向标志，轨道交通 / 快速公交系统站外导向标志应包括箭头和轨道交通 / 快速公交车站位置标志；宜包括线路名称及线路标志色和车站名称。标志宜设置在人流密集的地点如建筑物出入口、商业设施附近、道路交叉口等附近。

（2）轨道车站周边的站外导向标识设置范围为 500 m 左右，在车站周边 200 m 范围内导向标志应设夜间照明设施。快速公交车站为 300 m 左右，常规公交车站为 200 m 左右。在此范围内的站外导向标识应连续设置，并在车站出入口醒目位置设置车站位置标志。

（3）轨道交通和快速公交系统站内应设置站内导向标志。进站导向标志应设置在乘客通往站台通行区域的相应位置；出站导向标志应设置在站台通往出入口通行区域的相应位置。当通行距离大于 30 m 时，可重复设置。

（4）站点位置及站名标志。用于标明服务设施或服务功能所在位置，包括轨道交通站点进出口及临近公交站点位置标志、客运服务设施位置标志、站台站名位置标志。位置标志应符合以下规定：轨道交通站点进出口及临近公交站点位置标志应设置在车站出入口的醒目位置；客运服务设施位置标志应设置在自动售票机、自动查询机、自动充值机、卫生间、乘客服务中心、升降机、警务室、公共电话等服务设施的上方或附近位置；站台站名标志应根据站台形式和结构设置在站台的上方、侧墙、站柱等位置。

5）乘坐公交无障碍标志。无障碍标志应符合以下规定：无障碍设施导向标志应设置在通往无障碍设施的通行区域的相应位置；无障碍设施位置标志应设置在无障碍设施的上方等相应位置；车站出入口至站台候车处应连续铺设用于引导视觉障碍者步行的盲道；合理设置行进盲道和提升盲道。同类公共交通设施的视觉障碍者专用标志的位置应尽可能一致，以便视觉障碍者掌握设置规则，便于发现和使用此标志。

4.4.3 不容忽视的三分建、七分管

如何通过管理让建成的慢行空间、慢行载体更好地适应和满足人们慢行交通出行的需要，是当下和今后一段时间需要重点思考与解决的问题。

慢行交通出行和设施的管理是复杂的。原因在于从慢行工具角度来看不论是步行者还是非机动车骑行者的量和离散程度都非常大，而其具备的自适应性和一般情况下的弱冲击性来看，也往往容易被忽视。从慢行载体来看，慢行的空间以及慢行载体上的各类设施是分属于不同的管理主体的，不同的管理主体又出于各自不同的价值追求和管理诉求，因此看上去比较容易理解的慢行交通规划、建设、管理方案，在执行过程中却并不容易。

也正因为如此，未来慢行交通出行的改善和提升，从管理角度入手也会获得更大的收获和进步，以下内容为抛砖引玉，能够找到价值观上的相互一致的点是实现有效管理和持续推动的关键。

1）速度管理与减速措施

速度管理需要首先在整个城市维度通过慢行交通出行相关分区、规划、政策来确定。鼓励划定 30 km 限速区进行区域型速度管制。

另外，是否可以采取负面清单模式，在合理的上下限范围内适度开放道路的速度管理权限给属地管理主体。即交通及公安交警部门除了确定的需要维护的整个城市

道路交通系统的清单以外的一些支小路、街、巷等区域，能够因地制宜地确定其内部的速度管制要求。并进一步通过如下一些举措实现速度的管理，包括：在停车线前30～50 m设置限速标志、注意行人和人行道预告标识；在交通“斑马线”两侧提前设置减速带，限制机动车车速；抬升的交叉口创造一个安全、低速的平面环境和公共空间，在较小的路口空间。类似减速带、垂直速度控制要素，强调慢行减速和鼓励驾驶者在人行横道避让行人。

2）总量控制和风险防患于未然

在一些人流短期大规模聚集的场所如交通枢纽（火车站、客运站、飞机场等），景区旅游点，主题乐园都会依据各自场所的最大聚集人数，进行数量监控管理和总量控制。

新冠肺炎疫情暴发以来，一些逐步开放的公共设施，从防疫安全角度出发，也开始采取总量控制以及预约等方式进行管理。

对于上述封闭类场所来说，总量控制或者预约制、票额控制都是相对容易的。通过出入口控制就可以实现动态监测和实时管控。近些年的一些踩踏事故往往发生在一些开放空间或者局部区域，这类区域的总量控制和人流监控、疏导管理需要更多的应对措施和整套方案（表4–13、表4–14）。

表4–13　国际部分踩踏事件

时间	事件	伤亡情况
2001年7月21日	日本兵库县明石市举行了夏季烟火大会	11人死亡（10岁以下孩子9人，70岁以上老人2人）
2003年2月17日	美国伊利诺伊州芝加哥市E2夜总会	21人死亡
2009年3月29日	科特迪瓦经济首都阿比让举行的世界杯和非洲国家杯预选赛	至少19人死亡，132人受伤
2010年7月24日	德国西部城市杜伊斯堡在举行“爱大旅行”电子音乐狂欢节	18人死亡，大约80人受伤
2010年11月22日	柬埔寨首都金边钻石岛一座斜拉桥在送水节欢庆活动	347人死亡
2013年2月	印度安拉阿巴德举行盛大的“昆梅拉节”庆祝活动	至少36人死亡
2013年10月13日	印度中央邦一座寺庙	109人死亡，受伤者达100余人
2014年7月29日	几内亚首都科纳克里附近一处海滩举行的一场音乐会	33人死亡

表 4-14　国内部分踩踏事件

时间	事件	伤亡情况
2001 年 4 月 8 日	陕西省华阴市玉泉院庙会	16 人死亡，6 人受伤
2004 年 2 月 5 日	北京市密云县举办迎春灯展	37 人死亡，37 人受伤
2009 年 12 月 7 日	湖南省湘乡市育才学校晚自习下课	8 人死亡、26 人受伤
2014 年 9 月 26 日	昆明市盘龙区明通小学从宿舍至教室途中	6 名学生遇难，26 名学生受伤

2004 年北京密云密虹公园踩踏事故，为密虹公园第二届迎春灯展中，因一游人在公园桥上跌倒，引起身后游人拥挤，造成踩死、挤伤游人的特大恶性事故。

2010 年，德国杜伊斯堡市举行“爱的大游行”电子音乐狂欢节时发生踩踏事件，事故发生在通向音乐节活动现场的一个地下通道里。在活动接近尾声时，大量观众匆匆赶往活动现场，而另一批观众则折返回家，人群在地下通道里发生拥堵，造成踩踏事件。

2014 年，上海外滩迎接新年，外滩陈毅广场东南角通往黄浦江观景平台的人行通道阶梯底部有人失衡跌倒，继而引发多人摔倒、叠压，致使拥挤踩踏事故发生。

从慢行交通出行特征角度来审视，步行过程的随机性、停行转换的不确定性、双向交织的容纳性等行为，是步行体系的自身特点，是通过人和人之间空间空隙的压缩而实现。这是步行交通特征包容性的体现。但是当人流密集到一定程度，人与人的空间被压缩到一定程度后，人和人就变成了被动地挤在一起交通群体。这个交通群体的动能非常大，同时其不稳定性也极高，原因在于内部的每个个体仍然具备自适应性和自失衡风险。个体失衡引起的群体坍塌，进而造成的挤压伤害的过程是不可控的。

各类踩踏事件暴露出公共安全管理方面仍然存在盲点。一部分原因是对于大规模步行群体交通流在不断累积的过程中以及演变缺乏足够的认识。对这种大规模步行群体交通流一旦出现局部失稳，整体惯性冲击力的破坏性和不可抗性的认识不足。同时，在现代化交通体系中，尤其是轨道交通这种大容量运输工具下，在局部区域可以持续的人流输入也是造成短时内局部大规模客流的一个因素。

上海在经历外滩踩踏事故后，上海市政府对大型活动的行人总量控制、行人交通流组织、行人交通流整体监控、行人秩序维护都做了全方位的改进。这些措施不仅仅是针对上海外滩事故的个例，更是针对整个事件过程的系统化反思，从慢行交通流由堆积到发生事故全过程的预防和主动干预角度的系统化应对，值得借鉴。

（1）加强总量控制和切断大客流持续输入。临时关闭轨道交通车站、轮渡站、人行观光隧道，防止交通流过快堆积，同时加强疏导，保持交通流持续性，避免形成对冲，以及增加大量的监控设备和感知设备，更精准地了解和预判步行交通流状态。

（2）加强车辆管制和空间重构。在周边形成机动车进出管制限行区，把在内部更多的空间释放给慢行交通的同时，重新布置引导慢行交通流的通行，在行人决策点设置醒目的临时信号、标志及人工引导，并与安保计划协调实施。在重点区域尽量组织慢行交通流单向通行，减少对向慢行流的冲击与扰动。

（3）全方位监控、动态研判。在重要路段、步行人流容易突然聚集的区域（如外滩地区、大型文化设施出入口、中小学疏散通道等）设置人流实时监测设备和警示牌，防止由于步行人流密度过大产生意外。高点鹰眼监控和现场的实时监控设备组合，为管理者提供实时动态的慢行流群体状况。随着智能设备的不断升级，城市数字化水平的不断提升，未来可以依托对于重点公共空间的数字孪生体系做更多的预案与应对。

（4）在高差处、施工受阻等瓶颈处重点防范、专人值守。台阶、湿滑路段等容易引起慢行交通流失稳的地段，应事先做好预处理和事中做到重点方法和专人值守。当步行和自行车设施受道路施工或周边地块施工的影响时，应优先保证行人和自行车的安全通行。当确需取消原有人行道或自行车道时，应提供绕道及相应指示标志，并采取清洁、防滑、设置护栏等安全措施。施工结束后，应及时对步行和自行车设施进行全面恢复。

3）慢行空间与其他系统空间的协调

（1）与外摆空间融合。提起占道经营，我们并不陌生，长期以来这是城管执法部门的主要管理任务之一。违法的占道经营或者摆摊等行为，是经营空间对公共空间的侵犯，也是停留空间对行进空间的占用，而这类占用是以牺牲行进空间甚至形成行进空间阻隔为代价。因此对于违法占道经营仍需要严格管理。

但慢行交通出行与沿路经营并非对立，慢行道与周边沿街地块、建筑前区、建筑外立面一体化管理能够相得益彰（图 4–102）。前提是确保慢行道行进的有效空间和连续性，如提供一条 1～1.5 m 且免受交通影响的无障碍路径。无障碍路径应利用花盆、护柱、公共设施以及可感知警示带或带纹路铺面来界定（图 4–103）。再进一步因地制宜地与生活服务型商业、中小规模零售、餐饮等商业以及公共服务设施融合。

（2）与停放、装卸空间融合。为慢行道配置的机动车停车场和自行车停车场应尽量利用现有资源，避免大规模修建新的各类停车场（图 4–104）。机动车停车场和

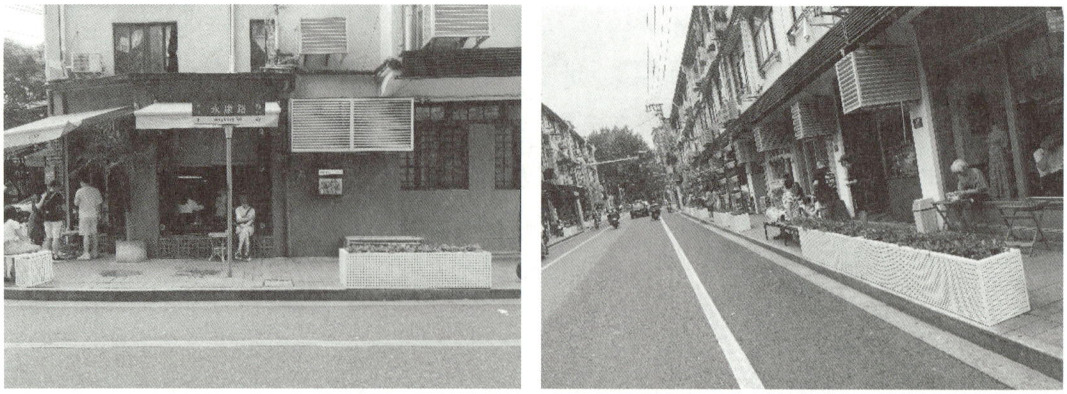

图 4–102　上海永康路特色步行街

图 4–103　比利时步行街外部、停放、行进区间隔离设置

图 4–104　美国芝加哥公共自行车停放占用路内空间而不是人行道空间

图 4–105　设置非机动车停车区

自行车停车场宜采用软性铺装改造或新建，以实现完全绿化、生态化和透水化。在任何可能的区域内设置成角度或平行的路边停车（图 4–105），避免停在休闲型慢行道上，也可以结合驿站等空间设置。

进入场地内的车道与人行道交叉时，应保证慢行道的连续性。将停车场设置于建筑物背后，避免其直接暴露于主要街道。尽量减少进出停车楼的机动车道数量，减少沿街出入口的数量。慢行道与商业的货运交通相交时，停车装卸入口应与主入口、步行街或户外聚集区保持至少 7m 的距离，并尽量与停车库入口合用，将停车库出入口车道宽度控制到最小宽度。包含慢行道的商业共享街道应该具有单辆卡车易于进出并装卸货物的能力。设计共享街道有利于容纳大型卡车，但应避免具有显著变化差异的设计。指定的装卸区可通过不同的路面形式或设置条形地带与引导标识来界定，考虑到货运装卸往往是固定时段使用，因此可以通过错时管控措施，形成复合利用空间，增加空间的使用效率（图 4–106）。

图 4–106　比利时装卸空间的协调

长距离的休闲型慢行道，需根据休闲型慢行道出行入口和出行距离，结合步道节点系统，每隔 6～10 km 设置自行车停车场。鼓励慢行交通模式的出行，完善自行车租赁和停车设施等方式，实现步道与城市慢行系统之间的有机衔接与高效利用（图 4–107）。自行车围栏可以在角落安装，因为停放路口的自行车对移动的通行车辆可视性没有影响。公共自行车租赁点可以作为一个公共交通的组成部分系统。站点设

图 4–107　维也纳沿路非机动车的停放空间协调

施可作为游客和来访者的聚集点，同时引导行人通过步道前往主要景点或目的地。公共自行车点替换路侧机动车停车位正是慢行优先的应有举措，也展示着城市鼓励慢行复兴的价值取向。

4）可持续的运营维护管理

随着慢行交通功能的日益完善和出行需求的多元化发展，以及慢行道建设的丰富多彩，势必对于其后续的养护、运营和管理提出更高的要求和标准。以下几方面需要引起重视。

（1）行人和骑车者对于通行条件的敏感程度要高于机动车，因此步行和非机动车设施的维护标准应高于机动车道。需制定运营维护机制、责任分工表以及相关技术导则和标准，并在日常工作中保持部门协调。

（2）应对步行道和非机动车道开展日常巡检养护，以保障日常和特殊天气条件下的出行安全。巡检养护应包括：路面毁损、道路侵权行为、毁损的市政和排水设施、街道家具、交通信号和标志标线、护栏与安全岛、人行天桥和人行地道、专用路桥梁及隧道、绿植管理、非机动车停车设施等。综合养护是慢行交通出行最重要的。

（3）应及时清扫步行道和非机动车道上的泥沙、石子、掉落树枝和杂物，以保障步行和骑行环境的安全、舒适。在冰雪天气，应优先进行冰雪清除及防滑处理。针对透水性路面材料更要针对性养护，保持透水性能。

（4）应保障和维护排涝设施，避免内涝和井盖丢失等对行人和非机动车出行的危害。

5）建设运营管理后评估

针对慢行交通及慢行设施的后评估需要更多的推广，以往对于增量建设来讲，后评估最主要的评估的是社会效益以及投入产出的性价比。随着城市更新以及慢行环境提升逐步深入，在改造提升过程中更多地涉及同一空间如何利用，在取舍的过程中势必就会有“你增我减”的现象，有一部分群体受益的同时也可能会有一部分群体受损。通过后评估，结合当地的实际情况，客观地分析得失、总结经验、弥补不足就显得特别重要。

评估不妨从安全性、可达性、连通性、场所性、可识别性五个方面来开展。

（1）安全性——如交叉口、路段主要人流过街段、学校周边能否提供安全的过街通道，避免人车冲突；在雨（雪）等天气时能否确保所有路面的防滑性；是否仍存在诱发各种危害行人安全的治安事件的消极空间等。

（2）可达性——如城市中重要的公共服务设施或旅游景点是否便捷可达，尤其是周边区域公共交通服务设施包括轨道交通站点、地面公交枢纽及站点等。

（3）连通性——城市及社区道路形成相互贯通不被打断的网络；重要的城市公共设施、交通设施与社区之间形成良好的慢行联系，在慢行联系内部如果能形成多个层次体系则为更佳。

（4）场所性——慢行网络应包括慢行通道和各类停留空间，吸引人们舒适通行并提供交谈、用餐、买卖、表演、观赏等公共停留活动的空间。

（5）可识别性——与公共活动中心、地区相结合，体现区域的历史文化特色，提升慢行空间文化艺术品质。

本书多处提到在当下以及未来一段时间，主张“慢行优先”，但“慢行优先”绝不是“唯慢行论”，当下的城市尺度和平均出行距离，一味地追求慢行交通也不尽合理。而慢行交通出行的完善和提升也并非要千篇一律，适合的才是最好的。慢行是否适合这个区域，要评估了才知道。

慢行交通出行

SLOW TRAFFIC TRAVEL

第5章 未来慢行交通出行思考

5.1 慢行共享出行的浴火之路

5.1.1 “新四大发明”共享单车

慢行交通共享出行始于公共自行车（Public Bicycle），最早源于欧洲。荷兰阿姆斯特丹一个无政府主义组织将一些涂成白色、没有上锁的自行车放在公共区域，期望供人们长期免费使用，称为“白色自行车计划”。与倡议者的初衷相反，几天之内，这些“白色”自行车都丢失或破坏殆尽，计划彻底失败。然而，这次尝试被普遍认为是历史上最早的公共自行车系统的起源。可见自行车共享之路并非顺理成章、一帆风顺。

第二代公共自行车系统在丹麦哥本哈根出现，称为 Bycyklen。这类系统的特点是有特定的存取地点，取车时以硬币作为凭证，还车时返还硬币，使用者是匿名的，尽管进行了特别设计，自行车仍然经常丢失，直到今天，这套系统仍然存在。

20 世纪 90 年代末期以来，利用现代先进的电子、信息集成、无线通信和互联网技术，新型的公共自行车系统在欧洲一些国家相继出现。这类系统的最大特点是能够知道谁在使用自行车，使系统的管理方式发生了根本性变化。

2007 年，智能化运营管理的、经发展已经具备一定推广实用价值的公共自行车系统开始进入中国，先后在北京、杭州、武汉等大城市开展试点，逐步向其他省会城市拓展，部分中小城市进行尝试。率先开始投放公共自行车的城市是北京，2007 年 8 月开始运行。2008 年奥运会期间为市民和游客服务。2008 年杭州是早期开展公共自行车试点的省会城市之一，在国内率先构建公共自行车交通系统，以解决公交出行“最后一公里”问题，提高公交出行分担率，缓解城市突出的交通“两难”矛盾。2009 年，武汉开始试点，随后，全国百余大中小城市开展公共自行车试点，公共自行车在我国开始生根发芽。

在解决了自行车的公共管理难题后，如何有效运营，成为影响其发展的又一大障碍。如巴黎和里昂采取由政府主导模式，欧洲最大的机场及户外广告运营商德高公司负责运营。德高公司以 9 000 万欧元的启动资金及相关服务招标竞得 10 年的运营权。德高公司每年的运营收入全部上缴市政府，另需支付 300 万欧元的广告经营费，得到全市 1 628 块广告牌的经营权。德高公司负责运营、维护、调度等，确保提供协议规定的服务。运营收入主要包括会员费和租金，以及自行车损坏、丢失或超期使用情况下的赔偿金。会员费和短时间内的租金都很便宜。尽管如此，每年的运营收入仍超过 3 000 万欧元。我国北京在奥运会结束后，因多方面原因该系统停止运营。此后，北京市的公共自行车系统建设模式历经多次调整，慢慢恢复建设运营。基本以各区为单位进行建设。杭州市采取政府引导，企业运作的模式，并将其纳入城市公共交通体系之中。武汉最初由民营企业投资建设，政府给予财政及资源补贴。2014 年 4 月，武汉公共自行车试点正式终止，由国有企业建设运营。

直至 2016 年前后，被戏称为“新四大发明”之一的共享单车诞生，自行车以另外一种权属模式、全新的投资回报逻辑，闪亮登场（图 5–1）。

图 5–1　路边排放整齐的共享单车

在移动互联网支持下，共享单车避免了公共自行车布点有限、借还受阻的短板。共享单车自 2014 年诞生开始，经历初创到快速发展，野蛮生长产生危机以及如今的融合稳定阶段。

1）初创阶段

2014 年，胡玮炜创办摩拜单车，并申请了 27 项专利，基本已覆盖单车本身，入局共享单车市场，在上海徐汇轨道站点内周边试水。同年，从解决校园内师生出行问题入手，戴威与 4 名合伙人创立 ofo，提出以“共享经济 + 智能硬件，解决‘最后一公里’出行问题”的理念。

2）快速发展阶段

自 2016 年后，众多共享单车企业先后进入市场，共享单车进入快速发展阶段。共享单车企业通过要求用户缴纳押金，从用户手中获取了大量的“众筹资金”。共享单车模式轻易地巨额资产的获取带来了资本市场资金的涌入。ofo 和摩拜不断扩张，抢占市场份额的同时，逐渐涌现出了第二梯队的共享单车，如小鸣单车、小蓝单车和町町单车等。

据不完全统计，2016 年有超 20 多家共享单车企业共存。同时，各公司纷纷融资，一年间，共享单车行业融资额超过了 30 亿元，除了 ofo、摩拜以外，小鸣单车、小蓝单车等中小规模企业迅速崛起。伴随着一轮轮的融资，共享单车行业看起来似乎充满了前景与活力。

3）危机阶段

多轮融资之后，下一步就是对于市场占有率的竞争，自行车订单像雪花一样飞向了自行车制造企业，单车投放量也都在不断加大，开始出现单车扎堆，影响交通，管理混乱的现象，共享单车因过度投放而泛滥（图 5–2～图 5–4）。

图 5–2　投放的单车，给城市管理带来了巨大压力

图 5–3　共享单车被锁上“私锁”

图 5–4　共享单车遭恶意破坏

爆炸式增长的同时，危机也随之而来。硬件成本烧钱、运营成本过高、价格战下微薄的收入等原因渐渐让单车企业捉襟见肘，开始持续亏损。单车企业采取免费使用或红包补贴的方式抢夺市场，大打“价格战”。在缺乏明显的盈利模式下，共享单车企业均处于巨额亏损状态。尽管低廉定价使得企业无法盈利，但火爆的投融资市场给了企业继续经营的可能，再加上投资人的期待，单车企业开始大肆投放单车。盲目的市场扩张导致科技创新趋于停滞，模仿现象严重，单车的维护和质量问题得不到应有的重视。单车停放秩序混乱，侵占公共空间资源，交通枢纽尤其是轨道交通站点周边更是拥堵不堪。2017 年 6 月，“重庆悟空”成为国内首家倒闭的共享单车公司。截至退出日，单车丢失率高达 90%。2016 年融资额排名第三的小鸣单车，在 2018 年 3 月宣告破产，成为首个破产的共享单车品牌。此后，其他单车企业也相继停运、倒闭。

4）稳定阶段

在经历过共享单车危机阶段后，共享单车市场开始重新洗牌，进入重组秩序的时期，得到新的发展。2019 年 1 月，美团宣布正式收购摩拜共享单车。截至 2019 年年底，共享单车市场主要有哈啰、美团（原摩拜）、青桔，三家合计约占市场份额的 95%。值得一提的是哈啰单车凭借从三四线城市反哺一二线城市的商业策略。精细化运营手段，大幅降低了成本以及免押金政策的推出，逐渐融入全国共享单车市场。

这些来来去去的基于移动互联网模式下的“共享单车”如雨后春笋一般，点缀了城市的大街小巷。如下按照不同颜色罗列了其他部分共享单车的名字，在新生事物的发展过程中总会经历不断演变的发展历程，也正是这些历程推动着慢行交通出行体验、模式的不断转变和完善（表 5–1）。

表 5–1　各种颜色的其他共享单车

绿色车	享骑电单车、易拜单车、酷骑单车、小强单车、云单车、小鹿单车、骑呗单车、优拜单车、熊猫单车、乐途单车、快兔出行
浅蓝色	1 步单车、智享单车、小蓝单车、由你单车、小鸣单车、途尔电单车
黑色	Qbike、黑鸟单车、米家骑行、曲奇单车、酷玩单车、北京出行
红色	龙城单车、西游电单、贝庆单车、闪骑电单车、哈罗单车、共佰单车
橙色	微笑单车、Funbike、摩拜单车、CCbike
白色	小白单车、芒果电动车、Obike、DDbike
银白色	7 号电动车、智慧单车
土豪金	酷骑单车

如图 5–5、图 5–6 所示，2019 年上海市共享单车监管平台日均在线车辆数 30.5 万辆 /d。2019 年上海市共享单车监管平台车辆日均骑行量为 100 万次 /d，骑行次数总体受季节影响，5 月、7 月、9 月骑行需求相对较高（图 5–5、图 5–6）。

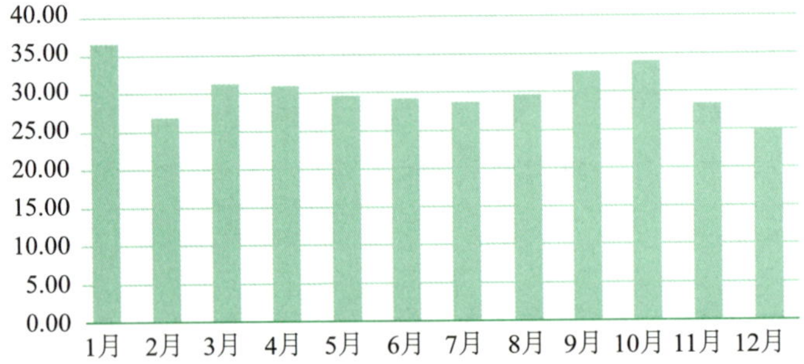

图 5–5　2019 年上海共享单车日均在线车辆数（纵坐标单位：万辆 /d）

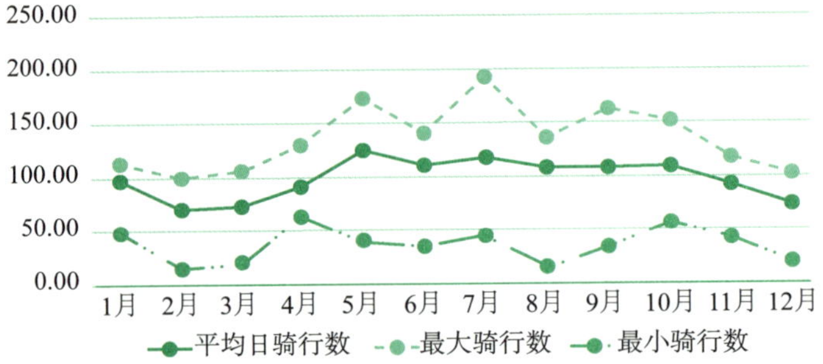

图 5–6　2019 年上海共享单车车辆月度日骑行情况（纵坐标单位：万次 /d）

资料来源：上海市城乡建设和交通发展研究院、上海市共享单车监管平台

5.1.2　慢行交通共享出行发展过程中的曲折

公共自行车在我国经历不断完善、不断发展的 10 年，这个阶段的公共自行车采取的有桩式布点，这种有桩式布点在公共自行车发展初期，极大限制了公共自行车服务的可达性，同时受制于桩数量的限制，高峰期存在“无车可借或者无桩可还”的矛盾。但这个问题随着布点的不断增加和运营公司调度的不断完善，在持续改进之中。

1）共享单车经历了更加曲折的发展融合过程

先是共享之便。共享单车绿色环保，从最初的为服务校园同学，到后来的服务整个社会，共享单车给个人和社会带来了一系列的益处，在最初的一段时间被大家广为传颂。共享单车省去了自行车保管、携带的风险，在短距离出行中的便利优势凸显，尤其是可以随停随还的便利性极大地优于步行、公交等方式。再和轨道交通、公共交通等换乘相结合，快速弥补了轨道交通“最后一公里”短板，同时作为一种绿色的交通出行方式，对于节能减排也有重大的意义。

节省成本。人们使用共享单车，节省了购买、维护和防盗的成本。有效解决城市居民出行“最后一公里”的问题。城市居民出行，总有公交和地铁线网覆盖不到的地方，在共享单车出现之前，下了公交车只能通过步行完成这“最后一公里”的路程，费时且费力。共享单车的出现，有效地解决这一局面。降低出行时间、健康。使用共享单车出行，减少了人们在交通拥堵的时候的出行时间。特别是早晚高峰时间，部分路段拥堵严重，选择共享单车出行，反而会花费更少的出行时间，同时更是一种健康的出行方式。

存取方便。相较于老式公共单车车桩的位置固定，存取不方便，共享单车的停车显得更加便捷。同时，通过 GPS 定位，可以更快地找到车，扫码取车的方式也使得共享单车更加便捷。

共享单车企业通过在校园、轨道交通站点、公交站点、居民区、商业区、公共服务区等提供服务，完成公共交通优先发展的体系“拼图”，补齐“最后一公里”接驳短板，带动居民使用其他公共交通工具的热情。与其他公共交通方式产生协同效应。但是由于管理、交通组织等层面的问题，其发展也面临着考验。

后是共享之殇。在诸多光环的照耀下，在初期便利性的好感下，在资本追求新的流量入口的冲动下，共享单车日复一复地增加。在目的性集中的驱动下，停车积聚演变成负面影响的堆积。由于其发展迅速，使用者在还车后摆脱了束缚而疏于管理，共享单车企业缺乏足够的能力应对，散布在公共空间上的大量的“无主”的共享单车，由最初的“城市风景线”变成了城市公共空间的“治理对象”。

共享单车大规模投放、出行高峰期骑行潮汐现象等原因导致轨道交通站点、公交枢纽站，办公园区、住宅区等周边共享单车停车秩序混乱，严重影响到了其他交通流，特别是行人的正常通行秩序，已然成为社会公共秩序治理的一个新问题。

由于各家共享单车企业在市场投放的单车数量非常大，遍布城市的各个街道以及小巷。在客户对有故障的车辆进行报修后，相关维修部门和维修人员不能在短时间内找到故障车辆进行维修，这给用车需求客户带来了一定的困扰。

在车辆供求数量方面，很难维持车辆的供求平衡，即有些地方如轨道交通站、公交站点存在着“来停的多，被骑走的少”（图 5–7），运营商还需及时合理调配车辆以满足社会需求。

法律制度的规范、共享单车运营商的管理、技术问题等方面的不足，造成了共享单车在使用上产生许多安全问题（图 5–8）。如发展初期，没有明确对防范儿童骑车

图 5-7　地铁站周边的共享单车泛滥成灾

图 5-8　未成年人使用共享单车发生事故

的规范，未满 12 周岁的小孩骑行共享单车的情况时有发生。

停放的积聚形成泛滥的堆积。由于共享单车使用者的出行时间呈现较为一致的“潮汐”现象，导致工作日早高峰轨道交通站点、办公园区等附近，双休日大型商业区附近共享停车集中停放。但是这些空间本身并没有考虑足够的非机动车停放空间，溢出之后的无序就不可避免。

堆积的持续且超量就形成风险。当某一地点停车车辆超过区域停车容量，进而影响到人行疏散甚至造成堵塞，就成了影响公共秩序的风险源。在共享的模式下，一段时期以来“无主的共享单车”面对这种风险的控制、管理和处置没有得到足够的响应。

2）行业管理者的动态适应

行业管理者对于共享单车最大的担心就在于其无序集中停放堆积造成的社会公共秩序风险。针对风险给出预警、响应与对策，是政府决策下一步如何管、重点管哪里、如何维护安全底线的重要支撑。同时行业管理者还需要对于投放总量，停放设施等方面做重新的部署规划。

街道、居委等基层管理者在执行对于共享单车具体管理中，需要建立对应的机制、人员配备、财政预算、事权关系等。

作为一种服务于大众的自行车交通工具，共享单车在智能锁技术的支持下，直接投放在城市的大街小巷，在城市管理对象上处在了一种“无主”状态，同时由于其使用人群和使用场景的集中化，出行高峰期骑行潮汐现象等原因导致轨道交通站点、公交枢纽站，办公园区、住宅区等周边共享单车停车秩序混乱，严重影响到了其他交通流，特别是行人的正常通行秩序，而这些问题并非一开始就显现出来，是随着共享单车被资本加持，走上投放发展的快车道并累积到一定投放量之后集中爆发出来。

“共享单车”的发展之路，从共享之便到成为共享之殇非常短暂，政府的态度也经历了不断转变和适应。随着国家层面对于共享单车作为“最后一公里”交通工具的定性，到各个城市交通管理部门对于区域投放总量控制政策的相继出台，街道等属地管理部门对于路侧非机动车停车泊位的梳理和施划，以及对于乱停放共享单车的整治。过度投放的共享单车逐步回归到了理性的规模。与此同时，城市缺失的非机动车停车空间得到了弥补，作为新生事物的共享单车逐渐融入城市交通出行体系之中。不论是公共自行车还是共享单车，自行车的共享之路都不该停止，共享之路让自行车摆脱工具的束缚，能够更多地体现其绿色共享的属性。也能让自行车在城市综合交通出行中承担的角色更加多样，分担的比例进一步上升。

5.1.3 治理、改变与再出发

本节先通过回顾上海、北京、广州、成都等城市近些年在对于共享单车管理控制方面所做的工作和努力，解读新模式在融入既有综合交通体系的过程和发展，再提出未来慢行交通共享出行的思考。

1）上海

2018 年《上海市互联网租赁自行车管理办法》，包括：目的、定义、适用范围、基本原则、管理职责、共治机制、慢行交通系统规划和建设、禁行区设置、停放点设置、电子注册、区域调控、动态调节、投放程序、车辆要求、运营维护、日常调度、协议和禁止对象、资金管理、保险和理赔、信息安全、企业联合和限制、安全协助、变更和退出、用户要求、监督检查、综合监管服务平台、服务评价、社会共治、运营维护的通行便利、投诉处理、文明宣传、对经营者违法行为的处罚、违规车辆清理、指引条款等共三十五条。

基本原则：上海市互联网租赁自行车的发展遵循鼓励创新、规范有序、服务为本、属地管理、多方共治的原则。可见面对新生事物，创新、规范、服务、共治是必要的。

管理职责：上海市交通行政管理部门是上海市互联网租赁自行车的行业主管部门。公安机关负责上海市互联网租赁自行车注册、通行秩序管理。城管执法部门负责互联网租赁自行车企业违规占道经营的查处。区人民政府负责所辖区域内本办法的组织实施。区互联网租赁自行车主管部门负责日常监督管理工作。上海市发展改革、规划、市场监管、商务、金融服务、网信等行政管理部门按照各自职责，协同做好互联网租赁自行车监督管理的相关工作。由此可见，对于互联网租赁自行车的管理是“牵一发而动全身”。

共治机制：上海市建立互联网租赁自行车共管共治协商机制，由运营企业、行业协会、相关社会组织、专业人士、市民代表和相关管理部门参加，共同参与互联网租赁自行车运营秩序治理，持续提升互联网租赁自行车运营服务水平。共治机制体现了对于新生事物的开放态度和包容心态。

停放点设置：市交通行政管理部门应当制定互联网租赁自行车停放点设置技术导则，明确停放点设置条件、布局和设施要求。区主管部门应当根据技术导则实施互联网租赁自行车停放点设置。轨道交通站点、商业中心、旅游景点等区域，区主管部门应当根据实际需求和设施条件，适当增加设置互联网租赁自行车停放点。上海市支持和鼓励电子围栏等智能停车管理设施的建设和运用。停放点是目前的短板和互联网租赁模式下不可或缺的一部分。

电子注册：互联网租赁自行车应当经公安机关办理车辆注册手续后方可投入运营。上海市互联网租赁自行车实行电子号牌注册，注册的具体办法由公安机关会同市交通行政管理部门负责制定。未经注册的互联网租赁自行车，不得用于经营活动。解铃还须系铃人，互联网的产物就要用互联网思维去管理，通过电子注册和数据接入、共享实现动态监管和总量控制。

区域调控：上海市根据国家引导互联网租赁自行车有序投放的要求，对互联网租赁自行车分区域实施调控。黄浦、徐汇、长宁、静安、普陀、虹口、杨浦、闵行、宝山等区互联网租赁自行车数量，由区主管部门提出意见报区人民政府同意后，提交市交通行政管理部门实施统筹。浦东新区、金山、松江、奉贤、青浦、嘉定、崇明等区互联网租赁自行车数量实施属地调控。确定区域内互联网租赁自行车数量，应当综合考虑以下因素：市场需求；停放设施承载能力；道路资源利用效率；应当考虑的其他因素。

动态调节：市交通行政管理部门应当会同区主管部门建立互联网租赁自行车动态调节指标，对运营企业投放车辆实施动态增减调节。动态调节指标包含以下因素：车辆的使用周转情况；企业运营维护情况；企业服务评价情况；企业运营管理制度及其实施情况；企业守法情况；需要考虑的其他因素。对采用免押金等符合上海市互联网租赁自行车鼓励方向的经营模式，在车辆动态调节时予以优先考虑。市交通行政管理部门、区主管部门实施动态调节，可以委托社会第三方围绕动态调节指标对运营企业进行评估，并形成评估报告。市交通行政管理部门、区主管部门根据动态调节指标要求运营企业核减车辆的，运营企业应当执行。

2021 年《上海市非机动车安全管理条例》又进一步强调了对于非机动车停放管

理和互联网租赁自行车的总量控制。

停放管理中包括：

第二十四条　区人民政府应当根据非机动车道路停放点设置规范，编制本区非机动车道路停放点的设置规划，指定专门管理部门落实非机动车道路停放点的设置工作，并组建专门管理队伍，加强非机动车道路停放点的日常管理。

第二十五条　客运车站、轨道交通站点、港口客运站等交通集散地以及医院、学校、商场、集贸市场、步行街、影剧院、体育场馆、展览馆、旅游景点等人员流动较多的场所，应当在规划建设阶段按照标准同步配套规划建设非机动车停放设施；未同步配套规划建设非机动车停放设施的，其所有人或者管理人应当设置非机动车专用停放场地，并落实专人管理或者委托专业服务机构管理。

第二十七条　在道路上停放非机动车，应当使用非机动车道路停放点。非机动车未停放在非机动车道路停放点，影响其他车辆和行人通行且驾驶人不在现场的，公安机关可以会同城管执法部门对现场予以清理。

第二十八条　沿街单位应当加强自律，规范、有序停放非机动车，不得随意停放。沿街单位对在其市容环境卫生责任区内随意停放非机动车的，有权对违法停放行为予以劝阻或者向公安机关、城管执法部门举报。

总量调控包括：

第三十条　上海市对互联网租赁自行车实行总量调控。市道路运输管理部门应当根据城市空间承载能力、停放设施资源、出行需求特征等因素，建立互联网租赁自行车总量调控管理机制。市道路运输管理部门负责建立互联网租赁自行车行业信息服务平台，会同公安、城管执法等部门实施互联网租赁自行车服务质量评价制度，并根据评价结果，对互联网租赁自行车运营企业的车辆投放数量进行动态调整。互联网租赁自行车运营企业应当遵循总量调控和动态调整机制要求，有序投放和回收车辆。符合总量调控要求在上海市初次投放或者新增投放车辆的，互联网租赁自行车运营企业应当在投放运营前三十日，向市道路运输管理部门备案车辆投放方案，并按照要求提交相关基本信息。按照动态调整机制要求回收车辆的，互联网租赁自行车运营企业应当自收到市道路运输管理部门通知之日起三十日内，完成相关车辆回收工作。互联网租赁自行车运营企业应当在投放运营或者回收车辆时，按照要求将投放运营或者回收车辆的信息数据同步传输至互联网租赁自行车行业信息服务平台。

第三十一条　互联网租赁自行车运营企业应当加强对互联网租赁自行车的日常调度，及时平衡区域潮汐车辆供给。互联网租赁自行车挤占人行道、车行道、绿化带等道路、区域停放的，城管执法部门应当通知互联网租赁自行车运营企业在 2 h 内予以清理。互联网租赁自行车运营企业应当建立专门管理队伍或者委托第三方及时清理车辆。互联网租赁自行车运营企业应当落实企业主体责任，规范经营，保持良好安全的车容车况，及时处理不能骑行的车辆，并引导用户在规范设置的非机动车道路停放点停放车辆。

案例 18 这里共享单车的“离开”与“回归”

上海市闵行区新虹街道地处虹桥商务区核心区，约有 378 幢楼，50 000 余名白领在此工作。每个工作日都有很多搭地铁来虹桥商务区上班的企业职工，从地铁站到各个楼宇这最后的 1～5 km，共享单车成了最佳选择，如图 5–9 所示。这也一度造成虹桥商务区的共享单车“车满为患”，甚至占据机动车道。从 2018 年起就全区域禁停共享单车，单车营运企业也将这里划设为非运营区。

图 5–9 闵行区融媒体中心介绍的楼宇、小区内部增设共享停车点共治管理的案例

资料来源：学习强国平台中上海学习平台，上海市闵行区融媒体中心、新虹街道，作者毛海萍

2021 年 2 月，阔别两年的共享单车重新回归。新虹街道对于回归的共享单车采取了新的管理模式，依托网格化党建平台的议事会机制，召集商务区楼宇项目运营方、共享单车运营方、非机动车停放管理方等对接资源与需求，企业提供停放区域，单车运营企业提供技术手段，将单车限制在区域内。

商务区“工作圈”试点共享单车停放后，逐步向居民区“生活圈”增设停放点。近日，新虹街道在爱博一、二、三村及四、五村周边背街小巷、公共配套、商业地块内因地制宜地试点设置了 9 个共享单车点。同时建立由政府、单车企业、物业共同参与的共享单车管理模式，确保共享单车在居民区和商务区顺畅运行的同时，基本满足居民、白领的“最后一公里”需求。在申虹路兴虹路交叉路口东北角就是共享单车停放区域，有明显的“共享单车停车区”标识。在划着白色的区域内，有一排凸起的蓝色装置——“蓝牙道钉”，按照等距离设置，在这个白色划线区域内可供停放着 40 辆左右的共享单车。近期，虹桥正荣中心物业向新虹街道申请增设共享单车点位，又辟出北区靠近润虹路一侧区域，可停放50辆车。在车辆不多的情况下，虹桥正荣中心物业保安会把点位上的车停放整齐。但发现车辆增多后，物业向“单车管理微信群”里发了求助消息：虹桥正荣中心需要清理单车。过了一刻钟左右，单车运营企业的工作人员来到现场整理车辆，他说最多的时候接近100辆，“共享单车专用停车位周围都停满了，点位完全不够停，上班高峰期是最忙的，楼宇的各个点位都出现过饱和，得及时清理”。其实，对于共享单车的回归，商务区里的白领们纷纷叫好。小区居民也十分“眼红”。新虹街道在9个小区附近设置了共享单车停放点位，其中就有爱博四村。“以前，步行到地铁站15～20 min。等公交车的话时间也不确定，现在家门口有了共享单车，去地铁站10 min之内就可以，时间算得准了。”目前，爱博一村西门、爱博二村3号门、爱博三村旁停车场、爱博四村南门、爱博五村旁菜市场、恒基旭辉住宅、富力十号住宅、尚品华庭、新虹社区文化中心9个共享单车停放点已经设置完成并投入使用。

共享单车能够通过这种“共治融合”的方式进入到商圈、小区，而又能够融入商圈、小区现有的管理模式和秩序环境，并且能够为上下班、居民提供门到门的中短距离出行服务和接驳服务，是共享单车融入综合交通服务体系，而又不过多占用城市道路有限资源的一条多赢的发展道路和方向。

2）深圳

为解决共享单车规范停放问题，深圳地铁与共享单车企业开展合作，借助互联网自行车出行大数据和深圳通刷卡数据分析，确定在1、2号线的岗厦站、高新园站、桃园站、世界之窗站、后海站、车公庙站、竹子林站、白石洲站、大新站共9个车站设立共享单车停放点。重点围绕城市轨道、公交中途站周边，并结合高峰小时客流集散量和周边路侧空间对共享单车停车区域进行设置。在停车区域形式方面，采用平面（垂直式、斜列式）和立体（地上、地下）相结合的方式。每个停放点最多可以容纳25辆自行车，共享单车和私人单车均可以免费停放。此外，每个停放点还配备有专门的运营维护人员管理，除了规范市民有序停车，还根据实际情况调度车辆，保证每个停车点的共享单车不堆积，同时又能满足市民出行需求。通过非机动车停车点位的设置以及管理人员的配备，深圳市轨道、公交站点周边的非机动车停车问题有明显的改善。

近些年，深圳各区的针对共享的管理平台及数据接入工作以及基于平台场景的电子围栏管理如相继开展，为共享单车的可持续发展奠定了基础。如学习强国平台中深圳学习平台介绍的《深圳龙华设 1 984 个电子围栏规范共享单车停放》深圳市交通运输局龙华管理局联合共享单车运营方设置电子围栏停放区，加强对共享单车的管理。在龙华街道三联路上，每隔几十米便能看到电子围栏停放区，一辆辆共享单车停放在用白色警示线标注的虚拟“电子框”内。据相关工作人员表示，该路段的共享单车停放区都设有“电子围栏”，共享单车 App 在用户开锁前，会先通过弹窗提醒用户规范停放，定位系统将结合用户位置和车辆位置判断市民还车位置是否为文明停车区域（图 5–10）。目前，电子围栏的精确度会适当扩大一些区域，市民在位置不够的情况下，尽量靠近围栏的框线整齐停放，系统也能够识别。停车框并未设置固定尺寸，而是因地制宜，在不占用盲道、绿化带的情况下充分利用空地。目前龙华区共有 1 984 个电子围栏停放区。

3）广州海珠区

海珠区是广州共享单车发展最快的地区，广州投放的共享单车中有将近一半的是在海珠区。共享单车的进入使得原本提供给非机动车停放的停车区出现供给不足的情况，针对存在的共享单车停放问题，海珠区先后与各共享单车企业签下战略合作协议，区政府积极协调相关部门及行业单位，建立沟通渠道，并依法完善海珠区区域范围内的自行车道路路网与停车位规划建设，指导建设无桩智能共享单车的示范点，协商解决慢行交通系统建设中的各类问题，不断改善海珠区慢行交通设施体系，为单车出行创造良好的环境（图 5–11）。从 2016 年 9 月开始，海珠区在 5 个月时间内完成 1 000 多个“非专用、不排他”单车停车位划设。在单车停车位划设上，海珠区采用“先易后难、突出重点”的方式，分三批对单车停车位进行划设，第一批停车位先在地铁 8 号线地铁口、中大布匹市场铺开；第二批继续增加了地铁 2 号线、城中村等人

图 5–10　深圳共享单车停放点

图 5–11　海珠区摩拜单车推荐停车点

流密集区域；第三批将居民区、商业区和娱乐休闲场所也列入划定范围；有条件的街道原则上要划设不少于 50 个停放区域。海珠区对共享单车停车区的划设，为市民在共享单车的使用上提供了更多的方便，同时也给广州全市对共享单车的管理提供了实践经验。

4）北京海淀区

自共享单车进入北京以来，随着数量的增加，共享单车所带来的问题不断出现，大量共享单车由于占用自行车道、机动车道等，影响到出行安全而被收回。从 2017 年 8 月起，街道办开始对乱停乱放的共享单车进行回收，不到一个月时间，仅在海淀区内的上地地区，就已经回收了 5 000 余辆，可以看出共享单车乱停乱放问题十分严重，特别是在公交站、地铁口附近等人流密集区，仍经常有共享单车违规停在行车道、盲道上，影响了正常交通出行。

针对共享单车存在的问题，海淀区在多个街道的交通枢纽、地铁站附近施划了共享单车停放黄线，鼓励和规范市民将共享单车停放在规划的停车区内，避免共享单车抢占行人通行空间。此外，海淀中关村西区办从多个方面对共享单车停放作出规范，城管、交通等执法部门要求共享单车企业加强重点点位周边骑行集中时段的车辆转运，减少堆积现象发生。还要加强对超标投放、乱停乱放及影响行人出行、占压盲道停放单车的整治力度，对海淀南路、海淀大街、海淀中街、丹棱街、海淀东三街、北四环、创业大街周边、E 世界周边等重点点位的共享单车进行了清运。通过多种措施共同落实，有效解决中关村西区内重点点位周边共享自行车停放秩序，营造良好的出行环境，净化市容环境。

5）成都

根据共享单车存在的问题，成都首先在地铁 1、2、3、4 号线的 84 个出入口进行 253 个非机动车停放点位施划。接下来成都将在城市主干道，主要地铁站点、主要公交站点，以及人口密集小区、办公区和主要商业区，大量增设非机动车停放点，一方面满足

图 5-12　共享单车有序排列

市民私家非机动车的停放，另一方面满足共享单车在这个区域的投放和使用。同时，成都市出台了《成都市共享单车服务质量信誉考核办法（试行）》，对共享单车企业进行规范和要求，如图 5–12～图 5–14 所示。

图 5–13　施划非机动车停车区

图 5–14　工作人员正调度车辆

共享单车作为互联网化共享交通工具的典型代表，目前已经经历了一轮从出现到发展，再到壮大无序和回归理性的过程。与此同时类似的共享交通——网约车也成为一种新的共享交通出行模式，因此对于慢行交通未来的共享之路做一些思考，是有必要的。

（1）供需管理的再思考。共享单车问题在交通领域的主要原因就是供需之间的错配。每一种交通方式既是出行运力的提供方，又是出行空间资源的占用方。对于供需管理是必要的，目前对其的总量管理也证明了行之有效。共享单车发展历程需要的思考，在涉及公共资源领域，面对不同商业模式下，顶层设计和供需管理是非常必要的。未来，每个城市都应根据自身发展需要和出行特征，合理地重新规划其慢行出行比例，并据此调整相应的城市公共空间中慢行空间比例、财政投入中慢行投入比例等。

（2）空间体系的重定位。共享单车问题集中体现在了停放端停车空间的缺失和短时停车需求的爆发性增长之间的矛盾，如某一地点停车车辆超过区域停车容量，进而影响到人行疏散甚至造成堵塞，就成为影响公共秩序的风险源。一方面要意识到这种矛盾是随着技术革新而新出现的，以往的自行车交通工具由于使用者和拥有者的统一，往往会倾向于在地块内部解决。传统的公共自行车在有桩技术的束缚下，呈有序、有度状态纳入城市道路空间体系。另一方面值得深入思考的是，未来城市公共空间的非机动车停车空间的定位与空间诉求。在这个问题上，目前在做得更多的是在既有的人行道上施划非机动车停车区，这种方式短期见效，但也是以牺牲了人行空间做代价的。从现行规范体系上来看，原有的慢行道、慢行空间宽度规定的考虑之处都是缺少对于这方面的考虑。

同时共享单车还被大多数的商场、住宅小区所限制进出，但又成为其减少非机动车配建的一个理由，对于商场、办公楼等吸引的共享单车的停放空间不能一味地依靠有限的城市道路慢行空间来消化。

更重要的是轨道交通站点、公共交通站点周边，最需要作为“最后一公里”换乘的区域，对于非机动车（包含共享单车）的停放空间、配置要求、容量测算、空间属性、管理权责上都缺少相应的规定。同时为了适应未来的技术发展演变的需要，上述慢行空间的塑造上需要考虑更多的灵活性和融合性。更多的追求空间功能的协调与实现，摆脱“红线”权属的束缚与割裂。

（3）慢行环境需要更多的投入和持续的改变。长久以来，大多数慢行交通空间和道路建设统一考虑，随着近些年对于慢行交通出行的重视，在道路、街道设计中开始体现了对于慢行的重视和强调。但是在建设体系中，还缺乏持续的投入机制和鼓励措施。未来需要在管理手段上、空间规划上、财力分配上、人员配备上给予持续的改变。在“碳达峰”的背景下，慢行交通领域的投入应该始于现有交通整体盘子内的机动车交通和慢行交通的重分配，未来在基础设施建设领域不仅仅考虑建设过程的碳排放，还应纳入使用过程中的碳排放贡献，这样就为慢行环境的持续改善营造了合理的价值逻辑。

（4）共享出行对未来提出了更高的要求、也带来了更多的机会。

首先，该如何估算非机动车停车空间的容量条件，需要立足于不同类型非机动车的定位特点，立足于整个城市综合交通出行链体系，建立相应的理论体系和指标参数。

其次，以往的“四步骤”为基础的交通模型和分析预测需要向出行链模式转变，更多地强调以一次出行为组合交通方式维度，在理论上需要进一步的创新。

最后，共享单车的突出特性是所有人和使用人的分离，这对于以往定向管理模式、牌照管理模式都是一个显著的挑战。政府管理过程中需要面向所有者（企业）和使用者（非特定个人）的双重维度。针对这类模式的管理需要法律法规层面更多地完善和补充。

（5）原有公共自行车体系融合错位发展。原有公共自行车系统是一种公共服务，是城市公共交通系统的重要补充，在规划、建设、运营、定价上应充分考虑其公益性的属性，主要服务于中短距离通勤、公共交通出行“最后一公里”及休闲、旅游、健身等功能。在共享单车出现之前，上海、杭州、武汉等多个城市都有建设推广，各地不仅仅建立了系统的规划布局、体系建设投入、管理制度，而且在一定程度上发挥了很好的“最后一公里”功能和鼓励人们慢行交通出行的作用。

移动互联网时代的互联网租赁自行车的横空出世以及快速发展，让原有的城市公共自行车“骑虎难下”，其固定租赁点可以实现规范借还和总量控制的秩序管理，但在提供服务方面又出现了租赁点密度不足、借不到、换不进的服务劣势，同时其运营和服务体系和现有的互联网租赁自行车又有了较大差别。在这种情况下，现有的公共自行车也在通过技术迭代更新、运营模式优化寻求下一步发展之路，如下是近期几个城市的不同举措和选择。

（1）《佛山桂城：公共自行车将停止运营，别忘记退卡退款》（佛山学习平台）：佛山市南海区运营了 11 年的桂城公共自行车要和大家说再见了，2021 年 9 月 15 日起将停止运营。持有桂城公共自行车 IC 卡的市民或开办了团体卡的单位尽快到相关站点办理退卡退款手续，办理时间截至 2021 年 12 月 31 日。桂城街道于 2010 年开展桂城公共自行车项目一期建设，并于 2010 年 8 月份投入使用，至今共建设五期 218 个站点，现有公共自行车约 9 000 辆。站点主要覆盖桂城的城区和各村居，其中中心城区有 160 个站点，平洲片区有 49 个站点，三山片区有 9 个站点。目前，桂城周边城市如广州、顺德、三水等区域的公共自行车均已停止运营。

（2）《山东省潍坊市：新款公共自行车投放 5 000 辆》（潍坊学习平台）：2021 潍坊市区慢行交通系统提升工程共建设 200 处公共自行车站点，投放第三代公共自行车升级版新车 5 000 辆，市民国庆长假期间绿色出行将更加便利。公共自行车的节能减排效果显著，不仅能为市民节省大量的出行开支，也减轻了城市交通拥堵，已成为市民健身休闲、接驳换乘的重要选择。目前，潍坊市民累计公共自行车骑行已突破 3.4 亿人次。

（3）《湖州德清投放 1 500 辆公共自行车 助推“无差别城乡”建设》（湖州学习平台）：2021 年德清县十大民生实事中新增 1 500 辆公共自行车项目已进入到新车投放阶段，9 月 28 日起，新到的公共自行车正陆续被投放到城区各个站点。“新款自行车的租、还方式跟原来一样，但需要归还在电子围栏式的无桩点位上。”宋建忠介绍，德清县正在推广无桩站点的使用。无桩站点建设、维修成本低，且占地面积小，能够解决老旧小区因道路狭窄无法安装公共自行车站点的问题。2021 年，工作人员在武康城区新增了 150 个无桩电子围栏式公共自行车站点，并将原 136 个有桩站点的一半改建为无桩式，助力营造方便、快捷的出行环境。

各地的做法，都是出自各个城市自身发展状况、交通模式和出行习惯、未来发展需要等角度做出的综合选择。值得欣喜的是，没有千篇一律的“一停了之”，这是慢行交通特色化发展的特点。作为“最后一公里”接驳工具，不论是互联网租赁的共享单车还是公共自行车，都是在技术支撑下的慢行交通接驳模式，没有最好的只有最适合的，在共同推进城市慢行交通出行体系的不断完善，支撑公共交通优先发展这个大目标下，找到恰当的发展定位和存在价值，被使用者所接受和融入，是发展的根本。

5.2 慢行优先的发展共识

慢行优先，在适合的空间条件内，优先保障步行及骑行空间，关注行人步行体验，塑造尺度宜人的慢行空间，提供便利舒适的街道设施与景观环境，还原街道本真，摆脱“有道无街”的窘境。是社会各方已逐步形成的发展共识。

5.2.1 优先焕发慢行交通方式的吸引力、竞争力

中国的城镇化与机动化发展已经到了极为敏感和关键的时期：既面临着持续推动经济社会健康稳定发展的重要问题，又面临着土地、能源、环境等日益严峻的刚性约束，还面临着治理日趋严重的交通拥堵所需的制度设计、公共财政、社会舆论、大众心理等多方面需求压力。经验表明，简单依赖大规模交通基础设施建设已经无法缓解如此众多的压力。2021 年的天然气、煤炭、石油上涨引发的限电、限产，2022 年的俄乌冲突把能源危机又一次摆在了全世界人民的面前。

一个可持续发展的国家，一个富有生命力与人性化的城市，必然要追求人与自然、人与社会、人与人的和谐发展。从以车为本回归到以人为本，以市民出行需求为核心，是城市治理走向成熟、走向人性化的集中体现，是治愈城市交通顽症的一剂良药。城市慢行系统，是把步行、自行车等慢行交通出行方式作为城市交通的主体，引导居民采用“步行 + 公交”“自行车 + 公交”的出行方式。在适宜的背景下，保障慢行者的这一城市交通弱势群体的路权，维护社会公平，为人们生活中的节能减排，强身健体，减少污染，构建人本和谐空间，具有现实意义。

5.2.2 慢行优先之路的三个途径

慢行交通出行优先的实现可以有以下三个途径：空间优先、时间优先、通行权优先。

1）途径一：空间优先

以家为中心的 15 min 生活圈和以轨道交通站点或者地面公交中途站点为中心的 15 min 接驳圈，是可以作为首先推广慢行优先的空间区域，国外已经通过安宁交通等模式长期推广使用（图 5–15）。

图 5–15　日本京都机非混行道路的慢行优先

上海在迈向卓越的全球城市的目标下，将打造 15 min 社区生活圈作为提升城市竞争力的重要举措之一，2016 年 8 月《上海市 15 分钟社区生活圈规划导则》正式印发，“15 分钟社区生活圈”就是要让市民在以家为中心的 15 min 步行可达范围内，享有较为完善的养老、医疗、教育、商业、交通、文体等基本公共服务设施。通过构建宜居、宜业、宜学、宜游的社区服务圈，提高居民的生活品质。

在以家为中心的 15 min 生活尺度范围内，随着各类养老、医疗、教育、商业、交通、文体等基本公共服务设施的不断完善，联系家和公共服务设施之间出行实现的就应该提倡以慢行交通为优先的出行保障体系的同步建立。

具体举措包括：在城市更新或者道路中大修、改造时，充分考虑城市街道这一公共空间的特性，适当增加步行、自行车及公共交通出行的空间与占比，通过硬件品质提升，立足从“人”出发，在街道为市民留出休憩、停留、观光的慢行空间。提升沿街店铺吸引力，激活社区商业，这体现了“以人为本”的理念，也是提倡和践行“慢行优先”的初衷。更可以采用铺装改变、安宁交通等措施突出该区域的慢行的路权优先地位和迫使机动车减速、缓速通行，见图 5–14。

2016 年 2 月国务院发文《关于进一步加强城市规划建设管理工作的意见》，首次提出开放式街区的建设和发展要求，开放式街区这一概念发源于欧美，是一组建筑物与周边或其中的广场、街道、小公园、绿地等实体或空间的总称。在向着开放式街区努力的过程中，肯定会有各种各样的困难和需要解决的现实问题，要合理梳理人与车的关系，在开放的模式下建立舒适、安全的慢行空间和联络体系，通过慢行体系串接和当下监控、人脸识别等系统相配合，会是实现开放式街区在我国发展的值得尝试的一个路径方向。而开放式街区的实现，才能真正全方位打开慢行优先的空间隔阂。

2）途径二：时间优先

从时间优先方面，不同区域的路口、路段应该区别以待。在规划层面对于不同路口明确其功能定位和优先对象。可以采用一些精细化的控制技术，如采用绿灯时禁止机动车右转弯、对右转机动车实行迟启控制、自行车绿灯早启动等方法，通过时间调配实现信号交叉口慢行交通优先。

慢行交通优先信号控制是在确定机动车信号相位相序的前提下，根据自行车道和人行横道渠化设计方案，通过计算行人和非机动车的绿灯时间，确定慢行交通的信号相位及通行时间。以四路交叉口两相位为例，慢行交通流与机动车流的冲突点个数为 28 个，机动车流与机动车流的冲突点为 4 个。其中，在每个相位，慢行交通流与机动车右转车流的冲突点个数为 6 个，慢行交通流与机动车左转车流的冲突点个数为 4 个，慢行交通流与机动车直行车流的冲突点个数为 4 个。慢行交通流对机动车右转车流影响最大，其次是直行车流和左转车流。通过设置慢行交通相位尽量避开慢行交通流对机动车右转车流、直行车流和左转车流的冲突。将慢行交通空间优先与时间优先通行相结合，设置慢行交通相位，第一相位与第二相位中禁止非机动车直行与左转，允许非机动车右转与行人通行。按照此相位设置，慢行交通流与机动车流的冲突点位 8 个，比之前减少了 20 个。每个相位中慢行交通流与机动车右转车流和左转车流的冲突点个数分别为 2 个，对机动车右转车流和左转车流的影响降低了，并且对机动车直行车流无影响。

设置相位方案时，应根据实际交通状况进行修改，各相位中慢行交通流的设置应根据实际交叉口的具体交通状况而定，可以考虑实施慢行交通左转专用相位以及行人专用信号灯。实施降低慢行交通流与机动车流的冲突点目的，提高交叉口的交通安全性。

3）途径三：通行权优先

从让行开始，体会文明与温暖。城市慢行交通可以更多强化和努力的还有路权分配问题。慢行交通通行权优先是城市道路的路权分配向慢行交通倾斜，给予慢行交通更优惠的条件，甚至可能对机动车进行必要的限制。这些年各地大力提倡的斑马线前停车让行，就是通行权优先的体现。《中华人民共和国道路交通安全法》规定，机动车行经人行横道时，应当减速行驶；遇行人正在通过人行横道，应当停车让行。机动车行经没有交通信号灯的道路时，遇行人横过道路，应当避让。"礼让斑马线"的文明之风吹遍全国，车辆在斑马线前停下来，这一停，带来了文明的向前进步。

城市道路交叉口和路段，通过彩色铺装材质对于慢行交通通行区域加以区别，甚至通过隔离措施加以保护也是通行权优先的体现（图 5-16～图 5-18）。

图 5-16　上海路段彩色非机动车道

图 5-17　比利时彩色铺装在关键过街处的应用

图 5-18　美国芝加哥彩色自行车道和路缘提示

案例 19 空间更新与再造以实现慢行优先提供契机

据澎湃新闻《日本京都人行道拓宽项目：步行权利的胜利》，京都四条（乌丸通—河源町通段）的人行道拓宽项目（四条通步道扩幅事业）。在四条河源町交叉口，有一块“四条通步道扩幅事业纪念の碑”，记述了项目概况：四条通人行道拓宽项目完成于 2015 年 10 月，其设计基于“步行友好的京都”的理念。该项目首创性地给予行人以优先待遇，通过缩减机动车道、拓展人行道宽度、设置分散式公交站台等方式，让每个人都能享受步行（图 5-19 ～图 5-21）。

图 5-19 改造前后人行道变宽、机动车道缩窄

图 5-20 行人过街穿越距离变短

图 5-21 公交停靠站进行整合与升级

宏观上，进行路网梳理和组织、使机动车尽量避开此路段；中观上，机动车和行人空间重新分配；微观上，采用交通设计的理念进行精细化分配。路网组织包括：设置单行系统，标志引导绕行，信号诱导绕行。这在慢行优先发展中非常重要，从更大范围整体性地考虑空间资源分配、通行效率和通行引导能够实现综合交通体系的整体协调转变，让各种通行方式能够找到新的平衡。

中观断面重配：改造前的道路断面：道路红线 22 m＝2×（人行道 3.5 m＋平石 0.5 m＋机动车道 3.5 m＋机动车道 3.5 m）。改造后的道路断面 1：道路红线 22 m＝2×（人行道 6.5 m＋机动车道 3.5 m）＋中央标线分隔带 2 m。改造后的道路断面 2：道路红线 22 m＝2×（人行道 4.2 m＋停车道 2.3 m＋机动车道 3.5 m）＋中央标线分隔带 2 m。注意，此处设置停车道，是因为此处公交车停靠、出租车扬招、货车卸货需求旺盛。

微观交通设计：主要采用的手法有：①将散落的公交站台整合，增加专门的出租车候客区域和商铺卸货区域；②在道路中央增加了 2 m 宽的标线分隔带，可用于超车，相当于压缩了机动车道的宽度；③直线式公交站台，道路中央的标线式中央分隔带略微缩窄，可使小汽车越行。并将公交站台错开设置；④配合单行道，设置专门的转弯车道；⑤临时停靠区的处理手法：用混凝土进行铺装；用平石隔离，起到视线诱导和隔离的作用；⑥其他标志、标线、信号的优化手法。

改造后，机动车总流量大幅度降低。但巴士在各种交通出行方式中占比由 2006 年的 9.4% 提升至 2015 年的 14.8%。出租车的占比基本保持不变。由于步行环境提升，当然也由于京都旅游产业的不断发展，此地人流量亦在上升。

注：本案例引自澎湃新闻江泽浩《日本京都人行道拓宽项目：步行权利的胜利》

5.2.3 巧思助力慢行优先

慢行优先的发展和改善不仅仅需要大刀阔斧、整体筹划的区域性改造，还需要顺应合理地利用技术发展和巧思妙想，如下是一些可供借鉴的有意思的做法。

1）利用较宽的道路中央分隔带设计人非混合休闲道

在用地紧张的城市中心，广场、步行街、非机动车道、人行道等公共空间有限的区域，可考虑设置如图 5-22 形式的人非混合休闲道，以充分利用道路空间。该方式不可用于车速过高的城市主干道，同时应注意确保机动车不能进入休闲道，而休闲道尽头应设置保护墩和安全的横穿设施。

图 5-22　利用中央分隔带的人非混合休闲道

2）利用不同铺面材料分隔机非交通流

采用不同的铺面材料将机动车道与非机动车道清晰地分开，既可避免设置物理隔离设施在道路上增加额外的障碍物，又可弥补划线分隔不够醒目的缺点。这随着彩色铺装材料的不断丰富、成本的下降，在国内外日益普遍。在国外如美国芝加哥（图 5–23、图 5–24）、基韦斯特镇（图 5–25）等地这种彩色铺装随处可见。我国也处在彩色铺装逐步普及增长的阶段，只是是否有必要对于不同路权的对应颜色有所统一还尚未有具体的规定要求。

3）自行车流量计数分析系统

由法国 Eco-Counter 公司设计、开发及制造的自行车流量实时显示屏，是提供非机动车流量计数先进解决方案，已成功落地全球 55 个国家（图 5–26）。对自行车可

图 5–23　利用不同铺面材料分隔机非交通流

图 5–24　美国芝加哥与道路渠化相适应的彩色自行车道

图 5-25　美国基韦斯特镇彩色过街人行横道

图 5-26　Eco-Counter 公司的自行车计数系统

实现实时计数功能的系统，主要原理是地埋式感应线圈能感应自行车通过的数量，通过挂设在红绿灯灯杆上的电子显示屏能够实时显示出当天和当月的累计骑行者数量。实现功能包括：自行车流量计数，行为数据采集，了解出行习惯，数据分析 / 发布 / 共享，宣传绿色出行。

4）自行车停车引导系统

在荷兰，乌得勒支政府选择 Lumiguide 公司开发了一套自行车停车引导系统（图 5–27、图 5–28）。该套系统主要包括一台高分辨摄像头和一套用来辨别自行车并显示空位已被占的计算机算法。摄像头将图像传给 Lumiguide 的系统，通过它运行算法图像，显示有多少地方占用以及使用趋势，和其他信息一起合并生成数据。

图 5–27　利用高清摄像头和算法进行自行车停放信息识别

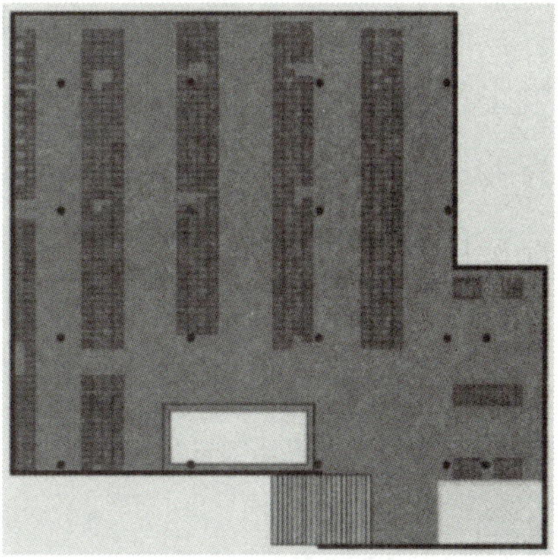

图 5–28　系统引导停车至空的停车位

同时，这套系统还鼓励人们骑行自行车。全城市的信号可以告诉你哪里能得到一个停车位，而不用去担心把车停在哪里更安全。在乌得勒支，在城市的主要循环路线有 21 个标志点。目的是引导骑自行车的人到一个有空位的停车场。

这套系统可以对自行车停车场的性能进行连续检测和测量，可以更可靠地判断出到底哪些自行车被遗弃了。这个问题解决后，73 000 辆自行车从阿姆斯特丹的大街上消失了（图 5–29、图 5–30）。

图 5–29　环卫工人对废弃车辆进行处理

图 5–30　“fietsdepot”存放被遗弃和非法停留的自行车

5）步行传动设施

步行传动设施，是一种辅助行人通行的设施，包括垂直电梯、自动扶梯（图 5–31）以及自动步道（图 5–32）等。其适合应用场景包括：①旅游景区、大型文化设施、商业设施集聚地带等客流集中地区的轨道车站，宜设置垂直电梯。如出入口的提升高度大于 12 m，应设置垂直电梯。②轨道车站出入口的提升高度超过 6 m 时，应设上行自动扶梯；超过 12 m 时应考虑上、下均设自动扶梯。站厅与站台间应设上行自动扶梯，高差超过 6 m 时，上、下行均应设自动扶梯。③轨道车站两台相对布置的自动扶梯工作点间距不得小于 16 m；自动扶梯与人行楼梯相对布置时，自动扶梯工作点至楼梯第一级踏步的间距不得小于 12 m。当两台自动扶梯平行设置时，应设置备用自动扶梯或楼梯，其楼梯宽度不宜小于 1.8 m。④步行Ⅰ类、Ⅱ类区以及大型交通枢纽站内可因地制宜考虑设置自动步道，以辅助步行、提高舒适度和便捷度。步行流量大的立体过街设施应设置自动扶梯或垂直电梯。

图 5–31　连接交通枢纽的人行辅助传送带

图 5–32　香港半山步道系统

5.3　慢行治理中的智慧与赋能

5.3.1　慢行治理与城市与社区治理的协同智慧

扬·盖尔在《交往与空间》提出："如果运动速度从每小时 60 km 降至每小时 6 km，大街上的人数就会成 10 倍地增加，因为每个人都处于延长了 10 倍的视域之内……当所有交通都放慢后，街头生活就会由此而兴起，与汽车城市中的景象形成对比。"

这是慢行交通出行的时代特色，是在我国建立国际、国内双循环背景下，在推进社会主义现代化的进程中，在越来越多的焦点聚集在社会治理领域的背景下，慢行交通能够为社区公共控制治理带来的希望。社区公共空间是社区的关键部分，良好的社区公共空间是保证人民生活环境良好的前提，是人们认识现代社会和现代人际关系的重要途径。空间治理不仅仅是环境、美学、生活问题，更是一个社会问题，关乎和谐社会的构建，其治理的质量对于推进社会治理创新意义重大，也是社会主义现代化建设的重要组成部分。空间治理中很大一部分内容包括出行选择、出行环境、出行安全的治理。

有意义的城市公共空间具有支持、促进和提升公共生活和公共参与的能力。在当今这个高度商业化的社会，人们更加呼唤人与人之间的相互交流与交往。慢行尤其是步行是专为人们慢行行为考虑设计的整体而连续的公共空间体系实现途径。人们的慢行交通出行可以更加轻松，并可以有许多与不同职业人们接触、交流的机会，从而有利于恢复良好的城市社会生活。公共空间是私人、家庭和工作空间以外的必要补充，能够满足人们交往、沟通、娱乐和放松的需求。而慢行空间与公共空间的融合共生是实现公共空间功能的主要方式和选择途径。

社区公共空间治理问题主要体现在公平和效率两个方面，公共空间公平的缺失和效率的低下会造成空间的质量下降，从而影响公众在空间中的公共生活，造成公共交往和公共参与活动的减少，空间的功能未能良好地体现。

城市公共空间中公共性不断弱化，公共空间公共性的丧失与公共领域的缩小，社区公共精神衰退导致社区公共空间归属感的迷失。空间公共性的提升以及确立一个值得尝试的方式就是休闲慢行系统的引入，让消极空间在人们活动的参与下焕发生机并能够持续地维持下去。也同时为人们慢行交通出行有了更多的选择路径，也可谓“独辟蹊径”。这类公共空间治理改造往往在城市道路街角空间改造、沿路绿带空间改造等过程中效果明显。

公共空间效率低下，公共空间效率低下主要体现在公共空间公众参与不足、空间服务质量低以及秩序混乱三个方面。见物不见人，许多公共空间没有考虑到人的需要，人们不愿意参与到公共空间中来，公共空间参与率低。治理主体资源或能力的限制，随着社会快速发展和不断转型，人们对于美好生活的追求更多地要求公共空间能够提供高质量、多元化、多样性的服务，这对公共空间的效率提出了更高的要求。空间秩序混乱，参与主体不遵守空间规则等因素也在影响着空间的效率。有序的主题类慢行休闲系统，如健身道能够显著提升这类区域的吸引力和公众参与度。

5.3.2 螺蛳壳里做道场的腾挪智慧

社区公共空间治理模式的生产与再生产，是一个动态的过程，空间中权利结构、资源配置、规则制定、规范机制等要素都会随着社会大环境的改变而发生改变。对于同一个公共空间，治理模式并非一成不变。在这个过程中需要更多专业人士的持续参与，也需要融合各方面的治理智慧，在有限的空间内找到最适合的价值元素和解决途径。慢行交通出行的融合性是值得注重的方面。慢行交通并不需要在公共空间中独立设置，和外围道路交通体系也具备天然的衔接便利，就像毛细血管一样遍布公共空间之内，而润物细无声。也不会造成用地属性变化等权属问题，却实实在在地改变了人们出行路径的选择和出行者体验的提升。

1）挖潜空间、增效能

通过空间挖潜，因地制宜地开辟小型活动场所，作为城市公共空间系统的有机组成部分和重要补充。利用现有边角消极空间通过增加小广场；开发现状封闭的绿地；利用建筑之间的间隙和弄巷，创建可穿行公共通达，缩短步行距离，沟通空间联系，从整体上活跃区域内的步行与公共活动。挖潜广场与公共通道，打通封闭的街坊内部通道，局部利用边角空间、建筑间隙形成袖珍广场（图 5–33）。通过空间梳理，在成片改造地区或新建地区增加广场用地；结合重点地区开发建设，在开发地块内增设附属广场，并要求其全天候开放；挖掘潜力弄巷，成为公共空间网络的重要组成。

图 5–33　上海水电路 – 车站南路路口街角公共空间与地块慢行系统相接
资料来源：影像图来自国家地理信息公共服务平台天地图。

遇到空间受限情况需结合具体道路情况专题分析各种交通方式的路权定位进而确定合理的断面空间。在一些次干道、支路上，采取可变车道的组织方式，将原有的双向四车道道路改造为三车道（其中含一条可变车道），进而腾出空间增加非机动车道宽度。尽量利用原有的道路空间、限制拆迁量的原则下实施。通过充分利用道路两侧原有空间，整合现有道路资源，调整道路横断面布置形式来增加道路整体通行容量与通行效率。在道路用地空间有限的条件下，基本保证自行车道宽度不小于 3 m，保持全路段的连续性，并在交叉口对非机动车道进口道进行展宽设计，提高非机动车的通行效率。

如图 5–34 ～图 5–38 所示，上外附小入口处，在广粤路原有沿路绿化带中开辟了一条休闲步道，不仅能够作为居民休闲、健身的场所，还作为学生上下学接送的安全通道，更是缓解了广粤路沿学校门口的高峰人行道拥挤状况，可谓一举多得。

图 5–34　利用门口绿化带改造提升了公共空间的可进入性也提供了家长接送等候空间

图 5–35　学生走得舒心、家长放心

图 5–36　内部通道和外部人行道有序衔接

图 5-37　和公交站点做到有效衔接

图 5-38　夜间作为居民的健身、休闲场所

2）协同机制、创新意

现行指导道路建设的流程主要是：根据城市总体规划、分区规划、控制性详细规划等上位规划，确定道路功能，道路平面位置及宽度等；结合现状情况，根据上位规划要求，布置道路横断面；对交叉口进行渠化设计；结合周边用地开发情况，确定公交港湾位置及规模；结合竖向规划，确定主要道路交叉口的控制点标高；其他城市管理规划线的规划，如绿化线、河道线、高压线规划等。在道路红线规划编制完成后，由城市规划管理部门提出道路设计的具体要求，包括红线宽度、道路纵坡、管线敷设、道路照明灯要求，提供给道路建设方、道路设计方。道路设计单位以规划管理部门的具体设计要求为直接依据，进行工程设计。这样存在的问题是道路红线规划与道路工程设计部分脱节，主要表现为：道路横断面优化不足，在交叉口渠化设计过程中，基本采用拓宽进出口道的方法进行规划，未充分考虑交叉口交通流量流向，造成道路空间浪费或不足；公交及慢行设计考虑不足，在公交站点规划过程中，未充分考虑沿线用地性质对站点间距的影响、同一对站点间的相对关系，对公交及慢行过街一体化设计考虑不足，往往造成行人过街换乘的不方便，设计中难以体现交通规划的理念。

（1）从交通设计理念角度出发的横断面精细化处理。断面布置形式应依据周边用地性质，充分考虑道路设施利用效率和出行安全、实现交通与景观的协调发展、混合交通流干扰最小化、效益最佳。

（2）车行道宽度再优化。现有红线规划设计阶段在分配快车道宽度时，每条车行道的宽度一般采用 4 m 作为控制基准，其中考虑了《城市道路设计规范》中规定的每条车道宽度的标准值为 3.5 m 和 3.75 m，以及路缘带宽度的要求。但综合国外实际状况和国内研究结论，普遍认为车道宽度值过大，在一些改造类项目中，不妨着重考虑车道宽度的整合优化，通过合理划分车道分界线、车道边缘线布置合适的车行道宽度，进而为慢行系统的优化提升创造条件。

（3）精细化交叉口设计。细化渠化模式、行人过街安排及掉头车道设计等。在渠化设计中应考虑交叉口流量流向，布置合理的渠化方式，包括渠化段长度，进口道宽度等要求。在行人过街安排及掉头车道设计中，应根据道路交通组织要求，布置合理的行人驻足区及掉头车道位置。

（4）公共停靠站设置的未雨绸缪。现有规划设计中基本依据规范规定要求，进行布置公交站点位置及尺寸，但对港湾式的位置关系及与行人过街通道的关系考虑不足。站点间距应充分考虑沿线用地性质，生活性功能较强路段应适当加密。应考虑行人过街横道与公交车站协调设计，为保证过街安全，行人过街横道尽量设置于公交停靠站的上游，即背向设站形式。即便是在三块板道路中也尽可能采用背向设站形式，在路中通过隔离措施保证行人安全，并适当加大错开距离。

（5）慢行交通过街有的放矢。尽可能在前期规划阶段就考虑慢行过街通道的规划预留，防止道路建设完成后增设过街通道时，造成破坏道路分隔带重复建设的现象。慢行过街设施应与沿线用地紧密结合，生活功能较强地区适当加密；并充分考虑与公交站点的集合，便于对向换乘。另外，当道路宽度超过四条机动车道时，慢行过街通道应在车行道的中央分隔带或机动车道与非机动车道之间的分隔带上设置行人安全岛。当行人流量较大时，还应考虑立体过街通道形式。

5.3.3 科技赋能慢行治理

1）大型非机动车站

非机动车站为骑车者提供存车、维修、租赁、餐饮和休息等综合性服务，是非机动车重要集散点。在荷兰，一般在大型公共场所、商场、景点等外面都有存车场，停放自行车十分方便（图 5–39）。相反，荷兰城市的机动车停车位不仅稀少，且收费高。在荷兰，自行车出租行随处可见，出示身份证件并交纳押金便可租车。有的还出租儿童自行车和儿童坐椅，并备有简易修车工具。

立体式的停车架大大提高了空间利用率，在寸土寸金的日本这类立体停放设施和停放库随处可见（图 5–40）。

图 5–39　荷兰首都最大的地下自行车停车场

图 5–40　日本自行车立体停放

2）方便的路边非机动车停车设施

非机动车停车一直是许多城市中心区难以解决的顽症。由于土地资源的紧张，配建停车位通常不能得到满足，又或者停车位距离目的地过远，造成非机动车占用人行道、非机动车道停车的现象普遍，加剧了市中心的交通拥挤。图 5–41、图 5–42 所示为新型的路边停车设施设计，既节约地面空间又美观大方。

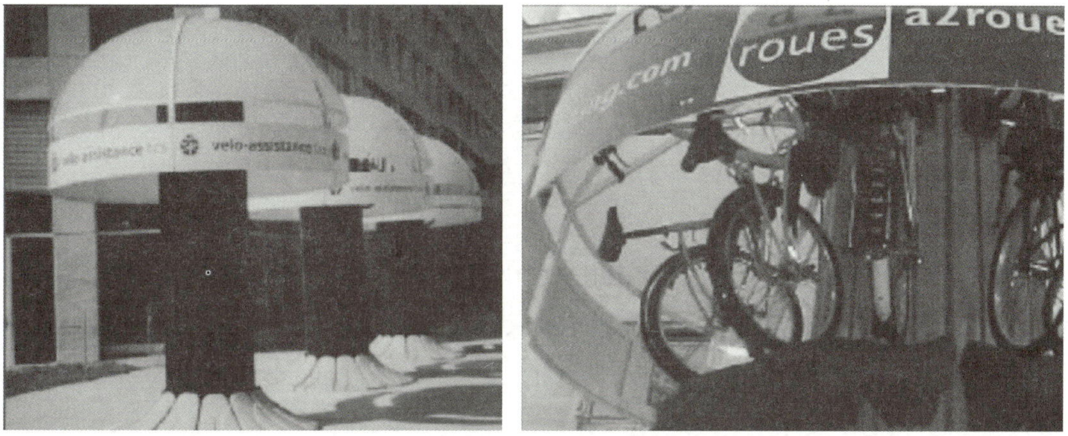

图 5-41　国外非机动车路边停车设施

图 5-42　银川交叉口全封闭智能自行车存放亭

图 5-43　发光地砖（白天）

3）发光地砖、别有用途

发光地砖具备主动发光功能，在保障人行道铺装强度、抗滑的基础上，可以自定义发光模式，特别在夜间起到警示安全的作用。特别夜间光线不足的情况下，能实现醒目的提示，非机动车注意避让行人，提高行人及非机动车过街的安全性。也能实现多种色彩组合及显示方案，并且动态显示，体现趣味性。图 5-43、图 5-44 所示为在上海临港新片区主城区铃兰路上铺设发光地砖后的日间和夜间效果对比，夜间不仅通过发光点缀了人行道，而且在这样的共板断面上，起到了提示非机动车和行人区分界面的作用，也加强了对于行人的保护和指引。

图 5–44　发光地砖（夜间）

4）非机动车道遮掩设施

图 5–45 所示为日本建筑师远藤秀平设计的非机动车道遮掩设施，采用波形钢结构，既能有效地遮挡烈日和暴雨，又可保证必要的采光和良好的透气性，同时考虑了非机动车方便的进出口。

图 5–45　非机动车道遮掩设施

5.4 倡导户外健身、引领健康生活

5.4.1 健身之风、吹遍中华

世界卫生组织曾指出，走路、慢跑是世界上最好的运动。我国的养生学家也提出“百练不如一走”，长期坚持慢跑、慢走运动，健身效果显著。随着我国经济水平的逐渐提高和人民对于美好生活需求的不断增长。从 2008 年北京奥运会的成功举办，越来越多的人意识到运动和健康的密切关系。跑步、步行作为最大众化，也是最经济的运动健康方式，成为我国参与人数最多的一项运动。慢行不再仅仅是作为交通出行的一种方式，其作为休闲、健身过程的价值和重要度越来越受到重视。但是随着健身休闲的大众化普及度水平越来越高，无处可跑、人车共跑、夜跑出事等情况时有发生，凸显出运动休闲空间除了专业的运动场馆、休闲广场外的局限。

大众自发运动。2000 年以前，大众健身尚未广泛普及，大众运动健身多为自发行为，主要以晨练打太极、跑步为主。2001 年中国申奥成功，激发全社会对体育运动的强烈关注，带动大众运动健身习惯的养成。2008 年，北京奥运会的成功举办带动全民健身的时尚热潮。2009 年 8 月 8 日，中国全民健身日应运而生，倡导人民群众更广泛地参与体育健身运动。

2014 年 10 月，国务院印发《关于加快发展体育产业促进体育消费的若干意见》，全民健身成为国家战略，增强人民体质、提高健康水平成为根本目标，体育产业成为经济转型升级的重要力量，中国体育产业进入高速发展期。截至 2015 年，我国经常参加体育锻炼的人数比例达到 33.9%，达到《国民体质测定标准》合格以上人数比例超过 90%。与其说全民健身的发展是政策带动和国家倡导的结果，不如说是随着人民生活水平的提高，解决了温饱之后的广大人民群众，对于生活品质和身体健康追求的结果。近些年各类体育健身活动日新月异，有一定主题特色的彩色跑（图 5–46）或者作为地区特定时间标志性群体活动的健康跑、新年跑（图 5–47），日益受到了广大人民群众的喜爱和支持。

图 5–46　上海浦东外高桥森兰绿地彩色跑

图 5-47 上海滴水湖健康跑

互联网助力健身推广。随着移动互联网的发展和可穿戴设备的完善，借助“互联网 +”科技带来的便利，运动与社交媒体结合的形式正在吸引越来越多的人加入进来。社交媒体圈内好友互相为成绩“点赞”，每日的“步数冠军”还能够登上当日排行榜，这都为大家投身运动提供了莫大的动力。健身服务兴起，Keep 等互联网企业带动大众运动健身生活方式的转变升级，各大品牌研发推广智能手环、智能手表等智能设备，智能科技的应用开始创造更多元的服务方向。运动健身活动尤其是慢跑、慢走、跑马等由单纯的健身活动发展为集健身、社交、健康管理等于一体的综合化发展浪潮。

跑步健身者通过打开智能手机相关监测功能，利用陀螺仪等技术，跑步健身类 App（图 5-48）可呈现跑步者跑步轨迹、距离、公里数。同时，利用传感器可实时监控跑步者心率、血压、血氧以及所消耗的热量等，指导用户科学地健身和运动，并培养用户养成健康的生活习惯。更重要的是这些数据成为了互联网社交的一部分，在这样的社群集体氛围中得到了进一步的普及和发展。

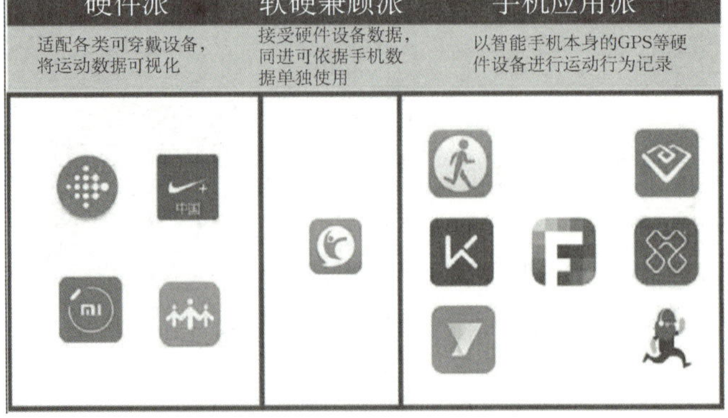

图 5-48 跑步健身类 App 分类

马拉松运动的普及发展也为跑步提供了推波助澜的力量。据统计：从 1997 年的中国的 1.2 万人次参加，到 2016 年参加人次达到 150 万人次，同比增长了 125 倍。有越来越多的人开始加入跑步的队伍，这个队伍同时超越了性别与年龄的界限，结成互相励志的典范。从 2012 年起，中国田径协会将对各城市举办的各类马拉松赛事以金牌、银牌、铜牌三个标准进行等级评定（表 5–2）。评定办法从计时点、赛事展示团队、国外特邀选手数量、参赛选手成绩、规模、赛事兴奋剂检查的地点以及 EPO 检测等都作了要求。中国田协将每年对符合标准并按要求申报的马拉松赛事授予等级赛事的标志，各有关组委会可在下一年度马拉松赛事宣传、推广时使用相应的中国田协金、银、铜牌赛事标志和称号。

表 5–2　2012—2018 历年各等级马拉松赛事数

年份	金牌赛事（场数）	银牌赛事（场数）	铜牌赛事（场数）
2012 年	7	6	7
2013 年	12	6	8
2014 年	14	7	11
2015 年	15	13	23
2016 年	24	19	48
2017 年	44	38	79
2018 年	68	61	96

马拉松赛事产业是路跑产业的重要产业分支和推动力量，占有举足轻重的地位。当前我国的马拉松赛事不管是举办数量上还是参赛人数上都与美国还有较大差距在巨大人口基数的衬托下，中国的马拉松等路跑赛事还有着非常广阔的发展空间。

（1）大型路跑赛事的举办，带来报名费、电视转播费、赞助广告收入等直接经济效益。

（2）带动和促进城市如交通、餐饮、住宿和旅游等相关服务行业的发展。

（3）宣传城市文化。路跑赛事集群性强，一场马拉松赛事基本上都达到万人以上规模，赛事期间国内外大量人流、物流、信息流的交汇，既可以吸引外来技术、设备、人力、管理经验，又能通过参赛者与观赛者宣传城市文化，通过媒体提升城市知名度（图 5–49）。

（4）跑跑赛事形成了稳定的日常健身跑步群体，并不断壮大。

图 5-49　上海国际马拉松

5.4.2　健身步道、应运而生

我国健身步道建设起步于港台地区，这也进一步表明了生活健身需求和经济发展水平的增长密不可分，香港的健身步道最初建设于 20 世纪 80 年代左右，香港有一条著名的徒步路线——麦理浩径（图 5–50）。

图 5–50　香港麦理浩径

2009 年，中国登山协会也以浙江宁海健身步道为建设依据，起草了《国家登山健身步道标准（修改稿）》，并于 2010 年由国家体育总局面向全国颁发推行（图 5–51）。

从总体发展上看，我国健身步道是在全民健身国家战略计划中发展崛起的，带动了步道周边社区及村落文化、体育、经济的跨越式发展，解决了城镇化进程中全民健身的空间困境，一定程度上满足了人民日益增长的体育健身和假日休闲诉求。

除了上述专业的登山步道以及一些郊野绿道、古道（图 5–52），供广大专业健身爱好者和人民大众休闲使用外，越来越多的人们需要在家门口的健身步道。为了更好地适应广大人民大众的健身需要，一方面更多的体育运动场馆开始更大范围的对外开放，另一方面借助现有的慢行交通设施（如人行道、沿河步道、绿地步道、公共空间步道），通过对其进行改造升级和设施配套完善，使其在保持原有功能的前提下，也能兼具居民休闲健身需要，实现所谓的“一道多用”。

图 5–51　宁海国家健身步道

图 5–52　徽杭古道

案例 20　感受上海世纪公园健身步道

2013 年初，世纪公园在外圈芳甸路、花木路人行道范围内建造了基本跑步道，这一利民的休闲体育工程深受市民欢迎，每天都有众多的沪跑人士汇集于此，休闲锻炼、互动交流，世纪公园由此成为沪上最具人气的“跑步圣地”之一。浦东新区政府开展“环世纪公园健跑道改造”项目，形成跑步道、慢行道线性穿梭交织的环世纪公园“金丝缎带”(图 5–53)。

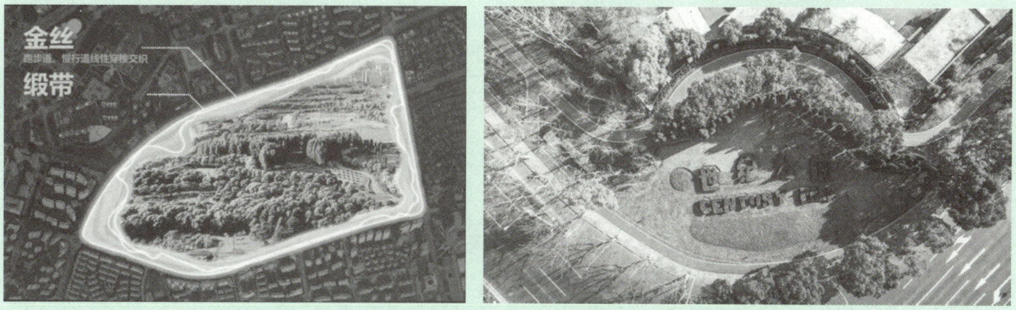

图 5–53　环世纪公园“金色缎带”意向图与实景图

新的改造方案，采用内外步道双线设置，增加慢行步道空间，丰富漫步健身体验；打通内圈步道断点，形成连续步道；充分利用人行道路及道路绿带的空间特征，于绿带内新建慢行步道，改建现状步道，形成内、外双线的总体断面形式。步道沿线将原有相对密闭的、防护功能为绿带打造通透明亮、一年四季景观特色的慢行步道。

功能上形成“双道三桥、绿茵环抱”的总体布局与结构（图 5-54）。“双道”包括：改造、完善既有基于人行道的外圈步道，结合慢行需求及环境提升于附属绿带内增设一条跑步道；在花木路段原有人行道和漫步道基础上，在内圈新增设了专门的跑步道。

图 5-54　双道设置意向图与实景图

由于空间限制，在锦绣路部分段人行道和慢步道合二为一，保障跑友和市民休闲的不同需求（图 5-55）。结合反馈，在世纪公园步道上增加公共厕所、直饮水等服务设施，满足跑者各种需求。

图 5-55　人行道和慢步道合二为一意向图与实景图

“三桥”即邻近环线的三座跨河桥新建景观人行桥。对世纪公园外围的三座桥实行新建，与步道联通，其中两座桥位于张家浜河上，另一座桥位于咸塘浜河上（图 5-56）。

图 5–56　将桥与步道连通意向图与实景图

5.4.3　健康之路的未来思考

截至 2020 年年底，上海累计建成各类市民健身步道（绿道）、骑行道总长度 1 954 km，建成市民益智健身苑点 17 556 个、市民球场 2 714 片、市民健身步道（绿道）1 669 条、社区市民健身中心 101 个、市民健身房 186 个，体育健身设施实现城乡社区全覆盖。

2021 年，上海新建改建 80 条市民健身步道，新建改建 600 个市民益智健身苑点，新建改建 80 片市民多功能运动场。随着各种各样的健身步道、健身跑道、绿道在城市中涌现，城市建设者和管理者们正在不断地通过自身努力为人民群众美好生活的打造，贡献智慧和力量。但同时作为新兴事物的发展也需要不断地反思。

1）慢行空间的发展需要更多融合

在城市基础设施范围内尤其是人行道、绿地里、沿河带的慢行健身道的建设是对于城市原有空间的再利用、再开发，这首先是提升城市空间利用效率和提高人民美好生活水平的有益之举。但同时在建设、使用、养护等诸多方面也会面临一系列的融合问题。以往按照条线划分的管理制度中，在其他功能用地中融合增加对于健身需求，无论是成本、管理、养护等方面都需要新的投入，需要“弹性”机制的设置和考虑。这需要多专业、多部门共同推进，既要满足原有设施的基本要求，也要考虑在原有规范、规定、指标基础上的弹性空间。

2）路跑发展的适度融合

近些年，虽然城市管理者在千方百计地增加对于健身基础设施的投入和开放，但是面临“路跑”这类新的健身需求仍然显得捉襟见肘。因此在城市道路上“借道路跑”“多人平行路跑”等问题层出不穷，存在一定的安全风险。这是慢行交通空间内不同速度主体之间的路权关系和功能关系，需要在融合过程中把握好度，也需要不同的使用主体注意自身的行为规范。建设过程要更多地关注路权关系、空间衔接设计、指示标志、标识设计、慢行空间的承载力等方面，管理过程可以针对性地对于某些特定空间制订“使用守则”和“管理规定”。

3）安全要始终放在最主要的地位

“夜跑”安全问题是最为典型的新兴安全事件类型之一。随着慢行空间上更多功能的叠加，原有的以满足通勤出行为主的慢行道规划、设计、管理体系需要与时俱进。这也同时意味着慢行交通出行系统从规划、设计到建设、管理、养护都需要更加系统地进行综合考虑。同时在健康城市的引领下，后疫情时代，城市基础设施在维护人们安全出行的同时，如何能够更好地兼容和创造出更多的适合健身活动的场所也需要进一步思考和谋划。

4）设施升级后的可持续发展

为了满足广大人民健身需求而建设的健身休闲设施，不仅需要更多的配套设施，而且需要针对性的材质和管理要求，这都增加了建设的投入和对于管理、养护阶段的再投入的要求。这为带动整个跑步、快走健身产业的发展作出了贡献。跑步、快走健身产业是指按照体育产业方式运作具有路跑、快走运动属性的生产经营活动的集合，包括跑步、快走装备的鞋服等，路跑、快走赛事的门票收入、电视转播、广告赞助、授权商品等。因此如果能将慢行健身空间适度地与跑步、快走相关产业相结合，并通过合适的体制机制与养护、管理协调统一，将会为实现慢行健身空间的可持续发展创造良好的条件。

5）低碳、健康生活方式的倡导

以美国为例，慢行交通出行在生活中所占的比例逐渐增加。如纽约州纽约市：在这座美国最大的城市里，51% 的人使用公共交通，12% 的人步行上班。奥勒岗州尤金市 32% 的人把步行当成一种生活方式，22% 的人要遛他们的狗，8% 的人要推着儿童推车散步。新泽西州泽西市步行或者公共交通，是 47% 的居民外出时采用的方式，12% 的人在每周的闲余时间做运动或者锻炼。科罗拉多州丹佛市 11% 的人通过步行来保持身材或者锻炼，12% 的人每周做一次运动。随着我国人民经济水平的增长，同样的趋势，在我国也在逐步出现和增加，慢行交通出行设施的不断完善和提升仅仅是开端，它需要和经济消费、生活方式、居住环境有机融合。

5.5 培育慢行新经济、新业态

5.5.1 顺应时代需求的“跑腿经济”

顾名思义，替人跑腿这种以往存在于熟人之间的帮忙行为，随着移动互联网的发展成为一种经济行为，甚至是一部分人的全职工作，跑腿的过程成为了生产的过程，并创造了价值。移动互联网带动各类互联网 + 的新经济业态蓬勃发展，跑腿经济也随之发展壮大，在后疫情时代，跑腿经济的服务场景、服务需求被进一步激发和丰富。移动互联网服务提供商和服务平台的运作逻辑以及算法也在潜移默化的影响着跑腿小哥们的交通出行选择和出行特性，体现为即时多变性、高时效性、高频往复性、慢行倾向性。

近年来，随着国内经济的发展，生产生活节奏变快、各种经济往来频繁，“跑腿经济”成为新兴经济增长点，跑腿服务也应运而生（图 5–57）。不想走出家门，饭菜可以送上门，不方便缴水、电、气费，也可以让人代缴，繁忙、没有精力去处理的一些事情，如今这些都已不再是难题。

图 5–57　沿路快递转分点

在经济发展水平较高、第三产业发达的城市，“跑腿经济”有很大的市场，在这些城市发展“跑腿经济”明显优于其他地区，在满足市场需求的同时，又能解决部分就业困难人员的就业问题。而且，高度发达的经济与快节奏的工作方式密不可分，在这种模式下，北京、上海、广州、深圳等城市居民的时间成本也相对较高，人们更注重时间的利用，将其分配给提高自身各方面修养和技能上，常常发生时间冲突，花低成本买时间的跑腿服务就成了首选。随着当代城市居民越来越注重合理分配时间，价格低廉的跑腿服务将拥有一个巨大的潜在市场。而随着移动互联网的发展，跑腿与送餐这类高频需求结合起来，在餐饮商家和消费群体之间建立起了联络服务通道。在疫情期间，更多的需求被激发出来，如美团买菜、叮咚买菜等，随着多种多样的跑腿服务场景的激发，在慢行交通出行体系中，跑腿小哥身影越来越多，成为当下慢行交通出行中不容忽视的组成部分和特征群体。

表 5–3　上海近些年快递业务量发展一览表（单位：万件）

指标名称	2015 年	2016 年	2017 年	2018 年	2019 年
国内同城快递业务量	62 845	88 628	100 685	111 913	96 844
国内异地快递业务量	10 2933	164 915	200 899	223 453	203 860
国际及港澳台快递业务量	5 000	6 732	9 920	13 282	12 622
总计	170 778	260 274	311 504	348 649	313 326

资料来源：上海市邮政管理局

表 5–3 显示，2019 年上海市全市规模以上快递服务企业业务量共计 313 326 万件，同比减少 35 323 万件，下降 10.1%。其中，国内同城快递业务量 96 844 万件，占 30.9%；国内异地快递业务量 203 860 万件，占 65.1%；国际及港澳台快递业务量 12 622 万件，占 4.0%。

《顺丰同城招股书》中介绍，“实时配送服务行业的年订单量从 2016 年的 46 亿单增至 2020 年的 210 亿单，复合年增长率为 46.0%”（图 5–58）。再如《美团——W2020 年报》显示：“餐饮外卖业务交易金额同比增长 24.5% 至人民币 4 889 亿元。餐饮外卖日均交易笔数同比增长 16.0% 至 2 770 万笔。每笔餐饮外卖业务订单的平均价值同比增长 7.0% 至人民币 48.2 元。截至 2020 年年末，共有 950 万名外卖骑手通过美团平台提供服务。”

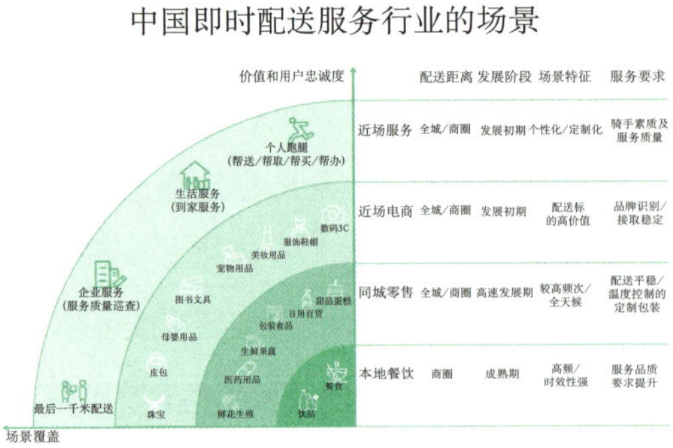

资料来源：艾瑞咨询报告

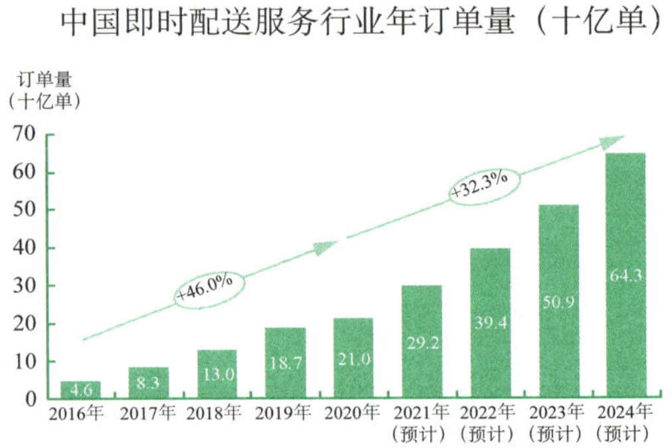

资料来源：艾瑞咨询报告

图 5–58　中国即时配送服务行业发展场景和订单增长分析

资料来源：顺丰同城港股招股书

在疫情引发局部封闭性管理时，这些跑腿服务更是凸显出服务的价值和多样的作用。

5.5.2 “跑腿经济”首选慢行交通出行

“跑腿经济”形象地表达了这种经济行为的构成特征。典型场景包括外卖送餐、快递到家配送、代送代办服务等。疫情期间更多的需求被激发，各类基于移动互联网的服务提供商与服务平台实现了这类服务场景搭建、管理和结算的整合。随着日新月异的跑腿服务场景的激发，在慢行交通出行体系中，快递小哥、外卖小哥、送花小哥、代办小哥等身影越来越多。从交通出行的角度看，他们都是以提供自身交通出行服务的替代来创造价值，跑腿小哥更贴近交通特征，本文以此作为这类出行者特征的统称。

跑腿小哥的出行慢行倾向性体现在其大多数选择慢行交通，尤其是电动自行车+步行的方式，这是由其服务特性所决定。首先，由其短途为主的服务特征决定。根据《美团——W2020 年报》：“3 km 以外的远距离订单占我们餐饮外卖订单总数的比例亦进一步提升。”同样在快递服务中，跑腿小哥承担的是快递站到家的“最后一公里”配送服务。可见跑腿小哥在 3 km 以内出行仍占据主体，根据城市居民出行方式距离曲线，5 km 以内是慢行出行方式的优势区，其时效性与门到门的便捷性优势凸显。其次，慢行出行的灵活性更好地匹配了服务动态性要求。在跑腿小哥的服务过程中，存在着接单前服务对象、服务地点的不确定性。因此，能够停行自如转换的慢行方式更适合。最后，低成本、高时效与可适度载物使慢行交通尤其是电动自行车在各种方式的横向对比中竞争力凸显。

1）慢行路线规划的即时多变性

各类移动互联网平台实现了商品生产和商品需求之间的“线上匹配”。完成匹配后生成订单，并依据平台算法逻辑在平台内匹配商品运送服务者即跑腿小哥，由其完成运送服务后，根据运送服务的距离、时间、后评价等综合因素进行费用提成。

站在出行者角度分析跑腿小哥的出行路线规划，可以发现，在订单生成前跑腿小哥无法预知路线的起点、终点。其路线规划是在接到订单后即时开始的，存在一定的随机性、不确定性。在平台系统派单过程中，还存在取消订单、拼单、多单的情况，这就会在跑腿小哥开始交通出行之后，造成路线规划的调整变化，即多变性。

这些特性决定了跑腿小哥的工具选择、行为特征与价值导向，更让慢行交通学科研究增加了一类新的对象特征群体和出行模式。

2）慢行交通行为的“三高”特性

“三高”特性即：高时效、高频、高强度。形成“三高”特性的根本原因是收入与慢行出行效率挂钩。跑腿小哥一般有兼职和专职两类，兼职人员无基本工资，主要靠订单提成。专职人员有固定的工作时长或者工作单数要求，收入构成由基本工资和订单提成构成。在这种收入与完成订单数量、每单完成效率、每单客户满意度（主要体现在送餐、跑腿类业务）挂钩后，交通行为涵盖了生产行为。跑腿小哥工作本身的经济追求叠加在慢行交通出行之中。在这种慢行交通行为和生产行为叠加的过程中，平台服务企业的价值取向或者收入判定规则就显得尤为重要。在消费者体验和平台派单效益最优为导向下，跑腿小哥能够自身掌握的时间往往就是出行的时效性。尤其是对于专职有工作最低单数要求的跑腿小哥来说更加重要。高频次出行和完成订单量成正相关，而高强度出行既是行业高峰需求集中和即时性要求高的客观需要，也是补贴、奖励与单量提成挂钩下的趋势选择。

5.5.3 “跑腿经济”带来的冲击和转变

1）慢行出行属性的转变

“跑腿经济”是以实现“物的移动或者事情代办”作为生产价值，往往通过慢行出行作为实现生产的过程。宏观来看，生产慢行出行属性需要加以重视。这类新经济模式带动的生产慢行交通出行一旦完成了其商业模式闭环，会呈现爆发式增长，在缺乏约束管控和动态监管情况下容易失控，并对既有综合交通动静态交通体系造成冲击。微观来看，生产慢行交通出行属性的转变，具体交通行为过程对于效率的追求和安全的约束之间矛盾就愈发突出。同时不论是平台、跑腿小哥还是跑腿需求方都是出行效率提升的受益方，但是跑腿小哥的自身交通安全、整体慢行秩序的维护、其他慢行交通出行主体的安全都需要社会管理体系来承担。

2）慢行出行动态特征的转变

宏观出行动态特征的非集计性转变。从行为视角特征审视，跑腿小哥出行特征转变为非规律的高频次自发性出行。从一般意义的往复规律来看具有非集计特征。但另一方面由于平台系统派单和跑腿小哥活动区域、活动规律有一定相关性，在宏观供需角度存在一定的平衡规律性，并随着平台系统派单算法的不断迭代优化而趋于收敛。

中观出行动态特征的高峰高聚集性转变。在午高峰和晚高峰期间，商办聚集处成为出行诱增量增长点，但由于方式类型集中，在局部路段、交叉口的电动自行车聚集出行会对现有交通设施造成显著压力（图 5-59）。

微观出行动态特征的高扰动性、低专注度转变。电动自行车使用上的普遍的载物需求增加了其长、宽尺寸和自重。路段骑行过程中的超越冲动更强、骑行速度更快。交叉口等待过程中更容易出现穿插或变道。另外，由于部分平台存在多次派单以及抢单等机制，客观上动态出行过程中跑腿小哥需要不断完善行程规划并不断优化路径和选择最优路径，会导致跑腿小哥的出行专注度受到影响。其始终受到手机信息的影响，会造成注意力的分散。跑腿小哥在送餐高峰阶段在连续高强度工作状态，且短时间内形成疲劳状态下的频繁出行（图 5-60）。

图 5-59　行进中的跑腿小哥

图 5-60　沿路停放等单的跑腿小哥

跑腿小哥出行带给慢行交通的是出行速度和系统冲击力在向着慢行交通出行的上限推进的改变。慢行交通出行的硬件环境和软件环境需要做好适应转变冲击的长期准备。

3）慢行出行静态特征的转变

“跑腿经济”的服务对象和需求决定了商业、办公、餐饮娱乐综合体成为其服务链条一端的集中聚集地。在这些区域，跑腿小哥普遍存在需要临时集中非机动车停车需求。这类停车需求在静态停放特征上的转变体现为：在办公高峰、就餐高峰期间显著聚集及潮汐特征。同时由于这类地点并非传统意义的出行目的地或生成地，因此跑腿小哥在这类地点的停留时间并不长，体现为高周转特性。以上特性与综合体建筑设计原本考虑的出行模式并不一致，目前服务于跑腿小哥的慢行停放区普遍处在缺失状态。面对这类突出其来的冲击，大部分商办综合体采取了限制进入的手段，这样不仅加剧了商办综合体周边道路的停放压力和空间挤压，而且增加了跑腿小哥的出行难度，并非长久之计。

4）慢行出行秩序特征的转变

跑腿小哥的慢行出行过程中对于提高速度、增加载物量、变道、超车、穿插行驶、甚至闯红灯、不合规改装等干扰甚至破坏出行秩序但有助于提升其生产效率的行为，往往有选择冲动。因此，其整体的安全风险和管理难度加大。

5.5.4 在融合与创新中寻找发展对策

1）"跑腿经济"与现行社会管理体系相融合

社会管理体系要在"管"与"容"方面主动作为。如对于"跑腿经济"涉及到的各相关行业主管部门，除了公安交警部门以外，邮政管理部门负责快递行业落实非机动车安全管理责任的指导和监督，规划及建设养护部门需加强对于跑腿小哥通行密集区域动态交通道路条件的改善以及各类静态交通停放点的增设与管理，交通委及商委应协调商办综合体因地制宜为跑腿小哥创造方便的临时停放场地。要在宏观层面将"跑腿经济"出行成体系纳入城市综合交通体系中，尤其是慢行交通各类政策、规划、设计考虑范畴内，除了采取单独上牌的类别专项管理外，对于其整体发展定位、发展趋势都需要有明确的研判和界定，以便指导各相关规划建设、治理举措、优化改善方案的过程中作为依据。

2）源头治理与企业责任

跑腿小哥具有生产慢行出行属性，单位运送量、单位出行时间和收入直接挂钩。《上海市非机动车安全管理条例》(2021）对快递、外卖车辆使用电动自行车的进行了如下要求：第十四条对用于快递、外卖等网约配送活动的电动自行车，公安机关应当核发专用号牌。电动自行车转用于或者停止用于快递、外卖等网约配送活动的，其所有人应当办理变更登记。第二十条对使用电动自行车从事快递、外卖等网约配送活动的，应当驾驶悬挂专用号牌的车辆。对于快递、外卖等网约配送活动采取专用号牌管理，无疑是从根本上建立了针对这类高频、高时效慢行生产行为的源头治理举措，可以为后续的监督、处罚、治理创造条件。这是融合的第一步，更是源头治理的切实举措。

此外，平台服务商企业更应该用好后台管理系统发挥主观能动性和企业责任。这些企业是履行交通安全、消防安全管理义务和责任的主体。这个行业的可持续发展需要企业肩负起行业整体生态以及行业从业人员培训与管理的责任与义务。

3）工具改良与逻辑再造

“工欲善其事、必先利其器”，跑腿小哥在从事“跑腿经济”活动出行过程中，往往使用电动自行车作为主要的出行工具。如何对于工具以及出行过程的合规合法进行有效监管是重中之重，需要多管齐下。其一，要做好跑腿小哥慢行工具的管理、维护等工作，确保车辆安全性能良好，对于行驶过程中的超长、超宽、超载要进行有的放矢的专项治理。其二，对于跑腿小哥应定期开展道路交通安全法律、法规培训和考核，要求行驶时佩戴安全头盔以及文明驾驶行为。其三，逐步建立危险交通行为黑名单，对于跑腿小哥违法违规交通行为进行监管、惩戒乃至全行业抵制，并将相关信息接入公安机关非机动车道路交通管理信息系统。

逻辑再造主要体现在平台算法逻辑的优化改良方面。跑腿小哥体现的各类交通出行特性和特征转变根源在于底层运营逻辑的驱动。因此对于平台运营逻辑和交通出行影响之间需要增加约束项和平衡点。如对于跑腿小哥一定时间接单数量需要上限约束，以降低疲劳出行的风险，建议平台企业在算法中设置疲劳阈值、连单阈值、绕道阈值等主动管理参数。此外管理制度上建议对于跑腿小哥出行违规行为建立负约束平衡机制，对于车辆合规、安全帽佩戴、规范操作等建立鼓励奖励机制。

4）灰空间再利用与大数据研判

综合体周边一些商业价值低的灰空间不妨通过城市更新加以再利用。如上海的打浦桥日月光中心广场，临近田子坊，地理位置优越，轨道交通直达。但近年来“跑腿经济”的兴起与周边本就繁忙的慢行交通叠加，造成了不断激化的慢行交通停行矛盾。其采取的利用一侧公共通道作为非机动车双向专用通道，并在中心内部设置了专用停车点的做法，将这一侧商场与住宅围墙之间的灰空间合理利用，为不同交通方式的适度分流创造了条件（图 5-61）。

但毕竟是改造利用，面对“跑腿经济”的不断发展，新建综合体建筑如何在规划、设计之初就将跑腿小哥流线合理化的设计，是下一步综合体交通系统设计的必要组成部分。需知，跑腿小哥的交通动线如今也是拉动商业消费的经济动线。

大数据研判大有可为。平台企业本身沉淀了大量的 OD 供需信息以及跑腿小哥的完整路径出行信息，这些信息除了作为这种新经济模式的商业信息外，还是非常重要的出行研判信息，如果这些信息经过清洗后能够作为交通规划、设计的研究大数据公

图 5-61　上海日月光中心利用公共通道作为双向非机动车专用路

开，将会为路径优化、基础设施改造、动静态交通平衡提供精准支撑。如对于不同业态体量、比例构成的综合体跑腿小哥的停放特征的画像，可以为政府对于未来城市更新以及新建公共建筑时提出相应的配建要求或综合体运营主体改造开辟适当的空间作为依据。

5）“后疫情时代”的韧性担当

后疫情时代，安全的出行空间距离被重新定义。“跑腿经济”在很大程度上得益于新冠疫情带来的出行和交往困难。疫情最严重期间，人们的日常生活用品的采购受到了一定程度的影响，送餐、代买菜等“跑腿”服务发挥了巨大的支撑作用，维系着疫情期间人们的生活需要，同时也成为一种服务业态在后疫情时代被保留和发展。这类服务业态慢行交通出行更集约，避免了综合体、菜场等区域的过渡集中又实现了货物的运输，提供更多元的生活服务选择。后疫情时代，“跑腿经济”发挥了出行韧性调整、保持和恢复的关键作用。灵活的组织模式、可控的交往距离、可拓展的接触方式等，都体现了跑腿小哥慢行交通出行无可比拟的时空优势和交通韧性。在后疫情时代，“跑腿经济”是促进消费活动复苏和保持活力的重要推动力量，是增强出行韧性和消费韧性的必要保障。

结语

慢行交通出行自然而然地伴随着人类，随着交通工具不断发展。在追求安全、效率、秩序的努力下，城市交通系统随着交通方式的不断演化而日益形成复杂的综合交通系统。作为交通出行方式的组成部分，慢行交通出行不断地融合与演进，以更多元的方式存在和适应着综合交通出行体系的需要。其不仅作为中短距离出行的主要方式选择，还作为承接轨道交通、公共交通方式下的长距离出行的必要组成部分；其无可比拟的时空优势和适配能力，是综合交通体系以及人们交通出行选择不可或缺的组成部分。

本书从慢行交通出行三要素——工具、载体与环境，来认知慢行交通出行。慢行交通出行与工具的伴生关系是对工具的弱依赖性、多样性、差异性。用慢行交通出行载体是为了突出慢行交通出行的融合性，慢行道路只是其中一部分，也延伸到家、场所，融入公园、绿地、河畔各类开敞空间，正所谓“地上本没有路，走的人多了，也便成了路”。关注慢行交通出行环境，是试图从多维立体的角度来看待慢行，在“慢状态”以及“弱工具束缚”下人的交互自由度、感知力更强、体验层次更丰富。“千里之行始于足下、美好生活见于慢行”，随着慢行环境品质的提升，慢行交通出行者也不再是匆匆“过客”。

慢行交通出行不仅仅是出行过程，更是生活的一部分，是精神提升和价值追求的必要组成。体验慢行会发现，从问题导向入手更容易引起共鸣。但本书把重点放在相对全面、客观地解读慢行交通出行。为了更好地解释所阐述的内容，书中引用了世界各国、国内各地在提升和改善慢行交通出行过程中努力和实践的案例，但并非主张完全照搬这些做法。需深知，每个地域、不同人群的慢行交通出行的特征、服务、需求都有其自身的发展逻辑。慢行交通出行不必追求相同的标准、做法，适合的才是最好。最可贵的是不断提升慢行交通出行过程中对于美好生活向往的态度和努力的追求。

未来的慢行交通出行，不仅仅局限在本书所谈到的这些内容上，未来最大的变化或在于人以及社会的价值取向的变化，“慢”的价值将被不断挖掘和激发。在5G时代，信息技术和工具的融合进而推动交通形态以及时间价值的交换是新业态。“慢行”作为生产力参与到社会舞台是不容忽视的发展趋势，而老龄化则是正在经历的客观现实，碳达峰是必然面对的客观束缚。机遇与挑战并存，希望与困难同在。

路漫漫其修远兮、吾将上下而求索。本书写作的过程也是不断再认知、新领悟的过程，以期为慢行交通出行添砖加瓦。初识慢行交通出行，不以为然，是近在眼前又远在天边；细品慢行交通出行，百感交集，越深入越有味道……

参考文献

[1] 中华人民共和国道路交通安全法（2021年新修订）[M]. 北京：中国法制出版社，2021.

[2] 中华人民共和国城乡规划法（2019年新修订）[M]. 北京：中国法制出版社，2019.

[3] 交通运输部. 加快推进绿色循环低碳交通运输发展指导意见 [J]. 北京：综合运输，2013（7）：5.

[4] 上海市人民政府. 上海市交通发展白皮书（2013版）[M]. 上海：上海人民出版社，2014.

[5] 住房和城乡建设部. 城市道路工程设计规范：CJJ37—2012 [S]. 北京：中国建筑工业出版社，2012.

[6] 住房和城乡建设部组织. 城市道路交通设施设计规范：GB 50688—2011 [S]. 北京：中国建筑工业出版社，2019.

[7] 住房和城乡建设部. 城市道路交通标志和标线设置规范：GB 51038—2015 [S]. 北京：中国计划出版社，2015.

[8] 住房和城乡建设部. 无障碍设计规范：GB 50763—2012 [S]. 北京：中国建筑工业出版社，2012.

[9] 住房和城乡建设部. 城市综合交通体系规划标准：GB/T 51328—2018 [S]. 北京：中国标准出版社，2018.

[10] 北京市规划委员会. 城市道路空间规划技术规范：DB 11/1116—2014 [S]. 北京：中国标准出版社，2014.

[11] 同济大学. 城市道路平面交叉口规划与设计规程：DGJ 08—96—2013 [S]. 上海：上海市城乡建设和交通委员会，2013.

[12] 国家质量监督检验检疫总局，国家标准化管理委员会. 道路交通标志和标线：

GB 5768—2017［S］. 北京：中国质检出版社，2017.
［13］国家质量监督检验检疫总局，国家标准化管理委员会. 自行车安全要求：GB 3565—2005［S］. 北京：中国标准出版社，2005.
［14］工业和信息化部. 电动自行车安全技术规范：GB 17761—2018［S］. 北京：中国标准出版社，2018.
［15］国家研究理事会. 美国道路通行能力手册（HCM 2000）［M］. 华盛顿：U.S. CUSTOMARY UNITS，2000.
［16］浙江省城乡规划设计研究院. 城市建筑工程停车场（库）设置规则和配建标准（DB 33/ 1021—2013）［S］. 浙江：浙江省住房和城乡建设厅，2013.
［17］住房和城乡建设部. 城市步行和自行车交通系统规划设计导则［M］. 北京：中国标准出版社，2021.
［18］胡伟峰. 中国古代设计思想研究——以先秦独辀马车设计为例［M］. 北京：中国轻工业出版社，2017.
［19］普切尔，比勒，孙苑鑫. 难以抵挡的骑行诱惑：荷兰，丹麦和德国的自行车交通推广经验研究［J］. 国际城市规划，2012，27（5）：26–42.
［20］冯建喜，戴斯特，普瑞尔维茨. 荷兰自行车交通的历史演进及规划设计［J］. 国际城市规划，2013（3）：29–35.
［21］周亚辉. “独轮车”与“木牛流马”［J］. 装饰，2010（9）：3.
［22］潘春华. 黄包车述说历史［J］. 神州民俗（通俗版），2017（4）：58–62.
［23］陈中. 唤醒沉睡的国货老品牌［J］. 中国发明与专利，2010（12）：3.
［24］苏更林. 自行车：人类的伟大发明（上）［J］. 农村青少年科学探究，2012（1）：2.
［25］王芳. 基于云技术的公共自行车系统设计研究［D］. 上海：华东师范大学，2014.
［26］住房和城乡建设部. 城市交通设计导则［S］. 北京：中国标准出版社，2015.
［27］上海市规划和国土资源管理局. 上海市街道设计导则［M］. 上海：同济大学出版社，2016.
［28］上海市市政工程管理处. 上海市道路人行道设计指南［S］. 上海：上海市市政工程管理局，2006.
［29］上海市城市综合管理事务中心. 上海市道路合杆整治技术导则［S］. 上海：上海市住房和城乡建设管理委员会，2018.
［30］上海市城市规划设计研究院. 黄浦区慢行交通系统规划设计导则［R］. 上海：上海市交通委员会，2015.

[31] 郭磊. 低碳生态城市案例介绍（三十八）：哥本哈根：碳中和城市（上）[J]. 城市规划通讯，2014（21）：1.

[32] 韩慧敏，张宇，乔伟. 里昂公共自行车系统［J]. 城市交通，2009，7(4)：8.

[33] 全景正片. 纽约启动全美国最大的公共自行车计划［J]. 城市交通，2013，05（152）：5-5.

[34] 邱彩琳. 中国厦门建成世界上最长的空中自行车道［J]. 风景园林，2017(4)：1.

[35] 约翰·普切尔，拉尔夫·比勒，孙苑鑫. 难以抵挡的骑行诱惑：荷兰，丹麦和德国的自行车交通推广经验研究［J]. 国际城市规划，2012，(5)：17.

[36] 查尔斯·E·利特尔，利特尔，余青，等. 美国绿道［M]. 北京：中国建筑工业出版社，2013.

[37] 梁国华. 交通工程设施设计［M]. 北京：人民交通出版社，2014.

[38] 蔡凯臻，王建国. 安全城市设计［M]. 南京：东南大学出版社，2013.

[39] 杨晓光，白玉. 道路交通设计［M]. 北京：人民交通出版社，2021.

[40] 李瑞敏，夏晓敬. 城市道路交通组织方法与实践［M]. 北京：清华大学出版社，2017.

[41] 弗林克，奥卡，赛恩思. 21 世纪慢行道［M]. 北京：电子工业出版社，2016.

[42] 吴洪洋，杜光远，尹志芳. 城市慢行交通系统［M]. 北京：人民交通出版社，2016.

[43] 美国国家城市交通官员协会. 全球街道设置指南［M]. 杨柳，刘大川，胡一可，译. 南京：江苏凤凰科学技术出版社，2018.

[44] 美国国家城市交通官员协会. 城市自行车道设计指南［M]. 张可，李品，胡一可，译. 南京：江苏凤凰科学技术出版社，2018.

[45] Lloyd Wright. Sustainable Transportation:Sourcebook for Policymakers in Developing Cites: Preserving and Expanding the Role of Nonmotorised Transport [M]. Germany: Technische Zusammenarbeit (GTZ), 2002.

[46] 闫欣欣. 面向城市控规的慢行交通与城市设计协调理论与方法研究［D]. 北京：北京交通大学，2019.

[47] 贾震东，辜峥嵘，戚傲飞，等. 点—线—域：TOD 地下慢行系统规划设计研究——以成都行政学院站一体化设计为例［J]. 建筑与文化，2020（5）：115-118.

[48] 李滨杉，顾晓锋，陈建业. 国外自行车交通发展战略对我国的启示［J]. 交通运输研究，2020，6(4)：7.

[49] 卢柯，潘海啸. 城市步行交通的发展——英国，德国和美国城市步行环境的改善措施［J］. 国外城市规划，2001(6)：39–43.

[50] Carolina U, Hill C. Florida Pedestrian Planning And Design Handbook [J]. University of North Carolina Highway Safety Research Center, 2000.

[51] Officials H T. Guide for the development of bicycle facilities 1999 [M]. AASHTO, 1999.

[52] 小林寛，山本彰，本田肇，et al. 安全で快適な自転車利用環境創出ガイドライン［J］. 土木技術資料，2013，55(2)：51–52.

[53] Management T L S. London Cycling Design Standards [S]. London: Transport for London, 2014.

[54] 李得伟，韩宝明. 行人交通［M］. 北京：人民交通出版社，2011.

[55] 张文忠. 人居环境与居民空间行为［M］. 北京：科学出版社，2015.

[56] 交通运输部道路运输司. 世界主要城市公共交通［M］. 北京：人民交通出版社，2010.

[57] 李伟. 步行和自行车交通规划与实践［M］. 北京：知识出版社，2009.

[58] 戴志中. 国外步行商业街区［M］. 南京：东南大学出版社，2006.

[59] 扬・盖尔. 交往与空间［M］. 何人可，译. 北京：中国建筑工业出版社，2002.

[60] 德国技术合作公司. 可持续发展的交通：发展中城市政策制定者资料手册［M］. 北京：人民交通出版社，2005.

[61] 胡鹏. 基于接驳的慢行交通一体化研究［D］. 武汉：华中科技大学，2008.

[62] 熊文. 城市慢行交通规划：基于人的空间研究［D］. 上海：同济大学，2008.

[63] 段里仁，毛力增. 城市道路慢行交通安全设施精细化设置［J］. 综合运输，2013(9)：70–76.

[64] 周晋冬. 针对人非共板断面的慢行精细化提升研究——以上海临港项目为例［J］. 城市道桥与防洪，2020(12)：6.

[65] 肖丹，喻伟. 中心城区交叉口交通精细化改善研究［J］. 公路与汽运，2009(3)：41–43.

[66] 董斌. 关于城市道路平面交叉口精细化改造设计的研究［J］. 铁道建筑技术，2016(4)：96–99.

[67] 杨晨，陆建，王炜，等. 基于个体出行方式选择的自行车交通影响因素研究［J］. 交通运输系统工程与信息，2007(4)：131–136.

[68] 吴昊灵，袁振洲，田钧方，等. 基于绿色交通理念的生态新区交通规划与实践

[J]. 城市发展研究，2014，21(2)：106–111.

[69] 秦茜，袁振洲，田钧方. 绿色交通理念下的慢行系统规划方法研究 [J]. 规划师，2012，28(S2)：5–10.

[70] 刘莹，罗辑，吴阅辛. 基于人本位的城市慢行交通规划细节设计研究 [J]. 城市规划，2011，35(6)：82–85.

[71] 聂月明. 考虑慢行交通连通性改善的慢行出行行为分析 [D]. 北京：北京交通大学，2020.

[72] 胡元. 城市道路慢行交通需求预测研究 [D]. 成都：西南交通大学，2019.

[73] 顾怡然，孙振武. 全民健身战略背景下跑步健身类 APP 发展现状及路径研究 [J]. 武术研究，2017，2(10)：146–148.

[74] 刘元强. 论跑步的兴起及其赛事产业经济 [J]. 南京体育学院学报（自然科学版），2017，16(1)：155–160.

[75] 高路，李方明，李骏. 以社区公共空间治理打造城市高品质生活 [J]. 党政论坛，2019(4)：38–39.

[76] 高聪颖. 社区公共空间精细化治理的逻辑及其实现路径 [J]. 领导科学，2020(20)：17–19.

[77] 浦琨，廖庆霞. 互联网背景下“跑腿经济”新尝试——手到勤来顺丰同城帮帮买 [J]. 品牌研究，2020（28）：217.